Welle der Wirksamkeit

Robert Vogel · Errit Schlossberger

Welle der Wirksamkeit

Das Modell für nachhaltig erfolgreiche
Organisationen im digitalen
Zeitalter

Springer Gabler

Robert Vogel
Starnberg, Deutschland

Errit Schlossberger
Starnberg, Deutschland

ISBN 978-3-658-19603-5   ISBN 978-3-658-19604-2   (eBook)
https://doi.org/10.1007/978-3-658-19604-2

Die Deutsche Nationalbibliothek verzeichnet diese Publikation in der Deutschen Nationalbibliografie; detaillierte bibliografische Daten sind im Internet über http://dnb.d-nb.de abrufbar.

Springer Gabler
© Springer Fachmedien Wiesbaden GmbH 2018

Gedruckt auf säurefreiem und chlorfrei gebleichtem Papier

Springer Gabler ist Teil von Springer Nature
Die eingetragene Gesellschaft ist Springer Fachmedien Wiesbaden GmbH
Die Anschrift der Gesellschaft ist: Abraham-Lincoln-Str. 46, 65189 Wiesbaden, Germany

Danksagung

Ein Buch zu schreiben ist ein größeres, eigenständiges Projekt, welches eben mal so „nebenbei" mitläuft. Nebenbei heißt erstens: außerhalb der intensiven Arbeitszeiten für und mit unseren Kunden. Und zweitens, im Rahmen der Freizeitgestaltung mit unseren Familien. Das brachte gegenüber unseren Kindern leider das ein oder andere Nein mit sich, wenn sie fragten, ob wir dies oder das mit ihnen tun möchten. Und das brachte auch die ein oder andere Stunde der Abwesenheit, sei es körperlich oder geistig, gegenüber unseren Partnerinnen Sabine und Hilke mit sich, wenn es doch noch schöner gewesen wäre, etwas gemeinsam zu unternehmen. Für Eure grenzenlose Geduld mit uns und Euer großes Verständnis möchten wir Euch ganz herzlich Danke sagen.

Ganz besonders danken möchten wir auch unseren zehn Interviewpartnern, die geduldig unsere vielen Fragen beantwortet und dieses Buch für Sie erlebbarer gemacht haben: Bodo Janssen für Upstalsboom, Frank Eberhard für wibas, Ilja Preuss für it-agile, Karsten Foth für hhpberlin, Kim Nena Duggen für oose, Miriam Schilling für VAUDE, Ute Leube für PRIMAVERA LIFE, Till Ohrmann für Pirate Summit, Sina Trinkwalder für manomama und Uwe Lübbermann für Premium. Es hat riesigen Spaß gemacht, mit Euch zusammenzuarbeiten.

Unser Dank geht vor allem auch an Professor Lars Vollmer, der nicht nur viele Sach-Bestseller wie „Zurück an die Arbeit", sondern auch unser Vorwort geschrieben hat. Mit ihm und seinem Mitgründer, Mark Poppenborg, des größten deutschsprachigen Netzwerks für Neues Wirtschaften, haben wir in den letzten Jahren unzählige Stunden herrlich gefachsimpelt. Sehr wertvoll für dieses Buch waren auch die vielen schärfenden Diskussionen mit allen intrinsify.me Wevent-Teilnehmern, denen wir die 7-Schritte-Methodik der Welle der Wirksamkeit vorgestellt haben. Danke Euch.

Und *last but not least* danken wir den Mitarbeitern des Springer Verlags, die sich unseres Buches angenommen haben. Namentlich sind das insbesondere Ann-Kristin Wiegmann, die uns für den Programmbereich Management sehr professionell betreut und unter Vertrag genommen hat, sowie Denise Schneider, die unser Manuskript mit großem Sachverstand und viel Humor lektoriert hat.

Vorwort von Lars Vollmer

Das alte Wirtschaftssystem stößt an seine Grenzen. Organisationen aller Art spüren, dass sie mit bloßem „mehr vom Gleichen" nicht weiterkommen. Es läuft gleichsam ein altes Betriebssystem, das mit der heutigen Komplexität in etwa so gut zurechtkommt, wie eine Schreibmaschine mit dem Versenden von WhatsApp-Nachrichten.

Dieses Betriebssystem wird zumeist „Management" genannt und besteht aus Vorgaben, Standards und der ständigen Suche nach mehr Effizienz. Es hängt vor allem der Illusion von Planbarkeit nach, der Illusion von Kontrollierbarkeit. Dieses Betriebssystem erzeugt viele demotivierte Mitarbeiter, viel mehr als sich unsere Gesellschaft leisten kann. Und dieses Betriebssystem erfüllt seine eigenen Erwartungen an Produktivitätssteigerung überhaupt nicht, es bremst die Innovationen, die unsere Wirtschaft so dringend braucht. Und das Schlimmste: Dieses Betriebssystem versucht all diese Probleme mit deren Ursache zu bekämpfen. Ich nenne das „Wrong-Turns".

Was wir aber auch beobachten: Es gibt bereits neue Betriebssysteme für Unternehmen, kein einheitliches System, aber eine faszinierende Fülle von sehr erfolgreichen Alternativen. Sie zeichnen sich durch einen ganz anderen Zugang zu ihrer eigenen Komplexität und der Dynamik ihrer Märkte aus. Sie bekämpfen die Dynamik nicht, sondern nehmen sie lustvoll in Gebrauch. Sie denken in Systemen, nicht in Silos. In Prinzipien statt in Regeln. Und sie agieren mit einem anderen Menschenbild als die Generation vor ihr.

Das vorliegende Buch unternimmt den Versuch, dem Praktiker eine Systematik an die Hand zu geben, damit dieser wirkungsvoll in der „neuen Wirtschaft" agieren kann. Die Autoren synergieren die modernen Komplexitätserkenntnisse mit ihren mannigfaltigen Managementerfahrungen. Ein riskantes Unterfangen: Rezeptbücher einerseits wirken in der Kontingenz moderner Wirtschaftssysteme zunehmend lächerlich. Aufgeblähte Theoriekonstrukte andererseits halten typischerweise nie Einzug in die Bücherregale von Vorstandsetagen.

Robert Vogel und Dr. Errit Schlossberger haben es aus einem neuen Denken heraus geschafft, teils verblüffende Prinzipien für moderne Unternehmen zu extrahieren. Ganz praktisch und pragmatisch. Und nachweislich wirksam.

Um Ihnen die Möglichkeit zu geben, in diese Denkwelt gezielt und fundiert einzutauchen, die Vorgehensweisen und Tools erlernen und anwenden zu können, ist dieses Buch entstanden. Inspirierendes Lesevergnügen wünscht Ihnen

Hon.-Prof. Dr.-Ing. Lars Vollmer

Unternehmer, Redner, Sachbuchautor
Gründer intrinsify.me Netzwerk

Inhaltsverzeichnis

Management Summary

Der digitale Wandel ändert den Kontext, in dem Organisationen arbeiten und führen

Ein laues Lüftchen senkte sich über den Strand von Barcelona, dessen Weite wir von unserem Platz aus gut überblicken konnten. Die ersten zwei, drei Erdbeer-Margaritas hatten schon unsere trockenen Kehlen benetzt und für eine angenehme und schwungvolle Atmosphäre gesorgt. Natürlich diskutierten wir wieder rund um die Entwicklung moderner Organisationen, die Gestaltung wirksamer Führung und allerlei nicht wertschöpfenden Egopraktiken, die von den meisten Unternehmen auch heute noch so liebevoll gepflegt werden. „Eigentlich müsste man mal einen **Wegweiser** zusammenschreiben, der Unternehmen die Möglichkeit gibt, den eigenen Spot zwischen Sinn und Struktur zu finden. So wie die Surfer da draußen, die sich in der überschaubaren Brandung darum bemühten, den perfekten Spot in der Welle zu finden." Das Buchprojekt war geboren.

Viele Unternehmen beschäftigen sich derzeit viel zu sehr mit sich selbst: Mit der Erfüllung der selbst gesteckten Ziele und dem Erhalt der selbst definierten Strukturen. Anstatt den Blick in Richtung Kunden zu werfen, fokussieren diese Unternehmen viel zu sehr auf „internen Referenzen" und trösten sich damit, über die Kreativität und Innovation des Wettbewerbs zu hadern. Sie ziehen soziales Theater einer offenen und mutigen Auseinandersetzung mit der eigenen Struktur, den eigenen Stärken und Schwächen vor.

Der Sinn eines Unternehmens ist es, nachhaltig und wirtschaftlich Kundenprobleme zu lösen. Dabei gilt es nicht, entsprechend dem Autobauer Henry Ford, ein „schnelleres Pferd", sondern innovative und kreative Lösungen auf die Straße zu bringen. Der Fokus auf diese „externen Referenzen" ist der erste Schritt. Die Übersetzung der Erkenntnisse in den Unternehmensalltag ist der Folgeschritt. Wichtigster Erfolgsfaktor ist die richtige Auswahl der zum Problem passenden Strukturelemente. Ausschließlich diese Strukturelemente schaffen im Unternehmen wieder Mehrwerte für Kunden, nachhaltige Wertschöpfung und **echte Wirksamkeit**.

Als 1996 der Netscape Communicator das Licht der Welt erblickte, leitete er den Siegeszug des Internets und damit eine nie dagewesene Vernetzung in allen nur erdenklichen Bereichen ein. Seien es Menschen, Unternehmen oder Märkte – die Vernetzung und auch die damit einhergehende Interaktion ist allgegenwärtig. **Die Welt, die wir kannten, ist in den letzten 25 Jahren flüchtig, unstet, komplex und mehrdeutig geworden**. Dieser Entwicklung hinken viele Unternehmen heute noch hinterher. Klassische Strukturen, etablierte Kommunikationsmuster, Methoden und Vorgehensweisen können mit dem sich immer schneller wandelnden Marktumfeld nicht mehr Schritt halten. Veränderungsprojekte setzen oft am Menschen an und scheitern damit bravourös. **Denn der Mensch ist nicht das Problem. Die Struktur ist das Problem.** Mit einer aus dem vorherigen Jahrhundert geprägten Struktur lassen sich keine Probleme dynamischer und komplexer Märkte von heute lösen.

Die Lösung ist so schwierig wie genial einfach. Es braucht den verstellten Blick auf den Kunden. Es braucht Menschen mit Ideen, die gefundene Probleme lösen wollen. Es braucht jemanden mit Macht, der den Mut hat, einen neuen Weg zu beschreiten. Es braucht Wissen, wie wir uns auf den neuen Weg vorbereiten. Es braucht Pioniere, die ausprobieren und experimentieren wollen. Es braucht Leidenschaft, Offenheit und Transparenz, damit die gewonnenen Erkenntnisse adaptiert werden können. Das Buch liefert die Leitlinien, es öffnet Türen, durch die der Leser schreiten kann, um echte Wirksamkeit im Unternehmen zu erreichen.

Es bilden sich im Augenblick überall Sinngemeinschaften und Netzwerke, die sich dem Thema Neue Arbeitswelt/New Work annehmen (Intrinisfy.me/Augenhöhe/ Management 3.0). Projekte zum Thema wie *AUGENHÖHEfilm* und *AUGENHÖHEwege* etablieren sich erfolgreich. Ein prominenter Vertreter der neuen Bewegung, der Ex-Personalvorstand der Telekom, Thomas Sattelberger, berichtet, dass „mehr als die Hälfte der Führungskräfte innerlich nicht mehr zum heutigen Führungskonzept stehen." Viele Führungskräfte würden lieber heute als morgen aus der „Sklaverei des Systems" ausbrechen.

Unternehmen suchen derzeit verstärkt nach Rezepten und Talenten, die ihnen weiterhelfen. Sie sind auf der Suche nach der Verbindung und wirtschaftlichen Nutzung beider Welten, der alten und neuen Arbeitswelt. Genau **diese positive Kopplung beider Welten liefert dieses Buch**, indem es externe Probleme nach dem Grad der Komplexität klassifiziert und dann wirksame Strukturelemente empfiehlt. Das ist der Rat gebende Aspekt des Buches.

In der aktuellen Managementliteratur wird sehr viel über das Arbeiten in einer immer komplexer gewordenen Umwelt geschrieben und darüber, mit welchen agilen Methoden darauf geantwortet werden kann. Sehr viel wird dazu gesagt und noch viel mehr unverortete Ideen gibt es dazu. Und häufig fehlt der erste Schritt des Handelns oder die Antwort auf die Frage, ob denn für jedes Problem ein agiles Handeln sinnvoll ist.

Dieses Buch nimmt Sie an die Hand, damit Sie genau diesen ersten Schritt tun und jedes Problem mit den richtigen Werkzeugen und Praktiken (Strukturelementen) lösen können. Gemeinsam werden wir die Grenze des Stillstands oder der Ohnmacht überschreiten, den perfekten Spot finden – genau für Sie und Ihre Organisation, für Ihr Unternehmen. Das ist unser Anspruch. Das scheint leichter geschrieben als getan. Es wird in der Tat nicht leicht. Aber wenn es leicht wäre, gäbe es dieses Buch nicht. Und auch nicht die vielen wertvollen und nach Entfaltung hungernden Mitarbeiter unzähliger Unternehmen, die einfach nur andere Perspektiven und andere Strukturen suchen, die einfach nur die richtigen Methoden brauchen, um die Herausforderungen der heutigen Zeit annehmen, die komplizierten und komplexen Probleme des beruflichen Alltags sinnvoll meistern und schließlich Erfolge feiern zu können.

Unsere zwei zentralen Antworten auf den digitalen Wandel

Das vor Ihnen liegende Buch hat zwei zentrale Elemente, welche Ihnen als Person, Organisation oder Unternehmen dabei helfen werden, Ihre Wirksamkeit dramatisch zu erhöhen.

Zum einen ist das die **Welle der Wirksamkeit**, zum anderen ist es die **7-Schritte-Methode**, in die die Welle der Wirksamkeit eingebettet ist und diese zu ihrer vollen Entfaltung bringt.

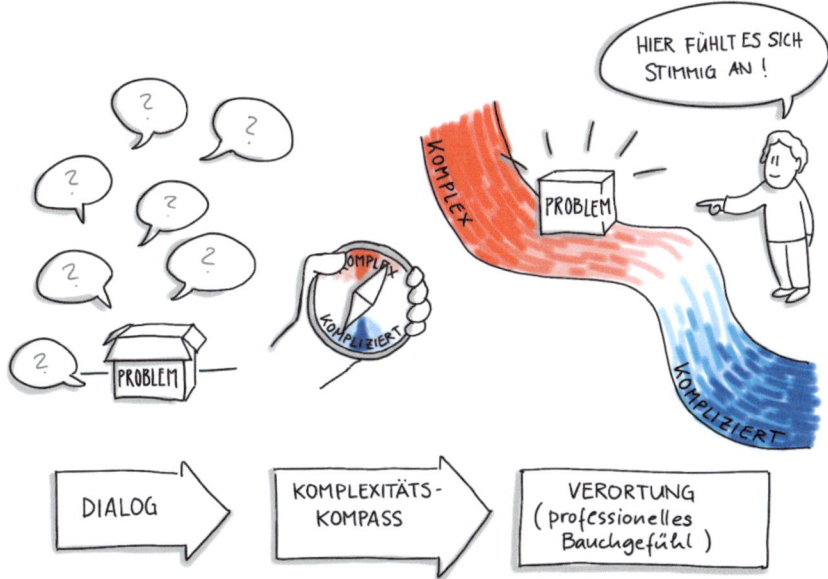

Beide Elemente werden im gesamten Buch zunehmend vertieft, beleuchtet, infrage und auf den Prüfstand gestellt, mit Kundenbeispielen und vielen Impulsen untermauert. Beide Elemente geben Ihnen gerade in der heutigen dynamischen und komplexen Zeit ein Höchstmaß an Orientierung, ohne dabei bestimmend und steuernd unterwegs zu sein.

Doch bevor wir eintauchen in die Welle, um nach der Lektüre des Buches auf derselbigen zu reiten, wollen wir die beiden zentralen Elemente an dieser Stelle einführen und kurz erläutern.

Die Welle der Wirksamkeit ist eine Art Transformationsdialog, der ein externes Problem Ihrer Organisation hinsichtlich seiner Komplexität auf den Prüfstand stellt.

Wir wenden dabei unseren Komplexitätskompass an, der uns anhand einer bestimmten Auswahl von Fragen ein „professionelles Bauchgefühl" für den Grad der Komplexität beschert.

Damit haben wir den SPOT der Komplexität gefunden. Abhängig von diesem SPOT bzw. von dem Grad der Komplexität lassen sich dann die Praktiken finden, die wirksam mit dem Problem umgehen können.

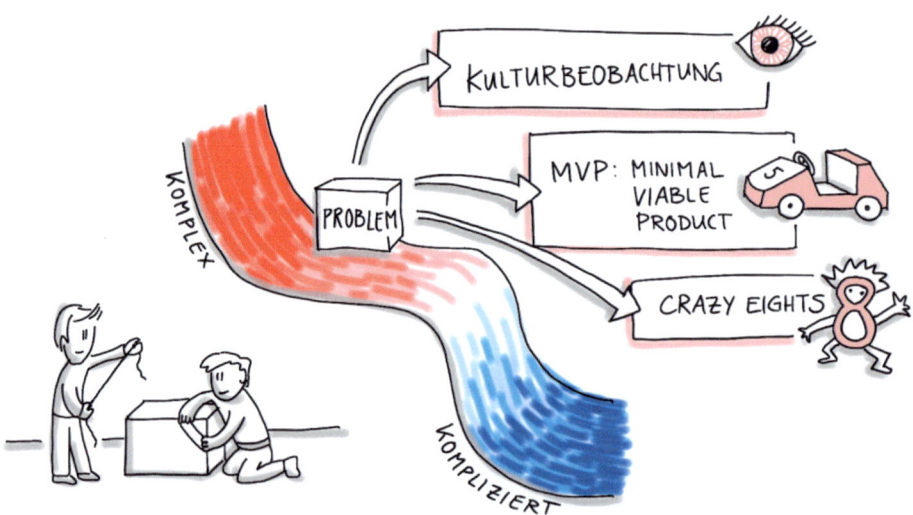

Dabei werden wir im komplexen Bereich wohl eher auf Praktiken stoßen, die aus dem agilen Lean-Design- oder Design-Thinking-Kontext stammen, und bei komplizierten Problemen eher auf Praktiken und Regeln aus dem Bereich der klassischen Betriebswirtschaftslehre.

Die zweite tragende Säule des Buches ist die von uns entwickelte **7-Schritte-Methode zur Wirksamkeit**. Dabei kommt es uns vor allem darauf an, Unternehmen wieder an Ihren Sinn und Zweck zu erinnern, nämlich nachhaltig und wirtschaftlich Kundenbedürfnisse zu befriedigen.

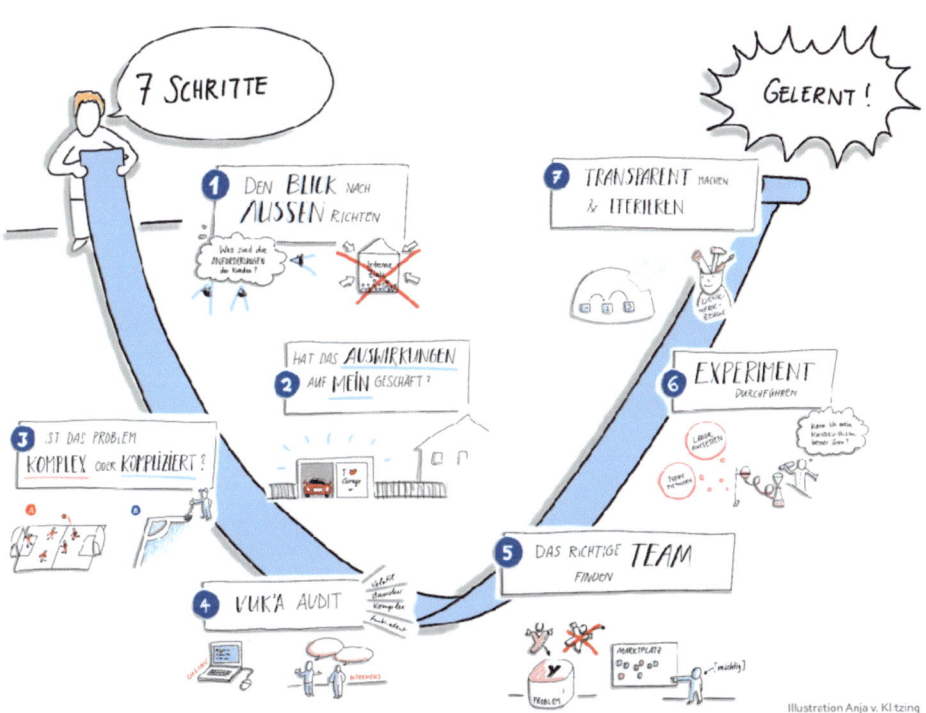

Die sieben Schritte beginnen daher mit einem Blick auf den Kunden, gefolgt von dem Blick auf den Markt. Dabei vertiefen wir auch das Thema Digitalisierung und wie sie sich auf Ihr Unternehmen auswirken könnte.

In Schritt 3 findet sich die Welle der Wirksamkeit wieder. Dort geht es, wie oben gerade erwähnt, um die Bestimmung der Komplexität und die Wahl der wirksamen Strukturelemente, welche mit dieser Komplexität umgehen können.

Im 4. Schritt zeigen wir, wie Sie einen Blick auf sich selbst werfen können, um zu ergründen, wie weit weg Sie vom SPOT der Welle agieren. Hierbei geben wir wertvolle Hinweise, wie Sie sich auf die Welle zubewegen können.

Um ein komplexes Problem lösen zu können, wird Ihnen allerdings allein die wirksame Praktik nicht reichen. Sie werden auch die Menschen bzw. Talente benötigen, die diese Praktik anwenden und damit Wirksamkeit erzielen können. Das macht einen enormen Unterschied. Darum befasst sich Schritt 5 mit dem Ausfindigmachen des richtigen Teams.

Die Schritte 6 und 7 befassen sich schließlich mit der Umsetzung und Adaption im Unternehmen.

Um nachhaltig und wirtschaftlich agieren zu können, muss die Kultur laufend beobachtet werden, um zu erkennen, ob die durchgeführten Strukturveränderungen wirksam sind.

Nun wünschen wir Ihnen viel Spaß dabei, sich in die Welle der Wirksamkeit und die 7-Schritte-Methode zur Wirksamkeit zu vertiefen.

Warm-up: Der Kontext der Organisationen befindet sich im Wandel

Der Kontext ist komplexer geworden

„Es sind nicht die stärksten Unternehmen, die überleben,
auch nicht die größten und intelligentesten,
es werden diejenigen sein, die sich am ehesten dem Wandel
ihrer Umgebung, ihrer Kunden, des Marktes anpassen können."
frei nach Charles Darwin (1809–1882), britischer Naturforscher und Evolutionstheoretiker

Für den alltäglichen Sprachgebrauch kaum gefährlich, erweist sich das Gleichsetzen von komplex und kompliziert für die Entwicklung von Organisationen als eher toxisch. Das hat einen ganz einfachen Grund: Können wir komplizierte Probleme mit allem, was wir in den letzten Jahrzehnten gelernt haben, ohne Probleme optimal und mit hoher Wirksamkeit lösen, so versagen meist all unsere Herangehensweisen, sobald wir es mit komplexen Problemen zu tun haben.

Wir brauchen ein neues Set an Methoden, Werkzeugen und Ideen, um uns der Thematik der komplexen Systeme zu nähern. Doch bevor wir im Einzelnen darauf eingehen, gilt es zu erläutern, was komplexe Systeme von komplizierten Systemen unterscheidet.

In erster Linie trennt sie die **Vernetzung**. Komplexe Systeme sind in ihren Komponenten vielfältig miteinander vernetzt. Jedes Element kann dabei mit jedem anderen Element in Kontakt kommen und sowohl als Sender als auch als Empfänger dienen. Denken wir an den Markt im unternehmerischen Kontext. Dieser Markt ist hochkomplex. Unternehmen, Lieferanten, Kunden und Partner, die sich in diesem Markt bewegen, sind über die verschiedensten Medien miteinander vernetzt.

„Ich möchte in einem Unternehmen arbeiten, …"

... in dem Mitarbeiter selbstbestimmt agieren können.

... in dem ein vertrauensvoller Umgang miteinander herrscht.

... in dem ich Wirkung erzielen kann.

... in dem jeder eine Führungsrolle übernehmen kann und soll.

... in dem Mitarbeiter Arbeits- und Privatleben nach eigenen Bedürfnissen verbinden können.

... in dem die Vision des Unternehmens allen bekannt ist und von allen gelebt wird.

... in dem Entscheidungen nah am Markt und Kunden getroffen werden.

... in dem Irrtümer genutzt werden, um Neues zu lernen.

... in dem Konflikte erkannt, offengelegt und gelöst werden.

... in dem jeder für jeden eintritt.

... in dem wir Spaß haben, Erfolge feiern und in dem uns Misserfolge anspornen.

... in dem es herausfordernde und spannende Aufgaben gibt.

... in dem alle relevanten Informationen, Daten und Fakten für alle transparent zur Verfügung stehen.

... in dem wir eine moderne vernetzte Organisationsstruktur haben.

... in dem wir uns Ziele selber stecken.

... in dem Emotionen angesprochen werden.

... in dem offen und wertschätzend kommuniziert wird.

... in dem Geschäftsführung und Führungsteams auf Augenhöhe mit Mitarbeitern umgehen.

... in dem der Change zur Regel wird und als Chance zur Weiterentwicklung genutzt wird.

... in dem Typen, Individualisten und Querdenker integriert sind.

... in dem Führung als Arbeit am System verstanden wird.

... in dem komplizierte und komplexe Aufgaben mit den richtigen Ansätzen bewältigt werden.

... in dem sich nach der Wirkung der Handlungen ausgerichtet wird.

... in dem alle zum Erfolg der Firma beitragen und daran beteiligt sind.

„Dann lasst uns unser Unternehmen neu denken und genau so gestalten."

Über die letzten 20 Jahre hat sich im Zusammenspiel mit dem Internet mehr oder weniger ein globaler Markt etabliert. Die einzelnen Bestandteile des Systems sind also nicht nur miteinander vernetzt, sie treten auch in Wechselwirkungen und verschiedenen Abhängigkeiten zueinander auf.

Gerade diese Wechselwirkungen schaffen eine hohe Dynamik, die nicht nur schwer, sondern überhaupt nicht mehr durchschaubar ist. Zerlegt man ein komplexes System in seine Einzelteile, was ein beliebter Reflex ist, geht die Komplexität verloren, ebenso wie das System selbst zerstört wird. Aus den Einzelteilen des zerlegten komplexen Systems lassen sich weder Rückschlüsse auf die Verbindungen im System, noch auf die Wechselwirkungen, noch die Abhängigkeiten untereinander schließen. Der berühmte Satz, dass die Gesamtheit mehr ist als die Summe der Teile, muss wohl im Zusammenspiel mit Komplexität das Licht der Welt erblickt haben.

Ein weiterer Umstand, der es extrem schwierig macht, mit komplexen Systemen umzugehen, ist die Tatsache, dass es oft **Rückkopplungsschleifen** gibt. Die Botschaft einer Preissenkung kann oft sehr schnell und an unerwarteter Stelle auf ein Unternehmen wirken. Vielleicht senkt der Wettbewerber ebenfalls den Preis. Vielleicht schaukelt sich das System auf. Vielleicht ist es der Beginn einer gefährlichen Abwärtsspirale.

Als aufmerksamer Leser und Denker bekommen Sie bereits nach wenigen Zeilen ein Gespür für Komplexität. Es grummelt. Sie fühlen den Kontrollverlust, Sie spüren die Ohnmacht gegenüber komplexen Situationen, das Steuer scheint Ihnen zu entgleiten, die Stabilität geht verloren. Diese Unvorhersagbarkeit macht Ihnen zu schaffen. Sie sind es doch gewohnt, einen präzisen Forecast abzugeben. Genauigkeit war Ihr Maßstab und jetzt geht das alles den Bach runter. Ihre Welt gerät aus den Fugen, Sie schwimmen, verlieren sich in den Wellen, werden durchgespült von der Variabilität der komplexen Umgebung. Das ist die schlechte Botschaft.

Komplexität wird nicht verschwinden. Sie ist ein fester Bestandteil unseres täglichen Arbeitens geworden. Wir müssen lernen, mit ihr umzugehen. Ignoranz, oder schlimmer noch: falscher Umgang mit ihr, bleiben nicht nur wirkungslos, sondern produzieren in höchstem Maße Verschwendung.

Die Antwort auf den Umgang mit komplexen Systemen hat schon vor mehr als 50 Jahren William Ross Ashby geliefert, welche auch unter dem Begriff **Ashby's Law** zu hoher Bekanntheit gekommen ist.

▶ **Ashby's Law** besagt, dass eine komplexe Umwelt oder ein komplexer Markt nur durch ein entsprechend komplexes Steuersystem wirksam geregelt werden kann.

Mit anderen Worten: Wollen Sie der Komplexität des Marktes, der Aufgabenstellung eines Kunden oder dem Innovationsreichtum Ihres Wettbewerbers wirksam begegnen, dann müssen Sie Ihre eigene Komplexität erhöhen, nicht verringern. Das klingt erst einmal paradox.

▶ **Impuls:** Ihr Unternehmen muss seine Komplexität erhöhen, um einer höheren Marktdynamik begegnen zu können.

Ja, genau das ist der Nukleus der Wirksamkeit– und auch der Kern des Buches –, dem wir uns im weiteren Verlauf der Lektüre immer weiter nähern werden.

Wir geben Ihnen Mittel, Methoden, Strukturen, Ideen, Organisationselemente und Theorien an die Hand, mit deren Hilfe Sie selbst komplexer werden können. Sie gewinnen unglaubliche Flexibilität, Sie werden selber ein Kind der Dynamik und üben Druck auf Ihre konservativ strukturierten Konkurrenten aus. Natürlich werden Sie Kontrolle verlieren, allerdings nur eine Kontrolle, die Sie gar nicht mehr hatten. Kein wirklich großer Verlust.

Merkmale komplexer Systeme

▪ Hoher Grad der Vernetzung	▪ Hohe Dynamik	▪ Viele Wechselwirkungen
▪ Gegenseitige Abhängigkeiten	▪ Rückkoppelung im System	▪ Intransparenz
▪ Hohe Instabilität	▪ Hohe Flexibilität	▪ Unvorhersagbarkeit
▪ Nicht planbar	▪ Nur im Ganzen zu erfassen	▪ Wechselwirkungen ändern sich
▪ Viele Überraschungen	▪ Hohe Wirksamkeit	▪ Nicht steuerbar

Und da ist ja auch noch der Bereich des Komplizierten, den Sie von der Bürde, Lösungslieferant für Komplexität zu sein, befreien können! Wir können beim Schreiben dieser Zeilen förmlich spüren, wie Sie nun aufatmen. Denn natürlich gibt es noch das Komplizierte, wenn nicht sogar das Triviale in den Aufgabenstellungen und Problemen, denen wir uns als Unternehmen gegenübersehen. Das können wir – mit Bravour.

Merkmale komplizierter Systeme

▪ Ursache und Wirkung	▪ Hat eine Richtung	▪ Analyse ist wirksam
▪ Planung ist essenziell	▪ Experten führen	▪ Wissen ist ein Leitmotiv
▪ Regeln geben Struktur	▪ Prozesse bilden das Rückgrat	▪ Steuern ist wirksam
▪ SMART-Ziele wirken	▪ Denken und handeln getrennt	▪ Stabilität
▪ Änderungsanfälligkeit	▪ Hochgradig optimierbar	▪ Unabhängig vom Menschen

Kompliziertes lässt sich in einer Kausalkette abbilden. Jeder einzelne Schritt eines komplizierten Problems ist immer gleich. Jede Eingabe führt zu exakt der gleichen Ausgabe. Aneinandergereihte Bausteine ergeben ein wunderbares, kompliziertes Ganzes.

Sie können endlich wieder formal steuern, Experten hinzuziehen, die es besser wissen und dieses Wissen nutzen, um ein kompliziertes Problem wirksam zu lösen. Diese Probleme sind noch nicht ausgestorben, auch wenn sie abnehmen. Und dann gibt es auch noch die Maschinen, Computer und Roboter, die darauf spezialisiert sind, mit Regeln, Prozessen und Plänen umzugehen.

Sie lesen richtig: Ein Plan ist das bevorzugte Instrument bei komplizierten Aufgaben, einem Ursache-Wirkungs-Geflecht. Es gibt unzählige Bücher zu den Themen Komplex und Kompliziert. Wichtig ist einzig und allein, sich dessen bewusst zu werden, auch wenn es schwerfällt. Sobald man diese Blockade überschritten hat, folgt die nächste Erkenntnis. Alles, was wir bisher lernen konnten, was in Schulen, Universitäten und sonstigen Ausbildungsanstalten vermittelt wurde und wird, dient primär der Lösung komplizierter Probleme.

Praxisbeispiel

Fußball und Komplexität

Noch 15 Minuten bis zum Anpfiff. Carlo Ancelotti stellt sich vor seine Mannen: „So Leute, endlich ist es so weit, die Champions League startet und mit dem FC Hansa Rostock haben wir heute einen vermutlich leichten Gegner. Wir machen das folgendermaßen: Am Anfang spielen wir ein wenig hin und her, um uns den Gegner zurechtzulegen. Dann Robert, so ungefähr in der 27. Minute, legst du mit dem ersten Tor vor. In der ersten Halbzeit müssen wir auf jeden Fall noch das zweite schießen. Thomas, ein Fall für dich. Bevor noch der Pfiff zur Halbzeit ertönt, versenkst du zum 2:0. Wir machen das ganz spannend in der 47. Minute. Das wird allen Spaß machen. Joshua, gleich nach der Pause in der 53. und 60. Minute machst du mit deinen beiden Treffern alles klar zum 4:0, verstanden? Wer hat denn bisher noch keinen Treffer erzielt? Okay, Ruan, in der 90. Minute haust du ihn zum 5:0 rein. Das ist dann auch der Endstand. Noch irgendwelche Fragen? Okay Leute, dann ab mit euch auf den Platz, so machen wir das."

Selbst der nicht so eingefleischte Fußballfan unter Ihnen wird erkannt haben, dass diese Vorabplanung des Spiels purer Nonsens ist. **Ein Fußballspiel kann man nicht planen.**

Ein Fußballspiel ist komplex. Wenn das doch nur unsere Unternehmenslenker mit Ihrem Business-School-Wissen auch wüssten, bevor Sie anfangen, genau zu planen, wie sie im ersten Quartal des kommenden Jahres genau die 212,7 Millionen $ Umsatz abliefern. Natürlich lässt sich auch das nicht planen. **Auch das Zusammenspiel von Markt und unternehmerischen Akteuren ist komplex.** Wie eben das Fußballspiel auch. Und doch passiert es immer und immer wieder, dass wir Komplexes planen, obwohl wir genau wissen, wie unplanbar es eigentlich ist. Genau das führt in Unternehmen zu Lähmung, Dienst nach Vorschrift, dem allseits bekannten „Business-Theater" und zum Entstehen einer „Hinterbühne", die außerhalb des Rampenlichts agiert und den Laden meist zusammen und am Laufen hält.

Warum fällt es uns so schwer, Komplexes nicht als das zu akzeptieren, was es ist: einfach komplex.

Denken wir an Fußball, dann können wir auch viel Kompliziertes entdecken. Jede Menge sogar. Wie sollten sich die Spieler nur einfinden, wenn nicht jeder genau wüsste, wann das Spiel beginnt? Auch die Maße der Linien, der Kreise, der Tore sowie die Spielregeln, die über Gewinn, Niederlage, Unentschieden, Verlängerung und Elfmeterschießen entscheiden, sind nur kompliziertes Wissen.

Kausalität und Korrelation unterscheiden, um Denkfehler zu vermeiden

Sagt doch schon der Volksmund: „Traue keiner Statistik, die du nicht selbst gefälscht hast". Fällt man doch immer und immer wieder auf gut konstruierte und doch nur scheinbar existente Zusammenhänge herein.

Praxisbeispiel

Gesundheit und Unternehmenskultur

Gerade lese ich wieder so einen konstruierten Zusammenhang in Twitter: „Zusammenhang zwischen physischen Beschwerden von Arbeitnehmern und erlebter Unternehmenskultur", garniert mit einer wunderbaren Grafik.

Unschwer erkennbar gibt der Verfasser zu verstehen, dass die Anzahl der physischen Beschwerden bei Arbeitnehmern umso höher ist, je negativer die Unternehmenskultur von diesen Arbeitsnehmern erlebt wird. Das Ganze wird noch durch Faktoren wie Mitarbeiterorientierung, Problemlöseverhalten und Arbeitsklima untermauert – natürlich mit demselben erschreckenden Ergebnis. Je positiver die Faktoren gesehen werden, desto geringer sind die physischen Beschwerden.

Als ich fleißig zurücktwitterte: „An dieser Stelle könnte der Hinweis auf den Unterschied zwischen Kausalität und Korrelation angebracht sein", erhielt ich prompt die gesamte Studie, die die drei Balken mit weiteren Zahlen und Aussagen zu belegen und zu zementieren versuchte. Dort war zu lesen: „Wird das Arbeitsklima positiv erlebt, fehlen 44 % der Befragten lediglich zwischen einem und sieben Tagen im Jahr. Wird das Arbeitsklima jedoch negativ erlebt, dreht sich das Verhältnis um: Jeder zweite der Beschäftigten (49 %) fehlt dann mehr als zwei Wochen im Jahr."

Im weiteren Verlauf kann man dort auch folgende Aussagen nachlesen: „Als wichtiger Aspekt des Arbeitsklimas wird das Loben von den Beschäftigten eingeschätzt: Doch lediglich die Hälfte der Beschäftigten wird für gute Arbeit gelobt", „Führungskräfte prägen die Unternehmenskultur maßgeblich mit und haben damit Einfluss auf die Gesundheit ihrer Mitarbeiter" und „Die Etablierung eines betrieblichen Gesundheitsmanagements (BGM) kann zu einer positiven Unternehmenskultur beitragen und in Zeiten des zunehmenden Fachkräftemangels ein entscheidender Wettbewerbsvorteil für Unternehmen sein." (Quelle: AOK Media Portal: Repräsentative Befragung in Baden-Württemberg vom 29.09.2016)

Irgendwie werde ich den Verdacht nicht los, dass hier jemand „betriebliches Gesundheitsmanagement" an den Mann bzw. die Firma bringen will. Ich kann mein Schmunzeln nicht verbergen, sehe aber von weiteren Tweets ab. Obwohl, wenn man den Bericht so durch die Hirnwindungen ziehen lässt und den einen oder anderen Gedanken daran verschwendet, kitzelt es einem schon in den Fingern. Dabei möchte ich ausdrücklich nicht despektierlich wirken, weil es manchmal wirklich sehr schwer ist, die Ursache-Wirkungs-Beziehung zu verstehen.

Wer Kausalität und Korrelation verwechselt, zieht Schlussfolgerungen, für die die argumentative Basis falsch ist. Alle in der Studie genannten Punkte sind an und für sich tatsächlich zu befürworten und wirken mit Sicherheit in irgendeiner Form auf die Belegschaft bzw. auf das Unternehmen. Sie hängen vielleicht auch tendenziell voneinander ab, nur eben nicht kausal, darauf wollen wir hier hinweisen.

Von **Kausalität** oder auch „Ursächlichkeit" spricht man, wenn zwei Ereignisse zwingend voneinander abhängen. Wenn also Ereignis 1, sagen wir mal „es regnet" als Ursache auftritt, dann ergibt sich die Wirkung des Ereignis 2, „die Straße ist nass". Der Unterschied der Kausalität zur Korrelation, bei der zwei Ereignisse irgendwie in Beziehung stehen, ist die tatsächliche Auswirkung. Wenn Regen, dann Nässe. Kausalität wirkt nur in eine Richtung. Wenn also die Straße nass ist, muss die Ursache dafür nicht der Regen sein.

Nehmen wir einmal an, die in der Studie genannten Punkte sind kausal voneinander abhängig. Also, das eine ist die Ursache „positives Arbeitsklima" und das zweite ist die Wirkung „gesündere Belegschaft": Je positiver das Arbeitsklima, desto gesünder die Belegschaft. Das hört sich nicht nur gut an, sondern liest sich auch wunderbar. Doch es geht ja noch weiter mit den Wirkbeziehungen.

Ursache „Lob" – Wirkung „positives Arbeitsklima": Je mehr ich also lobe, desto positiver ist das Arbeitsklima und desto gesünder ist die Belegschaft. Schlechte Zeiten für den Onkel Doktor, denn ich habe gerade einen Lob-Manager eingestellt, der den ganzen

Tag nichts anderes erledigt, als die Belegschaft zu loben. Bald werden wir vor Gesundheit nur so strotzen und das Gehalt meines Lob-Managers macht sich mehrfach bezahlt. Na gut, es soll ja kein Lob-Manager angepriesen werden, sondern betriebliches Gesundheitsmanagement (BGM). Da finden wir doch ganz schnell die dritte Kausalität.

Ursache „diverse BGM-Maßnahmen" – Wirkung „positives Arbeitsklima": Das ist natürlich der Hit. Denn das katapultiert uns durch die Decke. Durch die Einführung des BGM konnten wir Peter dazu bewegen, jeden Donnerstag mit unserer Laufgruppe eine Runde um den See zu laufen. Dadurch hat er dieses Jahr keine Grippe bekommen. Dadurch wurde das Arbeitsklima gesteigert. Dadurch wurden wiederum Andere gesünder und das Arbeitsklima noch besser. Ein Engelskreis und wiederum strotzen wir vor Gesundheit und außergewöhnlich gutem Arbeitsklima.

Sie merken durch die bewusste Überzeichnung schon, dass natürlich keine hundertprozentige Kausalität der einzelnen Punkte des Berichts vorliegen kann. Vielleicht und höchstens eine Korrelation. Aber eine **Korrelation** bezeichnet im Gegensatz zu einer Kausalität „nur" eine Beziehung zwischen zwei oder mehreren Merkmalen. Diese Beziehung setzt nicht zwangsläufig eine Kausalität voraus. Vielmehr können sehr viele verschiedene Merkmale dazu führen, dass eine Beziehung entsteht oder aber es ist einfach purer Zufall. Gerade wenn man von Unternehmenskultur spricht, und natürlich auch von Gesundheit, dann sind beide Ergebnisse von einer Vielzahl verschiedener Umstände geprägt und genau das zeichnet auch Komplexität aus, womit sich der Kreis dieses Unterkapitels wieder schließt.

In einer komplexen Welt haben kausale Zusammenhänge zweier Parameter keinen Platz. Vielmehr ergeben sich fluide Muster, die von einem zum nächsten Wimpernschlag schon wieder unterschiedlich ausgeprägt sein können. Es scheint also ganz nach Rolf Dobelli, dem Autor von *Die Kunst des klaren Denkens*, oft angebracht zu sein, selbst zu denken. Trauen Sie demnach keiner Kausalität, die Sie nicht selbst manipuliert haben …

Das *Harvard Business Manager Magazin* legt in seiner Ausgabe August 2015 eine genaue Beschreibung vor, wie Variablen unterschiedlichster Art, die nichts miteinander zu tun haben, manipulativ in einen scheinbaren Wirkzusammenhang gebracht werden können. Natürlich wird das Ganze mit einer gehörigen Portion Augenzwinkern garniert, wodurch der Zusammenhang zwischen „verkauften iPhones" und „tödlichen Treppenstürzen in den USA" schnell als „Fake" entlarvt werden kann.

Der Manipulation sind scheinbar keine Grenzen gesetzt. Durch geschicktes Manipulieren der Achsen mit einer unterschiedlichen Dimensionierung des Maßstabes oder durch das sprichwörtliche Zusammenbringen von Äpfeln und Birnen in einem Diagramm entstehen Wirkzusammenhänge, die es in der Realität oft gar nicht gibt.

Lassen Sie sich also bitte nicht durch eine gut inszenierte Kausalitätsfalle in Untiefen hinabziehen. Bleiben Sie wachsam und hinterfragen Sie die Variablen, vor allem, wenn sie komplexe Zusammenhänge feststellen!

Komplexitätsanalyse ist unwirksam

Ein weiterer Denkfehler im Zusammenhang mit Komplexität ergibt sich aus dem Wunsch, ein komplexes Problem zerlegen zu können, die einzelnen Teile zu untersuchen und aus den Untersuchungsergebnissen der Einzelteile auf die Beschaffenheit des Ganzen zu schließen.

Weiter oben haben wir ja schon gelernt, dass sich komplexe Probleme gerade dadurch auszeichnen, dass ihre Eigenschaften nicht nur aus den Eigenschaften der Teile bestehen, sondern im Besonderen aus dem Zusammenspiel der einzelnen Teile hervorgehen. Beim Zerlegen gehen diese Eigenschaften verloren.

Vergleichbar wäre das mit Wasser, welches bekanntlich ja aus den Molekülen H_2O besteht. Würde ich jetzt Wasserstoff und Sauerstoff zerlegen und die beiden gasförmigen Stoffe Wasserstoff H_2 und Sauerstoff O untersuchen, könnte ich auf viele Eigenschaften von Wasser gar keine Rückschlüsse ziehen. Genauso verhält es sich mit komplexen Problemen, die lassen sich nicht zerlegen.

Zwischen Fehlern und Irrtümern differenzieren, um wirksam zu agieren

Praxisbeispiel

Fehlerkultur

Gestern saß ich in einem Meeting und wieder kamen wir auf das Thema „Kultur" zu sprechen. Eines meiner Lieblingsthemen und ich merke, wie meine Aufmerksamkeit steigt. Gespannt lausche ich den Worten des Geschäftsführers.

„Erst gestern hatten wir wieder einen Vorfall, der so nicht passieren darf", berichtete er. „Wir haben einen Termin mit einem wichtigen Kunden verpennt. Der Kunde war da, doch wir nicht, weil das Treffen im Kalender erst für die kommende Woche eingetragen war. Das kann und darf so nicht sein, Leute." Man merkte ihm seine Wut richtig an und spürte die knisternde Spannung im Raum. Keiner traute sich, sich zu räuspern oder lauter zu atmen. „Leider musste ich deswegen eine Abmahnung aussprechen", ergänzte er, um gleich darauf noch den Appell „Wir brauchen eine andere Fehlerkultur" nachzulegen.

Ich traute meinen Ohren kaum und blickte den Geschäftsführer verwundert an. Eine neue Fehlerkultur schaffen wollen und gleichzeitig eine alte zementieren? Genau das war eben passiert. Jemand hatte womöglich einen Fehler begangen, nämlich den Kalendereintrag um eine Woche zu spät gesetzt und dafür gab es jetzt eine saftige Strafe, eine Abmahnung. Den Fehler als solchen zu erkennen, wäre die richtige Reaktion im Rahmen einer funktionierenden Fehlerkultur gewesen. Eine andere Fehlerkultur zu fordern ist an Zynismus nicht zu überbieten.

Ein anderer Tag, ein anderes Meeting, das gleiche Unternehmen. Wir sitzen mit dem Marketingleiter zusammen. Es geht um die Retrospektive zu einem im Unternehmen neu eingeführten Prozess. „Es läuft nicht so, wie wir uns das gedacht haben", erläutert er. „Für unsere Marketingkampagne haben wir neue Ideen von der Belegschaft eingefordert. Und stellt euch vor, von unseren 237 Mitarbeitern haben nur zwei auf meine E-Mail geantwortet. Und die Ideen, die dort kamen, waren nur Schrott. Hier hat doch jeder Angst, Vorschläge zu unterbreiten", lautete seine Annahme. „Wir brauchen eine andere Fehlerkultur, wir müssen viel innovativer werden, wir brauchen eine Ownership-Kultur", appellierte er an die Teilnehmer des Meetings.

Es ist nicht das erste Mal, dass wir so etwas zu hören bekommen, aber jedes Mal schmerzt es erneut. Doch lassen Sie uns gemeinsam ein wenig tiefer in die Materie eintauchen.

Was ist ein Fehler?

Der erste Reflex, dem auch wir oft verfallen, ist es, den Begriff zu googlen. So war es auch in diesem Fall. Wir tippten also „definition fehler" in die Eingabemaske ein und das Erste, was erschien, war:

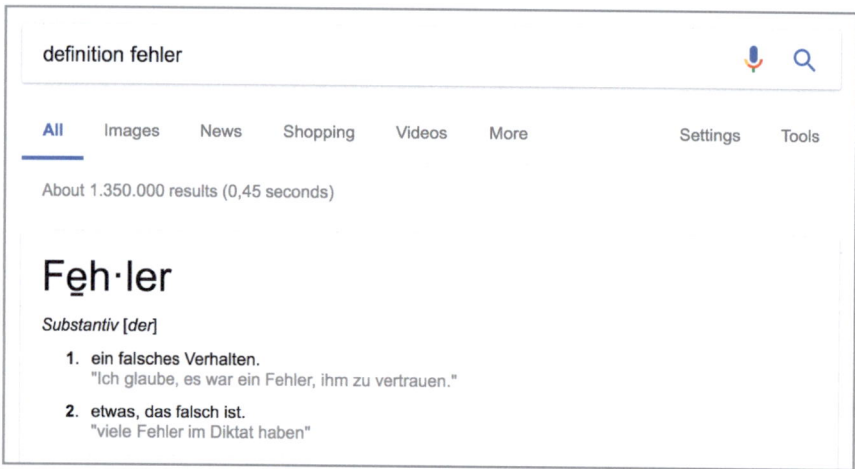

Da haben doch unsere beiden Protagonisten von oben alles richtig gemacht, oder vielleicht doch nicht?

Natürlich nicht, die beiden Beschreibungen zu dem Begriff „Fehler" sind grundverschieden, sodass die Benutzung ohne eine gewisse Ausdifferenzierung des Begriffes vollkommen – im wahrsten Sinne des Wortes – in die Irre führen kann. Denn keiner weiß, was jetzt wirklich gemeint ist.

▶ Bei der **Definition eines „Fehlers"** hilft dann Wikipedia weiter: „Ein Fehler ist die Abweichung eines Zustands oder Vorgangs, der bezüglich der zu erfüllenden Aufgaben festgelegt ist." (Wikipedia 2017)

Begeht jemand also einen Fehler, dann steht schon vorher fest, wie die Aufgabe korrekt, quasi fehlerfrei, hätte erledigt werden sollen. Aus irgendeinem Grund hat sie oder er es nicht auf diese definierte Art und Weise getan. Das Beispiel vom Diktat ist prototypisch. Es ist festgelegt, wie ein Wort zu schreiben ist. Ich schreibe es falsch und habe einen Fehler gemacht. Zu dem Wort selbst kann ich in diesem Moment nichts lernen. Was ich daraus lernen kann, wäre vielleicht, dass ich nicht über genügend Wissen verfüge oder gestern nicht so lange hätte feiern sollen. Ich kann auch lernen, wie mit dem Fehler am besten umgegangen wird. In Sachen Diktat bekomme ich wohl eine schlechtere Note oder verliere an Reputation bezüglich meiner schriftlichen Fähigkeiten.

Sprechen wir also von einer Fehlerkultur im Unternehmen, kann es nicht sein, dass wir damit meinen, es sollen mehr Fehler gemacht werden, damit das Unternehmen lernt. Das wäre Unsinn. **Fehler sind grundsätzlich zu vermeiden!**

Wichtig könnte sein, dass das Unternehmen eine Systematik findet, wie mit den Fehlern, so sie entstanden sind, umgegangen wird. Ein Fehler könnte beispielsweise sehr schnell transparent publiziert werden, damit man seine oft schädlichen Folgen eindämmt und proaktiv agieren kann. Das Auftreten eines Fehlers wird als aufgetretenes Übel beurteilt und nicht als persönliches Manko. Der Umgang mit Fehlern könnte über Handlungsprinzipien im Sinne eines **Fehlermanagements** bzw. einer **LERNkultur** von allen Mitarbeitern formuliert werden. Allen ist bewusst, dass dies ein schwieriges, doch womöglich notwendiges Unterfangen ist, um das Unternehmen wirksamer zu gestalten.

Außerdem sollte über Wege nachgedacht werden, Fehler zu vermeiden. Im Falle der fehlerhaften Termineinstellung hätte der Termin auch dem wichtigen Besuch per E-Mail geschickt werden können, so wäre der Fehler möglicherweise rechtzeitig aufgedeckt worden. Sie kennen hier bestimmt noch viele weitere Beispiele der **Fehlerprävention**.

Falsches Verhalten und Irrtum

Mitarbeiter entscheiden sich für ein bestimmtes Verhalten aufgrund verschiedener Prämissen. Zum einen gibt es die im Unternehmen festgeschriebenen Regeln, Vorgehensweisen, Prozesse, Strukturen, Richtlinien, d. h. die geschriebenen Gesetze des Unternehmens. Ein zweiter Bereich sind die ungeschriebenen Gesetze des Unternehmens, die gängige Praxis, die eingespielten Verfahren und die etablierten Muster. Diese können disponiert und verändert werden, sind allerdings nicht sichtbar und finden keinen bzw. noch keinen Einzug in die geschriebenen Gesetze. Der dritte Bereich, der als Grundlage für Entscheidungen dient, bildet sich aus den Wahrnehmungen, Werten und Kommunikationsmustern der einzelnen Mitarbeiter. Diese können nicht kausal verändert werden. Ein Mitarbeiter kann nicht über seine Werte disponieren. Natürlich ändern sich Wahrnehmungen, Werte und Kommunikationsmuster aufgrund von neuen oder anderen Erkenntnissen, allerdings nicht von außen kausal gesteuert.

Verhalten basiert auf Entscheidungen und diese wiederum auf den soeben kurz erläuterten Prämissen. Ein falsches Verhalten wird also an den Tag gelegt, wenn eine falsche Entscheidung getroffen wurde. Eine Entscheidung – im Gegensatz zu einer „Exekution" – ist die Auswahl einer unter mehreren möglichen Alternativen, wobei der Entscheider im Vorfeld noch nicht weiß, welche der Alternativen die beste für eine bestimmte Situation ist. Die Exekution ist das Ausführen der schon im Vorfeld feststehenden, besten Alternative.

Ein Mitarbeiter steht also vor der Entscheidung, ein bestimmtes Verhalten an den Tag zu legen. Er entwickelt eine Annahme über die Zukunft. Ob diese Annahme zutrifft oder nicht, kann er zum Zeitpunkt der Entscheidung noch nicht wissen. Er kann diese Annahme nicht bewerten, höchstens beurteilen oder ein Bauchgefühl dazu haben. Der Mitarbeiter kann auch ein paar Prozentzahlen oder Statistiken zu Rate ziehen. Letzteres repräsentiert einen immer wieder gern gemachten Denkfehler. Denn keine noch so gut recherchierte Statistik kann voraussagen, welches Ereignis eintritt. Auch die Statistik operiert mit Annahmen und Verteilungen. Tritt also eine als Annahme vorformulierte Situation nicht ein, ist es fatal, von einem Fehler zu sprechen. Hier liegt lediglich ein **Irrtum** vor.

Versuch und Irrtum

▶ **Impuls:** Die Wirksamkeit von Unternehmen kann deutlich erhöht werden, wenn neben einer beobachteten Fehlerkultur auch Strukturelemente etabliert werden, die eine Irrtumskultur entstehen lassen.

Praxisbeispiel

Wegbrechen von Aufträgen

Ich habe mich mit Jens verabredet. Er ist Bereichsleiter eines Automobilzulieferers. „Hallo Jens, schön dich zu sehen", begrüße ich ihn, während der heiße Cappuccino vor mir schon sehnsüchtig auf die erste vorsichtige Berührung wartet. „Hallo Robert", erwidert Jens und schließt sich der Bestellung eines Cappuccinos an. „Wir haben ein Megaproblem. Es ist uns ein großer Auftrag weggebrochen und andere Kunden laufen uns reihenweise davon. Unsere Zahlen stimmen hinten und vorne nicht mehr. Und obwohl jeder der Vertriebskollegen jetzt sieben Kundenbesuche je Woche zu dokumentieren hat, scheint sich nichts zu verbessern. Ich bin mit meinem Latein am Ende. Was sollen wir tun?"

Jens kennt mich und meine verrückten Ideen und quittiert meinen Verweis auf die Komplexität des Problems und auf den ersten Schritt, einen Könner zu fragen, mit einem breiten Grinsen. „Was ist denn das Problem des Kunden?", frage ich zurück. „Die Kunden brauchen mehr Flexibilität und eine bessere Liefertreue", kommt es wie aus der Pistole geschossen. „Und wer geht das Problem an?" „Keiner, jede Abteilung hat Ihre eigenen Ziele und KPIs und folgt diesen strikt! Ich würde das Problem gerne selbst angehen und hätte auch schon ein paar Kandidaten aus den verschiedensten Abteilungen, die mich da unterstützen könnten." Nach einigen weiteren Fragen, Antworten und Rückfragen waren die nächsten Schritte klar: Jens hatte im Vorstand einen Weggefährten, den er bitten könnte, ein Inhouse-Start-up zu unterstützen.

Ein **Inhouse-Start-up** ist eine geschützte Umgebung, in der Annahmen zur Lösung des Kundenproblems getroffen und mit passenden Werkzeugen des Denkens und Handelns sowie den passenden Praktiken umgesetzt werden. Dabei können diese Strukturelemente von den im Unternehmen vorhandenen und etablierten massiv abweichen. Störfeuer werden dann mithilfe der Macht des Weggefährten geblockt. Das Inhouse-Start-up existiert über eine definierte Zeitspanne und prüft, ob die Annahmen zutreffen und das Kundenproblem dadurch gelöst werden konnte. Das Inhouse-Start-up kann auch scheitern. Doch **egal was passiert: Aus einer Annahme und dem aus der Umsetzung entstehenden Erfolg oder Irrtum kann ich auf jeden Fall lernen!**

Sollte also der Begriff der Irrtumskultur in Ihrem Unternehmen nicht anschlussfähig sein, so vielleicht der Aufbau einer Lernkultur.

Digitalisierung erfordert Kundenorientierung

Kaum ein anderes Schlagwort wird so sehr mit der Zukunft der Arbeits- und Lebenswelt im 21. Jahrhundert in Verbindung gebracht wie das der Digitalisierung. Dabei ist es noch gar nicht so lange her, dass Entscheider in Politik und Wirtschaft nur sehr vage Vorstellungen davon hatten, wie Digitalisierung unseren Alltag positiv verändern kann. Inzwischen zweifelt fast niemand mehr daran, dass digitale Techniken unser aller Leben in sämtlichen Bereichen grundlegend verändern werden. Nach wie vor werden aber längst nicht alle Potenziale erkannt, die in der Digitalisierung stecken. Wer nur an die Automatisierung von Wertschöpfungsprozessen bzw. Industrie 4.0 denkt, läuft Gefahr, viele Chancen ungenutzt zu lassen.

▶ **Impuls:** Digitalisierung ist nicht das Gleiche wie Automatisierung.

Digitalisierung ist mehr als nur Industrie 4.0. Mit derselben Stiefmütterlichkeit wie die Politik sind auch deutsche Unternehmen lange Zeit mit dem Thema umgegangen. Zwar haben die Schlüsselindustrien längst die Zukunftspotenziale erkannt und entwickeln mit Hochdruck neue Verfahren, durch die die industrielle Produktion mit modernster ITK-Technik verzahnt werden soll, Industrie 4.0 bedeutet jedoch nicht nur weitere Automatisierung in der Produktion vor Ort, sondern umfasst auch die automatische Steuerung ganzer Fabriken. Es sind vor allem die großen Industriekonzerne, die die vierte industrielle Revolution ausgerufen haben. In den kleinen und mittelständischen Unternehmen beginnt man erst langsam, sich an das Thema heranzutasten. Die Konzentration auf die wertschöpfenden maschinellen Prozesse vernachlässigt allerdings einen wichtigen Aspekt der Digitalisierung, und zwar die Möglichkeiten der Kollaboration. Die Arbeitswelt der meisten Menschen ist noch immer an einen bestimmten Einsatzort gebunden. Sowohl in der Produktion als auch in der Verwaltung bedeutet Arbeiten, zu einem bestimmten Zeitpunkt an einem bestimmten Ort präsent zu sein, um seine Aufgaben zu erledigen. Dabei ließen sich – eine entsprechende digitale Infrastruktur vorausgesetzt – ein Großteil der Arbeiten inzwischen von überall aus bewältigen.

Vernetztes Denken und Arbeiten bestimmt die Arbeitswelt von morgen. Die Zukunft steht und fällt mit der Infrastruktur. Würde sich ein exportorientiertes Unternehmen oder ein Logistikdienstleister heutzutage an einem Standort ohne schnelle Anbindung an das Autobahnnetz ansiedeln? Wohl kaum. Für das reibungslose Funktionieren von Wertschöpfungs- und Lieferketten ist eine gute Verkehrsinfrastruktur nun einmal essenziell. Die Standortentscheidungen basieren natürlich auch auf der räumlichen Erreichbarkeit von qualifiziertem Fachpersonal, obwohl dieser Aspekt in Zukunft weniger wichtig sein wird. Theoretisch können schon heute viele Jobs standortunabhängig erledigt werden. Cloudbasierte ERP- und CRM-Systeme, Videokonferenz- und E-Learning-Systeme wie Webinare machen vieles möglich, was vor einigen Jahren noch undenkbar erschien. Voraussetzung ist die Verfügbarkeit einer leistungsfähigen digitalen Infrastruktur. Damit die Chancen des vernetzten Denkens auch wirklich genutzt und Kreativität und Innovationskraft aus Teams geschöpft werden können, sind neben der Infrastruktur noch weitere Aspekte wichtig. Noch sperren sich Teile des Managements dagegen, Mitarbeitern beispielsweise das Arbeiten im Homeoffice zu erlauben. Noch sitzt das Unbehagen tief, weil angeblich die Sicherheit von Unternehmensdaten nicht gewährleistet wäre oder Kontrollmöglichkeiten fehlten. Auch zweifeln viele Manager noch immer an der Effektivität von Kollaboration. Es sind Denkmuster, die nicht mehr ins digitale Zeitalter hineinpassen.

Digitalisierung ist Kundenzentrierung! Das alles verbindende Element dieser Digitalisierungs-Tools ist der Kunde. Jede Digitalisierung ist dann sinnvoll, wenn sie dazu beiträgt, den Unternehmensauftrag zu erfüllen, auch in einer komplexeren Welt nachhaltig und wirtschaftlich Kundenprobleme lösen zu können. Und damit kommen wir zu einer weiteren wichtigen Definition im Kontext der Welle der Wirksamkeit.

Die VUKA-Welt – Rahmenbedingungen ändern sich immer schneller

Das Management von heute sieht sich einer immer komplexer werdenden Welt gegenüber. Bei einem großen Teil der entscheidungsrelevanten Kriterien handelt es sich um Variablen, die sich nur schwer bis ins Detail kalkulieren lassen. Das Akronym VUKA (englisch: VUCA) steht für Volatilität, Unsicherheit, Komplexität und Ambiguität (Mehrdeutigkeit). Märkte werden immer unberechenbarer und urplötzlich können Schwankungen auftreten, die sich nur schwer vorhersehen lassen. Genauso schwer lassen sich immer kürzer werdende Marktlebenszyklen vorausberechnen und sprunghafte Innovationen vorhersagen. Das stellt herkömmliche Kommunikations- und Entscheidungsmuster innerhalb und zwischen Organisationen auf den Kopf und verlangt vom Management ein Höchstmaß an Flexibilität und natürlich die Fähigkeit, vernetzt zu denken und zu arbeiten. Kurzum, ohne Kollaboration auf den Entscheidungsebenen läuft bald nichts mehr. Die Digitalisierung spielt dabei eine entscheidende Rolle, denn nur durch konsequente Nutzung digitaler Strategien lässt sich die Flut von Informationen beherrschen. Letztendlich können sich Entscheider niemals sicher sein, ob sie über ausreichend Informationen verfügen, um die Auswirkungen ihrer Entscheidungen abschätzen zu können.

Dynamische Märkte bestimmen die Ökonomie der Zukunft. Ein Patentrezept, um auf schnell wechselnde Rahmenbedingungen angemessen reagieren zu können, gibt es nicht. Durch die konsequente Nutzung der Digitalisierung lassen sich jedoch komplexe Sachverhalte schneller in die übergeordneten Zusammenhänge einsortieren und leichter bewerten. Was heute noch absolut trendy und als Gewinnbringer ausgemacht ist, kann morgen schon überholt sein und umgekehrt. Immer mehr Zustände in der realen Welt lassen sich digital erfassen und liefern Grundlagen für Entscheidungen, von der Verkehrsüberwachung über Zutrittskontrollen bis hin zu Feedback zu Marken und Unternehmen in den sozialen Netzwerken. Produkte und Dienstleistungen müssen sich in immer kürzer werdenden Zyklen an Marktbedürfnisse anpassen lassen.

Dementsprechend müssen Mitarbeiter flexibel organisiert werden, um bei geänderten Rahmenbedingungen Entscheidungen treffen und effizient im Team arbeiten zu können. Ein fester, ortsbezogener Arbeitsplatz passt daher ebenso wenig in dieses Schema wie fixe Jobbeschreibungen. Mitarbeiter auf unterschiedlichen Entscheidungsebenen müssen bestmöglichen Zugang zu entscheidungsrelevanten Informationen haben, damit sich Zielsetzungen jederzeit an geänderte Rahmenbedingungen anpassen lassen und die Dynamik der Märkte Berücksichtigung findet. Nur wer es versteht, die Möglichkeiten der Digitalisierung effektiv zu nutzen, wird gegen diese Herausforderungen bestehen können.

Schritt 1: Den Blick nach außen richten!

Strömungen von allen Seiten

Vergessen Sie die externen Referenzen nicht. Die Geschichte des Inhouse-Start-ups hat schon gezeigt – und es soll auf gar keinen Fall unerwähnt bleiben –, dass Ihr Augenmerk immer von sogenannten „externen Referenzen" ausgehen sollte. Die einzige Aufgabe eines Unternehmens ist es, Probleme des Marktes und seiner Kunden – also externer Referenzen – nachhaltig und wirtschaftlich zu lösen.

Nachhaltig, um nicht nur im kommenden Quartal eine Beziehung mit dem Kunden zu haben, die in die Werte und Normen der Gesellschaft eingebettet und damit tragfähig ist, sondern weit darüber hinaus.

Wirtschaftlich bedeutet, dass es langfristig der Höhe nach mehr Rechnungen schreibt als es zu bezahlen hat.

Ergänzt wird diese Betrachtungsweise durch die Erwartungen weiterer Stakeholder wie beispielsweise der Öffentlichkeit, den Mitarbeitern und auch den Kunden und Lieferanten. Auch wenn der eher kurzfristige Shareholder-Gedanke an oberster Stelle steht, wird ein Unternehmen ohne eine langfristige Orientierung nicht überleben können.

Ihr Blick sollte also den **externen Referenzen** gelten, also Indikatoren wie der Kundenzufriedenheit, der Wertschöpfung, der Reaktionsgeschwindigkeit, der Liefergeschwindigkeit, der Innovationsfähigkeit, der Rendite etc. Sehr oft wird den „internen Referenzen" wie Auslastung, Umsatz, Planerfüllung, Rüstzeiten und individuelle Zielerreichung viel zu viel Aufmerksamkeit geschenkt.

Früher waren die externen Ziele leicht in interne Ziele zu übersetzen und eine Erfüllung der internen Ziele kam einer Erfüllung der externen gleich. Heute ist das in vielen Organisationen und Unternehmen nicht mehr so. Die internen Ziele haben sich über die Jahre hinweg immer weiter von den externen entfernt. Erfülle ich intern meine Ziele, so führt das nicht mehr zwangsläufig zu einer Zufriedenstellung der externen Referenzen. Häufig torpediert man externe Ziele der Organisation, wenn man auf interne Ziele pocht. Wir wollen Ihnen also mit diesen paar Zeilen eines ganz besonders ans Herz legen, nämlich sich bewusst zu werden, was Ihre externen Referenzen sind und über welche Indikatoren Sie messen können, ob und wie sie sich verändern.

Der Blick nach vorne – Trends und Megatrends

Liebe Leser, lassen Sie uns zu Beginn dieses Kapitels mit einem kleinen Experiment starten.

Praxisbeispiel

Begriff Arbeiten 4.0

Ich begebe mich in Twitter und suche nach dem Hashtag #Arbeiten4.0. Ich klicke auf „Alle Tweets" und fange das Stöbern im Gezwitscher der Ergebnisse an. Auch in den einen oder anderen verlinkten Blogartikel lese ich mich ein und lasse in Gedanken die Begrifflichkeiten vor meinem geistigen Auge vorüberziehen.

Da ist von einem „Identifikationsanker" die Rede, den die Personalabteilung zur Verfügung stellen muss, damit die Mitarbeiter sich nicht überfordert fühlen, wenn im Rahmen der Digitalisierung bisherige Strukturen und Prozesse wegfallen.

Jemand spricht von „Arbeitszeiterfassung" und wie wichtig diese gerade beim Thema Arbeiten 4.0 ist.

Wieder mal muss die „Generation Y" herhalten, die innovativ, kreativ, hierarchiefrei und freizeitoptimierend sich selbst verwirklichen will, und damit die größte Veränderung für die neue Arbeitswelt darstellt.

Und dann kommt auch wieder der Hinweis auf „Digitalisierung" und die These, dass Firmen den positiven Effekt durch den Einsatz „digitaler Technologien" unterschätzen und übertriebene Technikskepsis gefährlich ist. Alles wird anders, eine komplett neue Arbeitsorganisation wird ermöglicht, um den Mitarbeitern wieder Freude an ihrer Arbeit zu geben. Jederzeit von jedem Ort aus zu arbeiten schafft Freiräume und Selbstbestimmung.

Auch der Verweis auf die ein oder andere Studie darf nicht fehlen und so tauchen wir in die Fragestellung ab, was Arbeit denn bedeutungsvoll macht und was nicht. Dort ist viel über das Thema „Gesellschaft" zu lesen und über die Maxime, dieser Gutes zu tun. Etwas für die Gesellschaft tun, das ist also „bedeutungsvolle Arbeit".

Fehlen dürfen natürlich auch nicht die Wertewelten der Arbeit, und so wird die Frage nach dem Idealbild von Arbeit laut und mit Begriffen wie „Sinnstiftung", „Gestaltungsräume" und „Selbstentfaltung" untermauert.

Gleich im nächsten Tweet steht schon die „Unternehmenskultur" auf dem Programm und der feste Glaube, dass diese eine entscheidende Rolle für die Arbeitswelt 4.0 und die darin zu erreichende Performance spielt.

Jetzt wird es ein wenig plakativer und ein Blogbeitrag spricht von maximaler „Ausbeutung" durch die ständige Erreichbarkeit. Wieder einmal sind Arbeitszeit und Überstunden Gegenstand der Kritik, wieder einmal werden Statistiken angeführt.

Auch die neue „Fehlerkultur" wird thematisiert. Wir müssen Fehler zulassen, um daraus zu lernen, um kreativ und innovativ zu werden.

Schließlich findet sich in der Menge von Tweets auch immer wieder der Themensprung auf die „Talente". Wie kann ich diese begeistern, für das Unternehmen gewinnen, binden und zu Höchstleistung motivieren?

Diese Liste ließe sich noch seitenweise fortsetzen. Immer und immer wieder lassen sich zwei Strömungen bezüglich Arbeiten 4.0 unterscheiden. Zum einen der enorme technische Fortschritt, der auch in den Begriffen #Digitalisierung und #DigitaleTransformation reflektiert wird. Zum anderen die Strömung, diese Technologie zu nutzen, um die Arbeitsumgebung anders und für den Mitarbeiter besser zu gestalten. Flexibler, selbstbestimmter und von überall aus und zu jeder Zeit arbeiten zu können, wird zu einem Leitbild.

Die zweite zu erkennende Strömung spiegelt sich in der Humanisierung der Arbeitswelt wider. Unsere Werte als Individuen werden hervorgehoben, um für moderne Arbeit ganze Wertesysteme zu etablieren. Idealbilder, Vorbilder, Spaß an der Arbeit, der Mensch als Arbeitnehmer im Mittelpunkt der Arbeitswelt werden zum Leitbild dieser Strömung.

Aber wie bekommen wir beides übereinander?

Mir kommt eine alte Matrix in den Sinn, die ich irgendwann zu Beginn meiner Karriere als Führungskraft in irgendeinem Training mitbekommen hatte. Sie hat die Dimensionen „Wertschätzender Umgang mit Mitarbeitern" und „Löst Probleme des Kunden".

Die Bewertung der Quadranten war uns damals ganz klar. Zuerst galt es, die Probleme der Kunden zu lösen.

- Wenn ich dabei mit den Menschen im Unternehmen auf Augenhöhe (kollegial) umging, umso besser (1).
- War mir die Augenhöhe egal, war das wohl moralisch verwerflich gegenüber den Mitarbeitern, aber vom Unternehmen geduldet (2).
- Führungskräfte, die kollegial zu ihren Mitarbeitern waren, aber nichts für die Kunden taten bzw. ihre Ziele nicht erfüllten, waren umsetzungsschwach und ein Problemfall für die Organisation (3).
- Wenn sie dann noch weder die Kundenprobleme lösten noch einen Umgang auf Augenhöhe pflegten, waren sie seit jeher ein Entsorgungsproblem des Unternehmens (4).

Seit damals sind fast 20 Jahre vergangen, gilt denn diese Matrix immer noch? Können wir sie heranziehen, um daraus Kernfragestellungen für die Führung und die Arbeit abzuleiten? Was hat sich seit damals geändert?

Gerade in neueren Diskussionen erleben wir, dass diese Matrix wieder stark an Bedeutung gewinnt. Twitter, MeetUps oder BarCamps zeigen ja eine ganz klare Tendenz dahin, mit den Menschen auf Augenhöhe umzugehen. Auch sind die Führungskräfte und Manager, die Ihre Ziele erfüllen, im Unternehmen hoch angesehen. Also müsste die Matrix doch noch Gewicht haben und aktueller sein als je zuvor?

Doch eines hat sich seit damals massiv geändert und an Anschlussfähigkeit verloren. Etwas ist aus dem Blick geraten, verschwommen oder ganz verloren gegangen. Unternehmen sprechen häufig nicht mehr von Kundenproblemen, deren Anforderungen und Vorlieben, sondern nur noch von dem internen „Zielerfüllungsgrad" der Mitarbeiter, der Manager oder der Führungskräfte. Die dort zugrunde liegende Annahme ist, dass, wenn ich die internen Ziele des Unternehmens erfülle, in gleichem Maße automatisch die Kundenprobleme gelöst werden. Dieser falsche kausale Zusammenhang gehört auf den Müllhaufen der Geschichte. **Dieser Denkfehler verhindert Wirksamkeit in Unternehmen.** Hier wird einmal mehr versucht, durch ein Festhalten und sogar eine Verstärkung des Einsatzes von Strukturelementen vergangener Tage Problemstellungen der heutigen Zeit zu lösen.

Schauen wir gerne noch einmal genauer auf unsere These: **Die Erfüllung eines im Unternehmen gesteckten Ziels (Binnenziel) zieht nicht automatisch die Lösung eines Kundenproblems nach sich!**

Praxisbeispiel

Topfschlagen mit SMART-Zielen

Sie kennen vielleicht das auch heute noch auf vielen Kindergeburtstagen beliebte Spiel Topfschlagen. Dem Kind werden die Augen verbunden und es bekommt einen Kochlöffel in die Hand gedrückt. Sich auf allen Vieren fortbewegend, versucht es mit dem Kochlöffel auf den Boden schlagend einen Kochtopf zu finden, der im Raum versteckt ist und unter dem sich eine beliebige Leckerei befindet. Die anderen Kinder feuern mit „Heiß- und Kalt"-Rufen den späteren Glückspilz an. Heiß bedeutet einen Schlag in die richtige Richtung, kalt im Gegensatz dazu ein Entfernen vom Topf. Der Erfolg Aller wird dadurch wahrnehmbar, dass sich der dumpfe Schlag auf den Boden in einen blechernen Klang verwandelt, wie er nur durch das Schlagen auf einen umgekehrten Topf zu vernehmen ist. Alle jubeln. Die Belohnung ist eine süße Überraschung, die von allen meist sofort vernascht wird.

Wenn wir diese Analogie in Bezug auf Unternehmen anwenden, was würde dort gemessen werden? Natürlich die Frequenz der Aufschläge des Kochlöffels auf den Boden, den Ton des beim Aufschlag verursachten Geräusches und die zurückgelegten Kriechmeter. Als SMART-Ziel werden zwei Schläge pro Sekunde und 25 Meter festgelegt. Gefeiert wird, wenn beide die 100-%-Marke überschritten haben. Irgendwann erreichen wir dabei natürlich auch den Topf und folgern, dass wir doch mit unseren Messmethoden tolle Ergebnisse erzielen. Sollten wir den Topf nicht erreichen, dann müssen wir einfach schneller schlagen und weiter kriechen. Ob überhaupt noch ein Topf da ist, eine Schachtel oder eine Stofftüte, interessiert überhaupt niemanden mehr. Hauptsache 100 % erreicht.

Die Metapher zeigt das Problem, in dem viele Unternehmen stecken. Anstatt den Blick nach außen zu wagen und genau zu beobachten, welche Kundenanforderungen es jetzt und in Zukunft zu erfüllen gilt, verharrt das Unternehmen bei der Optimierung der den Binnenzielen dienenden Strukturen. Eine positive Kundenwirkung wird damit kausal meist nicht erreicht. **Kochlöffel 3.0 und Knieschoner 2.0 werden uns nicht weiterbringen. Auch nicht ein schnelleres Schlagen und noch weiteres Kriechen.**

Bleiben also vor allem anderen diese ersten zentralen Fragen übrig: Was ist da draußen los? Wie verändert sich der Markt über die Zeit und was bedeutet das für uns? Welche Anforderungen haben unsere Kunden? Lassen Sie uns ein Thema, welches auch in den Tweets immer und immer wieder erwähnt wird, für den Blick nach außen und in die Zukunft ein wenig näher beleuchten und vertiefen.

▶ **Definition: Digitale Transformation** Der Begriff Digitale Transformation bezeichnet erhebliche Veränderungen des Alltagslebens, der Wirtschaft und der Gesellschaft durch die Verwendung digitaler Technologien und Techniken sowie deren Auswirkungen. Hierbei kann zwischen den Dimensionen Leistungserstellung, Leistungsangebot und Kundeninteraktion unterschieden werden. (Pousttchi 2017)

Im Oktober des vergangenen Jahres durfte ich dem „IT Summit 2016 – Digitale Transformation" beiwohnen. In spannenden Vorträgen und vielfältigen Diskussionen haben sich einige Thesen zum Thema „Digitalisierung" herauskristallisiert, welche wir uns erlauben, hier darzustellen und teilweise auch kritisch zu kommentieren.

These 1

„Big Data ist ein unverzichtbares Instrument und verändert das Verständnis von Datenanalyse, Marketing und Recherche. Musterbildung und Mustererkennung anhand der vielfältigen Daten, die man hat, ist eine Schlüsselqualifikation."

Ja, es entsteht derzeit eine Unmenge von Daten. „Data never sleeps 4.0" (James 2016) beispielsweise beschreibt in einer sensationellen Grafik einige Big-Data-Aspekte:

In jeder Minute …

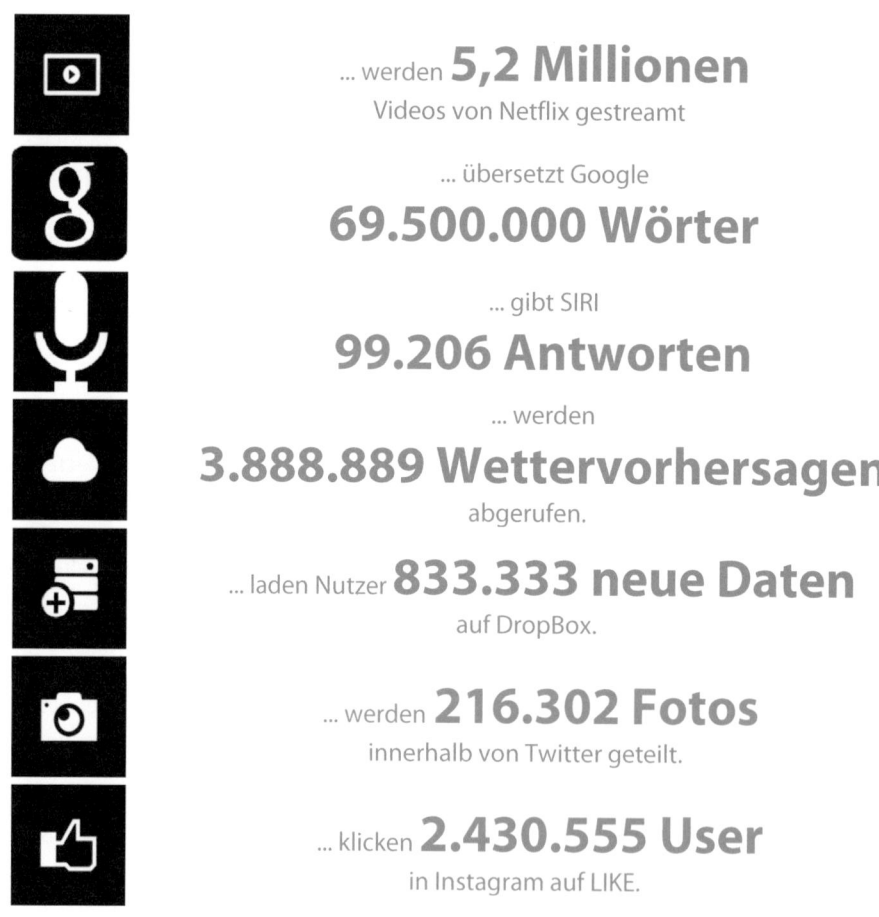

… werden **5,2 Millionen**
Videos von Netflix gestreamt

… übersetzt Google
69.500.000 Wörter

… gibt SIRI
99.206 Antworten

… werden
3.888.889 Wettervorhersagen
abgerufen.

… laden Nutzer **833.333 neue Daten**
auf DropBox.

… werden **216.302 Fotos**
innerhalb von Twitter geteilt.

… klicken **2.430.555 User**
in Instagram auf LIKE.

Beeindruckend, nicht wahr?

Was bedeutet das für Sie und Ihr Geschäft? In erster Linie, dass Menschen heute eine Vielzahl an verschiedenen Kanälen benutzen, um in irgendeiner Form aktiv zu werden. Sie können sich jetzt weiter hineindenken Sind Ihre Kunden dabei? Was für Bilder schauen sie an und zu welcher Tageszeit sind sie online?

Es ist wieder Ferienzeit und wir denken darüber nach, ein paar Tage am Gardasee zu verbringen. Wir schauen uns also Bilder bei Twitter und Instagram an, ein paar der Fotos gefallen uns ausgesprochen gut und wir klicken auf LIKE. Wie wird denn das Wetter in Bardolino? Wetter.de hilft schnell. Unspektakulär haben wir bei AirBnB ein Zimmer gefunden und freuen uns auf ein paar ruhige Tage.

Findige Mitarbeiter mit der Schlüsselqualifikation „Musterbilder" haben natürlich sofort herausgefunden, dass wir verreisen wollen und uns sofort ein paar Hotelangebote eingeblendet. Auch einem T-Shirt-Label war klar, dass wir für diese Reise unbedingt ein paar neue Anziehsachen brauchen. Dass wir das nervig finden, steht außer Frage.

Gegenthese: Big Data hilft Ihnen als Anbieter leider nur in sehr eingeschränkter Weise zu verstehen, was meine ureigenen Bedürfnisse als Kunde genau sind. Ob ich das Einblenden gut finde und ob es bei Ihnen funktioniert, sei dahingestellt. Klar ist jedoch, **dass sich komplexe Probleme dadurch, dass Sie mehr Daten sammeln und Sie diese geschickt miteinander verbinden, leider immer noch nicht kausal lösen lassen.**

Irgendwann muss man einfach aufhören zu sammeln. Stattdessen heißt es dann: **entscheiden und loslegen.**

These 2

„Interaktion mit intelligenten Agenten, Bots, Software und Hardware wird die Mensch-Maschine-Interaktion gravierend verändern."

Folgendes bestimmt auch heute schon unser tägliches Leben: Kinokarten in Papierform werden selten. Es wird online bestellt, das eTicket wird auf das Device der Wahl übertragen und schließlich am Eingang des Kinosaals gescannt. Diese Art der Interaktion wird uns immer mehr in Fleisch und Blut übergehen und bald werden wir diejenigen, die es nicht derart gestalten, als nostalgisch ansehen. Auch das kann natürlich ein „manufakturielles" Geschäftsmodell sein. Die Frage aber bleibt wiederum in aller Konsequenz: **Was hat die Mensch-Maschine-Interaktion mit Ihrem Geschäft zu tun?**

Prüfen Sie Ihr Geschäftsmodell auf Prozesse, Vorgehensweisen und Interaktionen mit Ihren Kunden, die immer und immer wieder gleich ablaufen: der Kauf einer Kinokarte, das Bestellen eines Tisches im Restaurant, die Lieferung von Büchern an einem Tag, das Eröffnen eines Kontos usw. Alle komplizierten Aufgaben lassen sich außergewöhnlich gut digital abbilden. Gerade bei häufig wiederkehrenden Prozessen wird das über kurz oder lang nicht nur passieren, sondern auch vom Kunden erwartet werden.

Es bleibt allerdings auch in diesem Fall das komplexe Problem für Sie übrig, zu beobachten, ob Ihre Kunden das genau in Ihrem Fall auch erwarten und sie einen spürbaren Mehrwert dadurch empfinden.

Praxisbeispiel

Virtuelle Empfangsdame

Ich hatte im letzten Sommer das Glück, mit einigen Start-ups im Silicon Valley sprechen zu können. Ich startete also im Hotel mit der Buchung meines UBER-Fahrers,
der mich auch pflichtgemäß vor dem Eingang absetzte. Ich öffnete die überdimensio-
nale Glastür und trat in einen Vorraum mit Rezeption ein: gemütlich und doch modern, sehr hell gehalten, mit Frontdesk und einer einladenden, kleinen Sitzecke. Die
Rezeption war nicht besetzt. Ich schritt langsam auf die Theke zu und ließ auf der Suche nach der Empfangsdame den Blick nach rechts und links schweifen. Doch weit
gefehlt: Ein am langen Schwanenhals aufgestelltes iPad erwachte zum Leben und eine Stimme sprach mich an. Ich blickte verdutzt, bis ich bemerkte, dass auf dem iPad

das Gesicht einer jungen Dame erschienen war, die mich in ein Gespräch verwickeln wollte. Die Dame
schien zu Hause auf ihrer Wohnzim-
mercouch zu sitzen, sie begrüßte mich
freundlich. Ich sprach mit einem Gesicht auf dem iPad. Ich war froh, dass
es sich um einen echten Menschen
handelte und nicht um einen Roboter,
wie ich es schon in verschiedenen
Tests gesehen hatte. Die virtuelle Rezeptionistin kannte meinen Namen, sie wusste,
mit wem ich im Unternehmen sprechen wollte. Sie meldete mich als Besucher an und
bat mich, bevor ich auf einem vorbereiteten iPad auf dem Frontdesk unterschreiben
sollte, in die Kamera zu blicken. Auf dem augenblicklich erstellten Foto ließ sich
mein Erstaunen nicht verbergen. Kaum hatte ich meine Unterschrift auf das iPad gesetzt, wurde auch schon mein Besucherausweis auf einem Textilaufkleber ausgedruckt. Natürlich mit Foto und Unterschrift.

„Manches würde ich doch ein wenig anders gestalten", dachte ich, als mich die
nette Dame bat, noch einen Augenblick Platz zu nehmen.

Um wieder auf die Kernfrage zur Bedeutung der Digitalisierung für Ihre Organisation
zurückzukommen, scheint es an dieser Stelle ganz klar zu sein, dass Sie auf den Zug der
digitalen Transformation aufspringen müssen. Zumindest dort, wo es Ihre Kunden nach-
drücklich erwarten.

These 3

„Nicht nur durch den Vorstoß von Tesla, dessen Aktivitäten viele Diskussionen beherrschen, „Autonomes Fahren" wird die individuelle Mobilität verändern und revolutionieren."

Praxisbeispiel

Autonomes Fahren

In einer abendlichen Diskussion im Fernsehen rund um das Thema „autonomes Fahren" wurde die Frage aufgeworfen, wie sich ein Auto entscheiden soll, wenn es vor die Wahl gestellt wird, einem kleinen Mädchen, das unglücklicherweise auf die Straße rennt, auszuweichen und damit eine Verletzung, vielleicht sogar den Tod der Insassen, zu riskieren oder das Mädchen zu überfahren, um die Insassen auf jeden Fall zu schützen.

Eine wilde, sehr emotionale Diskussion entbrannte, in der beide Alternativen als mögliche Szenarien gehandelt wurden. Wie würde ich selber agieren, stellte ich mir die Frage, falls ich die eigene Familie an Bord hätte und bei einem Ausweichmanöver nach rechts die fatale Aussicht hätte, meine eigene Familie schwer zu verletzen?

Die Empfehlung im Falle eines Rehs sagt ganz klar: Draufhalten und das Reh überfahren, um das eigene Risiko zu minimieren. Keine leichte Fragestellung, die da auf uns zukommt.

Doch eines war in der Diskussion zu beobachten: Die Frage, ob es denn autonomes Fahren geben werde oder nicht, war gar keine Frage mehr, sondern eher eine Tatsache, die sich nur noch nicht endgültig vollzogen hatte.

Bei aller Diskussion über Ethik und bei aller Skepsis: Stellen Sie sich rechtzeitig darauf ein, dass bestimmte Innovationen kommen werden. Das ist so sicher wie das Amen in der Kirche.

These 4

„Die Serienfertigung hat ausgedient, die Digitalisierung fördert den Siegeszug der Individualbedürfnisse bis hin zu Losgröße 1."

Lange vorbei sind die Zeiten, in denen man es sich leisten konnte, einfach drauf los zu produzieren und die gefühlte Sicherheit zu haben, dass die Produkte schon einen Käufer finden würden.

Henry Ford (1863–1947) erinnert mit seinem berühmten Zitat an diese längst vergangenen Zeiten:

Jeder Kunde kann sein Auto in einer beliebigen Farbe lackiert bekommen, solange die Farbe, die er will, schwarz ist.

Doch Wehmut bringt uns nicht weiter. Auch hier wollen wir gleich mit der Frage nach dem eigenen Business starten. Was würde das für mich und meine Organisation bedeuten? Sind die Erwartungen unserer Kunden heute schon wirklich so individuell? Werden sie sich dahin entwickeln? Haben wir schon heute die Mittel und Möglichkeiten, flexibel auf Anforderungen zu reagieren? Könnten wir es uns leisten, jedes Produkt individuell auf den Kunden zuzuschneiden?

Googelt man den Begriff „Losgröße 1", findet man Angebote ganzer Produktionsstraßen, die sich darauf spezialisiert haben, wirtschaftlich individuell und flexibel zu produzieren.

▶ **Impuls:** Bevor Sie in Losgröße 1 investieren, stellen Sie erst durch Interviews, Tests oder Prototypen sicher, ob das für Ihre Kunden überhaupt ein erstrebenswerter Mehrwert darstellt.

These 5

„Unter den Begriffen „Arbeiten 4.0", „New Work", „Neue Wirtschaft", „Agile Organisation" ergeben sich zwei Hausforderungen, die durch die Digitalisierung sehr stark gefördert werden. Selbstorganisation von Teams, auch über Ländergrenzen hinweg und die Führung aus der Distanz.

Arbeit ist heute sehr oft nicht mehr an einen bestimmten Ort gebunden. Von überall aus lassen sich Aufgaben erledigen. Ein schneller Zugang ins Internet und die Cloud in Verbindung mit mobilen Endgeräten und Apps, die bei der Erledigung der Aufgabe helfen, reichen schon für einen mobilen Arbeitsplatz. Mitarbeiter haben jetzt die Möglichkeit, von überall aus zu arbeiten. Ob im Homeoffice, direkt vor Ort beim Kunden, bei einem Partner, im Urlaub oder wo auch immer.

An dieser Stelle könnte der Verweis auf das im Unternehmen beobachtbare Menschenbild von großer Bedeutung sein. Thesen 5 und 6 legen die Schlussfolgerung nahe, dass die Ersteller des Thesenpapiers meinen, die Mitarbeiter müssten zur Arbeit angewiesen werden, da sie aus der Distanz eben nicht ganz optimal geführt werden könnten, und dass Führungskräfte dazu da wären, ihnen Anweisungen zu geben. Somit ist beides eine Herausforderung. Die Autoren der Thesen mögen Nachsicht mit uns walten lassen, wenn diese Beobachtung nicht stimmen sollte. Welche Menschenbilder können in Unternehmen denn vorherrschen, fragen Sie sich nun.

Bereits in den 1960er Jahren des vergangenen Jahrtausends prägte der amerikanische Psychologe Douglas McGregor in seiner Zeit als Professor am Massachusetts Institute of Technology MIT die Theorie des X- und Y-Menschenbildes.

Theorie X – der Mensch ist unwillig

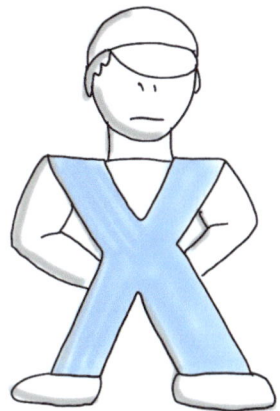

Ein der Theorie X zugeordneter Mitarbeiter wird als pessimistisch empfunden und es scheint, dass er seine Arbeit missbilligt und wenig motiviert ist. Man muss ihn zur Arbeit mit Belohnung oder Bestrafung motivieren. Sie müssen ständig überwacht und kontrolliert werden, damit man sicherstellen kann, dass sie ihre Aufgaben erfüllen. Das einzige Mal, wo sie ihre Kreativität ausspielen, ist bei der Vermeidung von Arbeit. Sie übernehmen keine Verantwortung und drücken, wo immer sie können. Er besitzt keinen Ehrgeiz und will formal gesteuert und an die Hand genommen werden. Er strebt nach Sicherheit und Vorgaben. Sein Verhalten richtet sich nach der Mehrheitsmeinung.

Theorie Y – der Mensch ist engagiert

Ein der Theorie Y zugeordneter Mitarbeiter ist optimistisch und sehr positiv seiner Umwelt und Arbeit, die für ihn einen hohen Stellenwert hat, gegenüber eingestellt. Sie ist für ihn eine Quelle der Zufriedenheit. Er braucht nicht kontrolliert zu werden, übernimmt gerne Verantwortung, trifft Entscheidungen und fördert die Zusammenarbeit. Arbeit macht ihm Spaß und ist Erfüllung, er wird durch seine intrinsische Motivation sowie das Streben nach Selbstverwirklichung angetrieben und erreicht und übertrifft so oft seine gesteckten Ziele. Er braucht wenig bis gar keine Anweisungen und erledigt Aufgaben mit hoher Kreativität, in Eigeninitiative und einem hohen Grad an Erfindergeist.

Bemerkenswert ist, dass die beiden Menschenbilder weder Präferenzen noch Motive von Menschen beschreiben, sondern einen Ausdruck für das Verhalten von Menschen darstellen. So wird man in verschiedenen Umgebungen ein und denselben Menschen hochengagiert und voller Leidenschaft ans Werk gehen sehen. In einem anderen Kontext verhält sich die Person müde, faul, unmotiviert oder gerade so, wie es das Menschenbild X beschreibt. Damit liegt der Schluss nahe, dass das gezeigte Verhalten maßgeblich von der Umgebung bzw. vom Kontext abhängt. Diese Erkenntnis lässt sich somit auch in Unternehmen beobachten. Dort ergibt sich verstärkend sogar noch der Effekt der **selbsterfüllenden Prophezeiung:**

Praxisbeispiel

Menschenbilder X und Y

Hat eine Führungskraft das Menschenbild X im Kopf, wird sie mehr anweisen, mehr kontrollieren, mehr Fehler entdecken und damit noch schärfer kontrollieren. Der Mitarbeiter seinerseits merkt, dass Eigeninitiative hier nicht angesagt ist und fällt unbewusst in das Verhalten des X-Menschen. Zu Hause in seiner Familie oder bei seinem Hobby „Jugendtrainer" zeigt der gleiche Mensch dann Engagement, Eigeninitiative und ist hochgradig intrinsisch motiviert.

Wenn eine Führungskraft im Gegensatz dazu von engagierten Mitarbeitern ausgeht, wird er diesen mehr Freiheiten lassen, die die Mitarbeiter unbewusst im Sinne des Unternehmens bzw. ganz natürlich nutzen. Meist geht das mit einem größeren Erfolg für das Unternehmen einher.

Zurück zu unseren Thesen. Distanz wird genau dann zu einem Problem und zu einer Herausforderung, wenn im Unternehmen das X-Menschenbild vorherrscht und die Entfernung es dem Manager unmöglich macht, zu kontrollieren und Anweisungen zu geben.

These 6

„In Zeiten der Digitalisierung werden Talente, die mit Komplexität umgehen können immer wichtiger."

In vielen Gesprächen bleibt die Frage nach dem Talent oft unbeantwortet. Was ist denn eigentlich ein Talent, dieses Mysterium, um welches sogar ein „Rekrutierungskrieg" ausgebrochen zu sein scheint? Der „War for Talents" tobt zwischen den Unternehmen, und jede Organisation ist bemüht, die Besten der Besten zu bekommen, um erfolgreich sein zu können.

Wenn man sich die Worte so auf der Zunge zergehen lässt, klingt das mehr wie eine weitere Entschuldigung für „Wir haben keine Talente gefunden, also können wir nicht erfolgreich sein". Wieder haben andere die Schuld.

Doch zurück zum Thema: Was sind Talente?

▶ **Definition: Talente** Unter einem **Talent** wird jemand verstanden, der ganz besonders gut zu einer vorhandenen komplexen Problemstellung passt und in der Lage ist, diese Aufgabe hervorragend durch sein Können zu lösen.

Manchmal findet man auch noch klassische Aussagen dahingehend, ein Talent sei jemand, der außergewöhnlich gut auf eine Stellenbeschreibung passt, der ein hervorragendes Skillset und außergewöhnliches Wissen hat. Wenn es darum geht, mit Komplexität umzugehen, passt nur die erste Definition, da die zweite nur das Lösen komplizierter Aufgaben über Wissen abdeckt.

Hier treffen wir auch wieder auf folgende These: Jemand, der in der Lage ist, eine komplexe Aufgabe hervorragend zu lösen, der von diesem Problem derart provoziert wird, dass er oder sie mehr als Lust hat, dieses nachhaltig und wertschöpfend einer Lösung zuzuführen und dieses ihm auch leicht und unbeschwert von der Hand geht, wird gegenüber denjenigen im Vorteil sein, die „nur" strukturiert und formal steuernd versuchen, Aufgaben zu lösen.

In einem späteren Kapitel des Buches, in dem wir uns um das Thema Komplexität und deren Ausprägung detaillierter kümmern werden, stehen neben vielen weiteren Fragen folgende besonders im Vordergrund: Bringt uns die Anhäufung weiteren Wissens der Lösung einer komplexen Aufgabe näher? Wo ist der Punkt erreicht, an dem mehr Wissen nicht gleichzeitig auch ein besseres Lösungsergebnis bedeutet?

Dies wird der Punkt sein, an dem ein Talent das Formale überholt, an dem Komplexität gegenüber der Kompliziertheit die Oberhand gewinnt. In Verbindung mit einer weiteren Beobachtung, nämlich der, dass die Umwelt immer komplexer wird, ist die These „talent beats formal" eigentlich gar keine These mehr, sondern schon heute klare Realität.

Bleibt die von uns immer wieder gestellte Frage in diesem Kapitel: Und was hat das mit meinem Business zu tun?

Nehmen wir einmal an, dass die oberen Aussagen alle der Realität entsprechen, dann ist die Art und Weise, wie wir heute zu Talenten kommen, erschreckend unwirksam. Es werden in der Regel Menschen von außen gesucht, die auf eine bestimmte Stelle passen, die also Wissen für ein bestimmtes Thema aufgebaut haben und durch Tätigkeiten in diesem Bereich Erfahrung vertieft haben. Dabei gibt es so viele unentdeckte Talente in den eigenen Reihen!

Ein befreundeter Ingenieur auf Jobsuche beschreibt das so: „Der erste Blick der mir gegenüber Sitzenden ist auf Expertise und Wissen gerichtet und nicht auf Können, Ideen und Umsetzung."

Hier trifft These 7 auf Ihr Business. Haben Sie sich schon einmal überlegt, wie komplex die Aufgaben sind, die Sie lösen müssen, um nachhaltig und wirtschaftlich erfolgreich Kundenprobleme zu lösen? Je größer der Grad der Komplexität ist, desto weniger hilft Wissen weiter. Stattdessen hilft ein solider Grundstock an Wissen gepaart mit dem Können, um sich einer komplexen Aufgabe anzunehmen.

„Klar, genau das machen wir bei der Einstellung", werden Sie vielleicht jetzt entgegnen. An dieser Stelle wollen wir einen zweiten Impuls setzen: Sie haben mit Sicherheit viele Talente in Ihrer Firma. Einige von ihnen sind wahrscheinlich unerkannt und schmachten an mindestens einer Aufgabe, die sie leider nicht zum Strahlen bringt. Wäre dies der Fall, würde sich zu der Frage „Wie stelle ich denn neue Talente ein?" noch die Frage gesellen: „Wie finde ich denn die Talente, die ich schon habe?". Da gibt es viele spannende Antworten, von denen wir Ihnen eine sehr interessante nicht vorenthalten wollen.

Praxisbeispiel

Aufgaben-Pull statt -Push

Eine Antwort kommt von einem kleinen Familienunternehmen mit Sitz in Oberfranken. Die Geschäftsleitung stellte sich eines Tages die Frage: „Wir arbeiten mehr und mehr und kommen nicht zu mehr Ertrag. Brauche ich mehr Menschen oder eine bessere Passung der Menschen, also der Talente, zu den Problemen bzw. Aufgaben?"

So warf die Geschäftsleitung eines Tages einfach alle Rollen, die sehr sauber definiert waren, in die Luft und machte der Belegschaft das Angebot, sich die Aufgaben auszusuchen, die jeder am liebsten erledigen würde und sich der Aufgaben zu entledigen, die sie nicht gerne tun. Letztere landeten bildlich gesprochen auf einem großen Berg frei verfügbarer Aufgaben.

Das war eigentlich ex ante ein großes Risiko. Aber schon nach verhältnismäßig kurzer Zeit rüttelte sich das Ganze wieder ein, und die Mitarbeiterinnen und Mitarbeiter fanden zu der für sie am besten passenden Aufgabe. Mit erstaunlichen Effekten.

Die Geschäftsleitung resümiert, dass die Arbeit anschließend leichter von der Hand ging, jeder weniger zu tun hatte und gleichzeitig mehr Aufgaben erledigt wurden als vorher. Die Zufriedenheit stieg überproportional an, und die Qualität der Produkte erlebte einen sprunghaften Anstieg.

„Nette Geschichte! Soll ich das jetzt auch so durchziehen, sodass sich jeder seine eigene Aufgabe aussuchen kann? Das endet doch im Chaos", werden Sie sich vielleicht denken und vielleicht endet es bei Ihnen sogar tatsächlich im Chaos und nicht in einer moderneren und wirksameren Organisation wie bei diesem Praxisbeispiel. Also warten Sie bitte noch. Vielleicht passt etwas ganz Anderes zu Ihnen und Ihrem Unternehmen. Letztendlich bleibt doch nur die Frage offen, wie Sie die für Sie wirksamste Organisation schaffen können, und ob Sie sich Schritt für Schritt experimentierend an diese annähern möchten. Dazu erfahren Sie später mehr.

Eine unserer Paradigmen ist, dass Sie als Leser, egal vor welchen Herausforderungen Sie stehen, auch den Impulsen dieses Buches, welches Sie augenblicklich in Händen halten, niemals die Absolution des Richtigen erteilen sollten.

Die erste Reaktion, die wir oft auf diese Aussage erhalten, könnte man ungefähr mit einem „Die sind ja verrückt. Glauben die denn selbst nicht an das, was sie schreiben?" fassen. Natürlich glauben wir daran! Nur sollten Sie die Thesen, Ideen, Anregungen, Komponenten und Organisationsformen, die hier im Buch beschrieben werden, vor allem als Impulse sehen und prüfen, was zu Ihnen passen könnte. Die absolute Wahrheit, die Best Practices, sind eine Illusion.

▶ **Impuls:** Unternehmen brauchen eine ganz individuelle Passung.

Unternehmen brauchen das, was auf *sie* passt, was *für sie* Wirksamkeit erzielt. Sie brauchen *diejenigen* Strukturelemente, mit denen sie *ihre ganz spezifischen Kundenprobleme* lösen können.

These 7

„Die wirksamste Organisationsform für Unternehmen der Zukunft sind agile Netz-werke."

Schon heute sind in vielen Bereichen Netzwerke starren Strukturen weit überlegen. Selbst in einer hierarchischen, sehr starren Organisation haben sich Netzwerke herausgebildet. Da treffen sich die beiden Abteilungsleiter regelmäßig bei den Toastmastern und besprechen dort, wie es in ihren Bereichen weitergeht, wie sie am besten zusammenarbeiten können und welche Unterstützung jeder braucht. Sogar Gelder werden hin und her geschoben, denn mal reicht das Budget der einen Abteilung hier nicht, mal hat die andere Abteilung einen Engpass in einem anderen Umfeld.

Oder beim allabendlichen Training beim Fußball trifft sich eine Gruppe, die aus ganz verschiedenen Abteilungen zusammengewürfelt ist. Sofort entsteht ein Netzwerk, es werden Informationen ausgetauscht oder Probleme besprochen, man greift sich gegenseitig unter die Arme oder erarbeitet und diskutiert sogar Ideen.

Auch die im Augenblick überall aus dem Boden sprießenden Netzwerk- oder Alumni-Treffen bieten alle einen guten Nährboden für Netzwerke.

Die Netzwerkorganisation und deren Wirken sind für Unternehmen also nicht unbekannt. Sie agieren noch eher im Verborgenen. Oft entsteht hier sogar ein Dilemma: Denn ganz offiziell dürfen sich die Mitarbeiter zweier Abteilungen vielleicht gar nicht austauschen. Abends wird dann nachgeholt, was die Regularien des Unternehmens nicht hergeben. Es ist ein strukturelles Dilemma, wenn die offiziellen Regeln des Unternehmens der Wirksamkeit im Wege stehen und sich dann Netzwerke bilden, die diese Regeln im Sinne der Firma umgehen, um wirksam sein zu können.

Uns gefiele der Gedanke sehr, wenn jedes Unternehmen diese unwirksamen Regeln einfach weglassen würde und das agile Netzwerk des Unternehmens Fahrt aufnehmen könnte. Unsere damit verbundene These lautet:

▶ **Impuls:** Komplexitätsorientiert geführte Unternehmen erfahren eine dramatische Steigerung der Wirksamkeit ihrer Organisation.

Natürlich ist ein Sich Organisieren in einem Netzwerk nicht die einzige Möglichkeit, den Wirkungsgrad einer Organisation zu erhöhen. Eine momentan in Mode gekommene, aber noch ein Nischendasein fristende Struktur ist die **Holokratische Kreisorganisation** bzw. **Holokratie** (Lexikon Nachhaltigkeit 2015) Dort werden Transparenz und Beteiligungsmöglichkeiten über halbautonome und sich selbst organisierende Kreise bzw. Zirkel realisiert. Jeder Kreis ist für die Erreichung der definierten Ziele selbst verantwortlich.

Ein weiteres Beispiel ist die **Pfirsich-Organisation**, die Niels Pfläging in seinem Buch *Organisation für Komplexität* vorgestellt hat. Hier unterscheidet man zwischen der Peripherie und dem Zentrum. An der Peripherie wird direkte Wertschöpfung erbracht. Im Zentrum befinden sich die Dienste der indirekten Wertschöpfung. Alle Unterneh-

mensprinzipien und Regeln werden bezüglich der Wertschöpfung hinterfragt und gege-
benenfalls eingestellt.

Das Prinzip der Wirksamkeit bei der Lösung von komplexen Kundenproblemen ist allen diesen neuen Organisationsstrukturen gemein. Daher liegt hier auch der Fokus unserer Untersuchungen.

Da **die klassische pyramidenförmige Linienorganisation** bei der Lösung von „nur"
komplizierten Problemen und Aufgaben weitaus wirksamer und überlegener ist als die
neueren Organisationsstrukturen, spinnen wir diese Gedanken weiter und ändern die
obige These wie folgt ab:

▶ **Impuls:** Die Organisationsstruktur sollte passend zu den zu lösenden Problemen gewählt sein.

In Zukunft wird ein Unternehmen Organisationsstrukturen wählen, die keiner starr definierten Linie folgen, sondern die für die zu lösenden Aufgaben des Unternehmens am
wirksamsten sind.

These 8

*„Künstliche Intelligenz „KI" und Maschinen werden kreatives Denken in absehbarer
Zeit nicht ersetzen können."*

Gerade vor ein paar Tagen hatten wir bei einem Wevent von intrinsify.me eine sehr
intensive Diskussion zu dem Thema „künstliche Intelligenz". Auch ein spannender
Blogbeitrag (Urban 2015) setzt sich sehr anschaulich und auch durchaus kritisch mit
dem Thema auseinander. Diese These hier scheint unseres Erachtens sehr gewagt zu
sein.

Zwar verstehen wir selbst nicht einmal ansatzweise, wie kreatives Denken entsteht,
doch scheint es auf absehbare Zeit sehr wahrscheinlich zu sein, dass wir dieses einer
Maschine über Programmierungen beibringen können. Spätestens, wenn die Software in
der Lage sein wird, sich selbständig zu verändern, können Dinge entstehen, von denen
wir bis dato gar nicht zu träumen wagten, im Positiven und Negativen. Auch ethische
Fragen werden sich dann ganz schnell stellen. So veröffentlichte *Zeit Online* am
31.10.2016 die folgende Schlagzeile:

> „Künstliche Intelligenz erfindet eigene Verschlüsselung"
> Zwei künstliche neuronale Netzwerke von Google haben selbstständig gelernt, ihre Kom-
> munikation kryptografisch abzusichern. Wie sie es tun, weiß kein Mensch genau. *Beuth 2016*

Kein Wunder also, dass das Google-Tochterunternehmen „Google DeepMind" einen
Ethikrat installiert hat.

Auch die *techworld* berichtete in einem Ende 2016 erschienenen Blogbeitrag, dass alle großen Technologiekonzerne in das Thema investieren. (Mercer 2017)

Es fließt also zurzeit unglaublich viel Geld in Forschung und Tests zu künstlicher Intelligenz. Wir sollten demnach unbedingt die Augen und Ohren offenhalten, um mitzubekommen, was in diesem Themengebiet in nächster Zeit passiert und wie sich die Entwicklungen auf das eigene Geschäft auswirken können. Diese Auswirkungen können fatal sein.

Neben den strikt auf die Digitalisierung ausgerichteten Themen geht es natürlich auch darum, die für das eigene Geschäft maßgeblichen weiteren Megatrends in die Betrachtung miteinzubeziehen. Im Folgenden wollen wir daher die im Augenblick wichtigsten Trends ins Auge fassen und kurz beschreiben.

Welche Megatrends beeinflussen uns also gerade in unserem Business?

- **Megatrend Nr. 1** ist der sogenannte **demographische Wandel**. Während die Bevölkerung weltweit betrachtet wächst, sehen sich westliche Industriestaaten den Herausforderungen von Überalterung und Bevölkerungsschwund gegenüber.

  Für Ihr Geschäft kann das vielfältige Auswirkungen haben: Auf wen zielen unsere Produkte und Services ab? Für wen stellen wir also auch zukünftig einen Wert dar, den derjenige auch dann noch bereit ist zu bezahlen? Denken wir dort mit demographischen Faktoren? Wer steht uns für die Mitarbeit und zur Erstellung der Produkte und Services zur Verfügung, und können wir geeignete Mitarbeiter dafür noch gewinnen?

  Gleichzeitig ist ein Anwachsen der Migrationsströme zu beobachten. Auch diese müssen wir in unsere Geschäftstätigkeit einbeziehen. Vielleicht ergeben sich ja gerade daraus neue Möglichkeiten, neue Reaktionsmuster oder neue Geschäftsmodelle.

- **Megatrend Nr. 2** ist eine besondere Ausprägung der **Individualisierung**. Auch hier gibt es wieder zwei Betrachtungsebenen.

  Auf der einen Seite die potenziellen Kunden, die sich heute weniger stark zu einer Marke hingezogen fühlen, nur noch lose Bindungen eingehen und damit einem ständigen Wechselwillen unterworfen sind.

  Die zweite Ebene der Individualisierung betrifft die Arbeitswelt, insofern, als dass Mitarbeiter nicht mehr ein Leben lang in einem Bereich in ein und derselben Firma arbeiten, sondern ihre Verwirklichung in verschiedenen Rollen innerhalb der Organisation oder in unterschiedlichen Arbeitsverhältnissen suchen. Damit gehen vielschichtige Biografien und unterschiedliche Identitäten einher.

  Ein zusätzliches Merkmal, das sich im Rahmen der Individualisierung zeigt, ist der Trend zur Losgröße eins. Das bedeutet, dass Produkte maximal individualisiert werden müssen, um den Anforderungen der Konsumenten gerecht zu werden. Somit wandelt sich ein potenzieller Massenmarkt zu einem Mikromarkt.

  Auch der Trend zu steigender Selbstversorgung kann dem Megatrend Individualisierung zugerechnet werden.

- **Megatrend Nr. 3** zeichnet sich in der **steigenden Mobilität von Menschen und Gütern** ab.

  Verkehrsströme werden miteinander vernetzt. Egal, von wo aus in der Welt bestellt wird, sind die Lieferungen innerhalb von ein oder zwei Tagen vor der eigenen Haustür angekommen. Damit steht ihr Geschäft einem zunehmend globalen Wettbewerb gegenüber.

  Im Bereich der Mobilität findet sich auch das Thema **autonomes Fahren** wieder. Ausführlich haben wir diesen Aspekt ja schon in den Thesen zur Digitalisierung beschrieben.

- **Megatrend Nr. 4** ist die immer stärker wachsende digitale Kommunikationskultur.

  Die Kommunikation über soziale Medien sowie neue Kommunikations- und Organisationsformen lassen die Vernetzung des Alltags und die digitalen Lebensstile sichtbar werden. Dieser Trend ist schon am weitesten fortgeschritten und vielerorts bereits gelebte Realität.

- Ein weiterer Megatrend, **Megatrend Nr. 5**, der tief greifende Veränderungen in unserer Gesellschaft nach sich ziehen wird, ist der momentan beobachtbare **Wandel der Arbeitswelt**.

  Die Arbeitsverhältnisse werden dynamischer und flexibler gestaltet. Neue Organisationskonzepte und neue Führungskonzepte nehmen Gestalt an. Das klassische Bild einer Organisation mit Hierarchien, Command & Control und starren Regeln verschwindet langsam. Das ist vor allem der Veränderung des unternehmerischen Umfelds geschuldet, dessen Komplexität und Dynamik ständig zunehmen. Um Kundenanforderungen und Kundenwünsche wirtschaftlich und nachhaltig zu erfüllen, braucht es andere Formen der Arbeit.

▶ **Impuls:** Kollaborative Arbeitsformen sind auf dem Vormarsch, interaktive virtuelle Teams werden über kurz oder lang zur Realität der Arbeitsverhältnisse.

Sogenannte Digitalnomaden haben dort bereits ihren Arbeitsalltag gefunden. Die Arbeitswelt wandelt sich dramatisch. Dies wird sehr hohen Marktdruck erzeugen und alle Unternehmen und Branchen treffen, da die Veränderung stark von außen getrieben sein wird – sowie von Wettbewerbern, die sich der neuen Arbeitswelt schon gestellt haben.

Mit dem Kunden auf eine Reise gehen – die Customer Journey

Ein Werkzeug, um einen ganz speziellen Blick auf den Kunden zu werfen, ist die sogenannte „Customer Journey" bzw. Kundenkontaktstrecke. Entlang dieser Strecke werden im Wesentlichen folgende Fragen gestellt:

- Welche Touchpoints/Kontaktpunkte gibt es in jeder Phase?
- Welche Stories oder Aktionen erfolgten am Kontaktpunkt?
- Wie hat sich der Nutzer dabei gefühlt?
- Welches Bedürfnis hatte der Nutzer jeweils?

Sie kann inhaltlich daher vielfältiger Gestalt sein. Nachfolgend sehen Sie ein Beispiel aus einem Projekt, bei dem es darum ging, moderne Führung im Unternehmen zu etablieren. Wo kommt also eine Mitarbeiterin oder ein Mitarbeiter mit Führung in Berührung? Welches sind die Phasen, welches die Touchpoints?

Wir hatten uns in diesem Fall für vier Phasen entschieden:

- Bewerbung
- Start im Unternehmen
- Stand jetzt, mitten in der Arbeit
- Austritt aus dem Unternehmen

Natürlich können das in Ihrem Projekt ganz andere Phasen sein. Während der Bewerbungsphase werden in der Regel sehr viele Touchpoints bzw. Kontakte vorhanden sein. Unsere Beispiele:

- Das Bewerbungsgespräch
- Die Stellenanzeige
- Der Bewerber telefoniert mit einem Mitarbeiter.
- Der Bewerber liest kununu.
- Jemand hält einen Vortrag auf einer Veranstaltung, die von Bewerbern und Firmen besucht wird.

- Der Bewerber schaut sich YouTube-Videos an.
- Der Bewerber scannt Social-Media-Profile von Mitarbeitern der Firma.

Sie sehen, da ist eine ganze Menge an möglichen Kontaktpunkten vorhanden und alle können spannende Erkenntnisse liefern, wie sich der Bewerber in diesem Moment fühlt. Sie merken auch, dass die erste Customer Journey Map sich noch gar nicht allzu sehr an moderner Führung orientiert, sondern eher daran, welche Strukturelemente aktuell im Unternehmen aktiv sind und daran, ob diese auch wirksam sind.

Klappe zu – Affe tot: Was kümmert mich der Kunde oder das Unternehmen?

Abschließend ein weiteres Beispiel, welches verdeutlichen soll, wie wichtig der Blick auf den Kunden und die externen Referenzen zur Erreichung von Wirksamkeit sein kann.

Praxisbeispiel

Individuelle Zielerfüllung

Ich nippte an meinem Gläschen Rotwein und proste meinem Gegenüber zu. „Danke für die Einladung. Schön, wieder mal von dir zu hören. Wie laufen die Geschäfte?" „Es könnte nicht besser gehen. Gestern habe ich meinen Bonus für das dritte Quartal bekommen. Da lässt sich unsere Firma nicht lumpen. Ich lag bei 148 % Zielerfüllung. Das waren dann fast vier Monatsgehälter zusätzlich."

Eine wirklich reife Leistung, besonders bei den augenblicklichen Marktverhältnissen. Ich fragte, wie er ein solch grandioses Ergebnis erzielen konnte. Peter antwortete mir: „Das war ganz einfach, im nächsten Jahr werden die Wartungsverträge nicht mehr verprovisioniert, und da habe ich einigen Kunden erläutert, wie wichtig es sei, die Wartungsverträge der kommenden beiden Jahre schon jetzt klarzumachen und zu bezahlen. Schließlich konnte ich bei uns auch einen satten Discount von 35 % für den Kunden rausschlagen." Ich konnte meinen erstaunten Blick wohl nicht unterdrücken. „Und für das vierte Quartal sind die nächsten Kunden schon ausgemacht. Das wird ein klasse Jahr", ergänzte Peter.

Im weiteren, vertiefenden Gespräch erläuterte Peter mir noch, dass dies von allen Kollegen im Moment so umgesetzt würde. Auch das Top Level Management in Europa sei nun auf den Geschmack gekommen. Schließlich wollten die Führungskräfte der EMEA-Region (Europe Middle East Africa) im Januar-Kickoff in Las Vegas im Regionenvergleich ganz oben auf dem Umsatz-Treppchen stehen.

Bis tief in die Nacht hinein diskutierten wir angeregt und verwandelten Peters Provision in das eine oder andere Fläschchen Rotwein.

Liebe Leser. Hand aufs Herz. Das ist kein Einzelfall in der Unternehmenslandschaft. Viele von Ihnen haben das mit Sicherheit so oder so ähnlich auch schon erlebt. Das ist ein Windfall-Profit für Vertriebsmitarbeiter. Ist der Kunde dadurch wirklich bessergestellt? Ist die höhere Vergütung in dem Maße gerechtfertigt? Hat der Vertriebsmitarbeiter seine persönliche Leistungsfähigkeit wirklich gesteigert? Hat das Unternehmen dadurch mehr nachhaltigen Umsatz? Mehrfaches Nein. Dennoch werden derlei Verfahren Jahr für Jahr in vielen Unternehmen aufs Neue praktiziert und nichts ändert sich im Sinne des Unternehmensauftrags und im Sinne von mehr Wirksamkeit und gemeinsamer Augenhöhe in Unternehmen. Und lassen Sie uns raten: Die Unternehmensleitung wird versuchen, die Ziele für das kommende Jahr auf Basis des tatsächlichen Ergebnisses prozentual noch zu steigern, der Vertrieb wird im Nachhinein auf die Sondersituation des Vorjahres verweisen und das jährliche interne Verhandlungsritual nimmt seinen Lauf. Der Kunde hat davon … nichts.

Durchleuchten wir das noch ein wenig genauer.

Im Land der Bonus-Optimierer

Ein zentraler Bestandteil der Führung in vielen Unternehmen ist die Vereinbarung von individuellen Zielen. Die gängige Literatur beschreibt als gute Zieldefinitionen solche, die als SMART bezeichnet werden. Das bedeutet „spezifisch", „messbar", „aktivierend", „realistisch" und „terminiert". Die Erreichung dieser Ziele ist häufig mit der variablen Vergütung des Mitarbeiters verknüpft, sodass bei hoher Zielerreichung auch entsprechend hohe Summen an Bonus im Portmonee zu verzeichnen sind.

Es handelt sich hierbei um ein formal festgeschriebenes Strukturelement der Organisation. Die Gestalter des Unternehmens können entscheiden, wie sie die Mitarbeiter entlohnen wollen. Sie gestalten das in bester Absicht. Die Grundannahme dabei ist, dass extrinsische Motivation, d. h. ein mehr an monetärer Vergütung oder auch sonstiger wertiger Zuwendung, die Mitarbeiter zu dem Verhalten motiviert, mehr und härter für das Unternehmen zu arbeiten. Und in der Regel funktioniert das auch.

Natürlich lieben wir alle dieses Extra an Cash, dieses Verbinden des eigenen Wertes mit einer zusätzlichen Ausschüttung von Geld. Damit kann ich mir jetzt ein schönes Essen mit Freunden und der Familie leisten oder den Flug in die USA, wo ich schon immer mal hinfliegen wollte. Egal was, endlich klappt das.

Und hier liegt die potenzielle Gefahr. Die Mitarbeiter priorisieren ihre Arbeit nicht nach den Interessen des Unternehmens, sondern nach ihren eigenen, ihrem Bonus. Im Extremfall optimieren sie ihren Bonus, ohne dabei an das Unternehmen oder gar den Kunden zu denken.

Gemeinsam auf der Insel der Kunden

Praxisbeispiel

Teambonus

Das Telefon klingelte. Dorothe rief an. Sie arbeitet für einen großen Konzern, bei dem ich vor nicht allzu langer Zeit ein kleines Engagement gehabt hatte. Es ging darum, Strukturelemente agiler Führung für die Vergabe und Durchführung von Kundenprojekten zu etablieren. Keine große Sache, nur ein paar Tage.

„Hallo Doro, wie geht's?" „Hallo Robert, wir wollen dich zum Essen einladen, unser Teambonus wurde gestern ausgeschüttet und das wäre ein guter Anlass, die Tapas Bar mit einem kleinen Besuch zu erfreuen." „Klasse, da freue ich mich", antwortete ich, „wie ist denn das Projekt gelaufen?" „Es läuft mehr als gut, unser selbstorganisiertes Team hat die Kundenzufriedenheit um 12 Punkte steigern können. Wir können jetzt innerhalb von drei Tagen auf neue Anforderungen reagieren. Die Vertretungsgüte im Team ist top und wir bleiben unterhalb der anvisierten Ausgaben. Damit steigt die Marge um 24 %. Es macht einen riesen Spaß, mit dem Kunden im Projekt zusammenzuarbeiten und auf seine Wünsche einzugehen. Und dafür bekomme ich auch noch Kohle und sogar einen Bonus. Besser kann es nicht laufen." Ich bedanke mich herzlich für die Einladung und sage zu.

Nachdem ich aufgelegt habe, denke ich: Was ist denn jetzt der Unterschied zwischen Peter und Dorothe. Beide bekommen einen Bonus, es geht bei beiden um Zahlen, Daten und Fakten. Beide sprechen mit dem Kunden. Wo in aller Welt ist der Unterschied? Wer liegt in seiner Art und Weise richtig?

Der Unterschied liegt in der Passung

Es gibt kein richtig oder falsch in beiden Vorgehensweisen. Es gibt kein oben oder unten, kein: Peter ist unmoralisch, Dorothe ist moralisch. Die Antwort liegt im Verborgenen. Sie ist nicht sofort ersichtlich, und erst ein tieferer Blick hinter die Kulissen der Organisation könnte Einsicht bringen, welche Vorgehensweise die wirksamere ist.

Es geht um Passung.

Wir sind davon überzeugt, dass der Zweck eines Unternehmens die Lösung von Kundenproblemen darstellt. Mit einem Blick auf die Überlebensfähigkeit der Organisation gehört dazu ergänzend auch das langfristig wirtschaftliche Lösen von Kundenproblemen. Das können ganz verschiedene Themen und Bereiche sein, eben das, was für jemanden einen Wert schafft. Und dieser Jemand muss auch bereit sein, für diesen Wert zu bezahlen, sodass das Unternehmen daraus wieder Werte schöpfen kann.

Nehmen wir einmal gemeinsam an, dass diese Annahme den Tatsachen entspricht. Dann würden sich daraus weitere Fragen ergeben: Trägt das von Mitarbeitern an den Tag gelegte und von vielen Strukturelementen provozierte Verhalten zur Lösung des Kundenproblems bei oder nicht? Wo blockieren vorhandene Strukturelemente die Lösung von Kundenproblemen?

Das sind gehaltvolle Fragen, die in ihrer Beantwortung viel Mut und oft Standhaftigkeit benötigen. Doch es lohnt sich meist, hier in die Reflexion zu gehen und den Weg zum Kunden zugänglich zu gestalten.

Im Unternehmen, in dem Peter arbeitet, wurden mittlerweile 30 % der Belegschaft entlassen. Es herrschen erbitterte Kämpfe zwischen Betriebsrat und Geschäftsführung. Wie lange das noch gut geht, weiß keiner, doch solange Peter seine Boni erwirtschaften kann, wird er bleiben.

Hier schließt sich dann der Kreis bzw. der Bogen, den wir gespannt haben. Im Fall von Dorothe prosperiert das Unternehmen, weil Kunden, Mitarbeiter und Unternehmen mit gleichgerichteten Interessen zusammenarbeiten. Die Frage, ob Incentivierung in ihrem Fall so oder anders sinnvoller ist, lassen wir an dieser Stelle noch außen vor. Bei Peter sehen wir, dass alle Interessenskräfte in unterschiedliche Richtungen wirken. Der Kunde wäre vielleicht schon gar nicht mehr beim Unternehmen geblieben, da er doch schon seit einiger Zeit mit den Leistungen des Unternehmens unzufrieden ist. Niemand interessiert sich für seine täglichen Herausforderungen, die er mit den Produkten und Services des Unternehmens hat. Nur durch den Rabatt, d. h. rein von Geld getrieben, konnte er noch für weitere 2 Jahre geködert werden. Peter geht es bis auf Weiteres gut, zumindest solange es das Unternehmen noch gibt. Und das Unternehmen hat mit gesunkenen Einnahmen aus Wartungsverträgen zu kämpfen und kann seine laufenden Kosten nicht mehr decken, zumal durch die außerordentlich hohe Ausschüttung die Substanz des Unternehmens kräftig gelitten hat.

Sie sehen an diesen zwei Beispielen eindrucksvoll, dass es für ein nachhaltig erfolgreiches Wirtschaften auf die richtige Passung, d. h. auf die höchstmögliche Wirksamkeit der zu dem Unternehmen und seinem Auftrag passenden Strukturelemente ankommt, und darauf, dass alle Beteiligten fair und auf Augenhöhe miteinander arbeiten.

Methoden und Tools zur Beobachtung externer Referenzen

- Design Thinking
- Point of View
- Fünf-Why-Methode
- Why-How Laddering
- Persona
- Empathie-Landkarte
- Benchmarking
- Interviews
- Zielgruppenidentifikation
- Bedürfnisfindung
- Beobachtung
- Floor Plan
- Moodboard
- Kulturfragebogen …

Schritt 2: Hat das Auswirkungen auf mein Geschäft?

„Ich kann freilich nicht sagen, ob es besser wird, wenn es anders wird.
Aber so viel kann ich sagen: es muss anders werden, wenn es besser werden soll!"
Georg Christoph Lichtenberg (1742–1799), deutscher Naturwissenschaftler

Nachdem wir den Blick nach außen gerichtet haben, stellen sich nun die Fragen danach, was die Außensicht für mein Unternehmen bedeutet und welche Handlungsfelder daraus abgeleitet werden können.

- Müssen wir unsere Vorgehensweise verändern?
- Müssen wir uns anpassen?
- Was müssen wir ergänzen und in unser Portfolio aufnehmen?

Die Handlungsfelder sind Grundlagen für das wirksame Arbeiten an den Elementen der eigenen Organisation. Ein schönes Beispiel zur Bildung der Klammer von potenziellen Markt- und Kundenanforderungen und möglichen Auswirkungen auf die eigene Organisation ist der 10-Jahres-Business-Forecast. Dieser stellt ein weiteres Denkwerkzeug, um komplexe Sachverhalte von der Zukunft her zu denken:

Praxisbeispiel

10-Jahres-Business-Forecast

Neben einigen Start-ups besuchte ich im Sommer auch das *Institute for the Future* (IFTF), einen Ableger der Stanford University, welcher sich interessanterweise nicht mit Zukunftsforschung beschäftigte, sondern mit Methoden und Fragestellungen dazu, wie eine potenzielle Zukunft für ein Unternehmen Relevanz bekommt und wie Unternehmen das erkennen und in ihre Entscheidungen einbeziehen könnten.

Wir hatten uns auch hier mit der Frage des autonomen Fahrens beschäftigt. Die Methode nennt das IFTF „Der 10-Jahres-Business-Forecast". Ich spielte den Unternehmer, der im Baugeschäft tätig war. Was hat jetzt autonomes Fahren mit dem Baugeschäft zu tun? Erst mal gar nichts, dachte ich mir. Doch wir entwickelten verschiedene potenzielle Realitäten. Wichtig dabei war meinem Gegenüber immer, dass wir natürlich nicht die Zukunft voraussagen können und es deswegen müßig sei, sich mit den Details zu beschäftigen. Allerdings offenbaren die Dialoge darüber den einen oder anderen Verbindungspunkt zum eigenen Geschäftsmodell. Wir fingen also an, ein wenig außerhalb der üblichen Schubladen zu denken. Wir sprachen von selbstfahrenden Bussen, die Reisende über Nacht von San Francisco nach L. A. befördern würden, natürlich mit Dusche und Frühstück. Wir sprachen davon, dass wir den Einkaufszettel einfach in unser Handy eintippen, und ein spezieller Einkaufswagen uns dann automatisch beliefern würde – schlechte Nachrichten für Bringdienste. Auch philosophierten wir über die Frage, ob denn jeder ein eigenes Auto brauchen würde oder wir – wie es jetzt schon einige Dienste anbieten – uns ein Auto mit anderen teilen würden. Wir bräuchten das Auto auch gar nicht zu besitzen, es wäre mit unserem Terminkalender gekoppelt und stünde zur richtigen Zeit vor der Tür.

Und dann ging mir in meiner Rolle als Bauunternehmer ein Licht auf. Wenn jemand kein eigenes Auto mehr braucht, dann braucht er auch keine eigene Garage mehr. Vielmehr würde jemand ein Auto effizient und vor allem trocken beladen und entladen wollen, sei es nun mit Lebensmitteln oder mit Passagieren. Es würden sich also die Hauseinfahrten verändern. Vielleicht gäbe es keinen Eingangsbereich mehr, sondern einen groß und modern ausgestatteten Zufahrtsbereich. Vielleicht könnte ich den Kühlschrank des Hauses gleich aus dem autonomen Auto heraus beladen, mit schon vordefinierten Fächern. Die Fahrzeuge müssen allerdings auch irgendwo parken, wenn nicht in der Garage der Besitzer, wo denn dann? Vielleicht gibt es stadtnahe Parkhäuser, in denen sich die Wagen selbständig parken. Das Dach des Parkhauses ist eine große Solaranlage, welche die Batterien der autonomen Elektrofahrzeuge, wann immer sie nicht im Einsatz sind, lädt. Vielleicht lässt sich das mit einer dezentralen Stromversorgung koppeln. Wir waren in einen FLOW gekommen, und obwohl ich natürlich kein Bauunternehmer bin, sprudelten meine Ideen, was alles passieren könnte. Im Nachgang galt es für das Heute zu überlegen, welche Weichen schon jetzt für die eine oder andere Realität gestellt werden könnten. Natürlich gibt es keine Garantie, dass diese potenzielle Realität dann auch zu einer Wirklichkeit wird. Doch war ich mir für mein potenzielles Unternehmen in der Komplexität und Dynamik des Marktes weniger unsicher. Ich fühlte mich auf alle möglichen Widrigkeiten sehr gut vorbereitet.

Ein Unternehmen, welches schon sehr früh das Problem im Außen erkannt und sich intern entsprechend ausgerichtet hat, ist hhpberlin.

Hinweis zu allen im Buch befindlichen Unternehmensportraits

Basis der Unternehmensportraits sind persönlich geführte Interviews, deren auszugsweise Veröffentlichung in diesem Buch von unseren Gesprächspartnern autorisiert wurde. Die Unternehmensbeispiele spiegeln Betriebssysteme aus verschiedenen Branchen in unterschiedlichem Detail- und Ausprägungsgrad wider.

Diese haben wir bewusst nicht in unserer Welle der Wirksamkeit entlang dieser Kategorien verortet. Grundsätzlich ginge das zwar, wir glauben aber, dass das dem geneigten Leser nach der Lektüre dieses Buchs nicht schwerfallen dürfte.

Warum wir das aber nicht selbst tun, hat den Hintergrund, dass es uns bei den Beispielen nicht um durch Bewertungen verstellte, sondern um unverstellte Impulse und Inspirationen für Sie geht, die Ihnen aufzeigen, wie Strukturelemente eines Betriebssystems angewendet werden können und welche davon ggf. auch zu Ihrer Organisation passen könnten.

Dabei ist es uns wichtig zu erwähnen, dass eine Komplettkopie niemals funktionieren wird. Jedes Unternehmen ist einzigartig und hat einen eigenen Kontext. Jedes Unternehmen bringt zunächst einmal das zu ihm passende Betriebssystem mit und kann mit diesem Buch oder mit der Unterstützung der Autoren sein wirksamstes Betriebssystem finden.

UNTERNEHMENSPORTRAIT
hhpberlin Ingenieure für Brandschutz GmbH

hhpberlin entwickelt seit 15 Jahren mit anfangs 20 und aktuell in Summe 200 Mitarbeitern für seine Kunden und deren Bauvorhaben den „besten vorbeugenden Brandschutz im Spannungsfeld zwischen architektonischen und ästhetischen Ansprüchen, den strengen gesetzlichen Vorgaben und dem knappen Budget der Bauherren".

Das Entscheidende für den Erfolg von hhpberlin, so der **geschäftsführende Gesellschafter Karsten Foth**, war die Zusammensetzung der Menschen, die zum Start der Gesellschaft da waren und sich mit ihren unterschiedlichen Kompetenzen zusammengetan hatten. Es war vor allem ein sich gut ergänzendes dreiköpfiges Gründerteam: einer mutig vorangehend, einer personalaffin und einer sehr strukturaffin.

Die Erfolgsfaktoren, die jede Menge aktive Bewerbungen nach sich zogen, waren von Anfang an

- eine schnelle Organisation ohne lange Entscheidungswege,
- eine für den Kunden sehr gute Erreichbarkeit,
- eine hohe IT-Affinität,
- die Ausbildung von Mitarbeitern zu Experten, da Experten zu teuer gewesen wären oder noch gar nicht in der gebrauchten Anzahl am Bewerbermarkt vorhanden waren,

- die unkomplizierte und selbstverständliche Hilfe durch Experten und deren Wissenstransfer, damit keine Datensilos entstehen,
- kein hierarchischer Aufbau,
- kein „Monsterchef",
- die Integrierbarkeit der Arbeit ins Alltagsleben sowie
- die Möglichkeit der Selbstorganisation der Mitarbeiter.

Nur wenige Geschäftsführerentscheidungen

Geschäftsführerentscheidungen betreffen nicht das operative Geschäft oder Ingenieurfachkenntnisse. Sie befassen sich eher mit Banalitäten, die doch immer wieder entschieden werden müssen und bei denen langwierige Diskussionen im Rahmen einer Mitarbeiterabstimmung wegen der Dringlichkeit der Entscheidung nicht in Kauf genommen werden können.

Ein Beispiel ist die alljährlich stattfindende und hochangesehene Veranstaltung, die jeder Mitarbeiter gerne zwecks Netzwerkbildung besuchen möchte. Die Mitarbeiter kommen in der Regel selbst zu keiner Entscheidung, weil in diesem speziellen Fall Unternehmensinteresse und Mitarbeiterinteresse nicht in Einklang zu bringen sind. Foth merkt an, dass da jedes Jahr viel Sprengstoff drinsteckt.

Situationsabhängige Entscheidungsverfahren

- **Konsultative Einzelentscheidungen intern:** Sobald es in die Organisation geht, haben viele Mitarbeiter Rollen mit Entscheidungsbefugnissen inne. Zuvor finden dabei immer Absprachen mit den jeweiligen Experten statt.
- **Einzel- oder Konsens-Entscheidungen extern:** In den meisten Fällen finden Konsens-Entscheidungen zusammen mit den Kollegen statt. Da ja bei Projekten zumeist nicht alle mitentscheiden müssen, entscheiden dort viele Mitarbeiter entsprechend ihrer Fachkompetenz selbst.

Dezentrale Datentransparenz

Bei Aufträgen weiß jeder Mitarbeiter, für wie viel Geld bzw. Honorar er bei dem Kunden arbeitet. Ebenso kennen sie die Gesamteinnahmen und -ausgaben pro Monat. Sie kennen die Kosten von Veranstaltungen etc. Auch auf Nachfrage würden sie alles erfahren. Die einzige Einschränkung gibt es bei der Sichtung von Einzelausgaben. „Daran hat aber eh keiner Interesse", so Foth.

Und der Nutzen der Transparenz? „Die Transparenz gab es schon immer. Es musste demnach auch nie umgeschaltet werden", erläutert Foth. Hintergrund: „Wir sind Teil der Kollegen. **Die Transparenz sorgt für unglaubliches Vertrauen!** Jeder kann (sich) fragen „Verplempert Ihr unser Geld?", „Was passiert mit den Gewinnen?" oder „Wie teuer war das und warum machen wir das?". Das hilft ungemein, um später geschlossen hinter den Veranstaltungen oder sonstigen Ausgaben stehen zu können.

Wenig Hierarchie

Karsten Foth weiß nicht, ob Menschen ganz ohne Hierarchie zusammenleben können. Eigentlich braucht man keinen Chef, eigentlich braucht man keine Untergebenen. Miteinander zu arbeiten funktioniert nicht ohne Respekt. Aber es gibt immer Leute, die vorangehen, die den Lead übernehmen und die engagierter sind. Es kommt eben auf das Thema an. So entstehen themenbezogene, aber keine disziplinarischen Hierarchien für Fachthemen. Da gehen alle Fragen zu der Thematik über den Tisch des Themenexperten. Sie haben aber keine Personalverantwortung. Die Fachkarriere ist der größte Antrieb.

Disziplinarische Verantwortung haben nur die beiden GFs (Stefan und Karsten). Die anderen Mitarbeiter haben Verantwortung als Experten, als Regionalleiter, als Ausbilder oder als Mentoren.

Talententwicklung mithilfe des hhpberlin-Periodensystems

Hier sind auf der einen Achse die erforderlichen Lösungskompetenzen der einzelnen Fachthemen abgebildet und auf der anderen Achse die Mitarbeiter mit ihren fachlichen Ausprägungsgraden. Sind sie beispielsweise noch im Ausbildungsstatus zu dem jeweiligen Thema oder schon Fachplaner bzw. Sachverständige oder sind sie ggf. „nur" an dem Thema interessiert.

Individualziele ohne Bonus-Malus-Konsequenz!

Anfang des Jahres erstellt hhpberlin eine grobe Finanzplanung auf Basis einer Einschätzung durch Karsten Foth, was die Mitarbeiter abarbeiten können. Dabei werden natürlich die unterschiedlichen Leistungsstärken und -potenziale der Mitarbeiter berücksichtigt. Hinter jedem Mitarbeiter steht dann eine Zahl, was er oder sie erreichen kann. Auch jeder Mitarbeiter teilt mit, was von ihm dieses Jahr erwartet werden kann, ohne die Zahlen von Foth zu kennen. Nur bei großen Differenzen erfolgen dann Rücksprachen, um Besonderheiten wie ein geplantes Sabbatical o. Ä. zu erfahren. In diesem Zusammenhang gab es noch nie eine disziplinarische Maßnahme. Es geht lediglich um reine Richtwerte.

Keine Unternehmensergebnisbeteiligung oder variable Vergütung

Es gibt keine variable Vergütung, weil diese ja gemessen werden müsste. Das wäre viel zu aufwändig, zumal sich die Frage des Wie stellt. Es gibt nur eine fixe Vergütung.

Hauptsächlich entscheidend für diese Vergütung ist die Performance im Unternehmen, d. h. für welche bzw. wie viele Projekte oder Mitarbeiter der Mitarbeiter Verantwortung übernimmt. Der Umsatz hat den geringsten Einfluss auf das Fixgehalt. Es ist sehr interessant festzustellen, „**dass die Mitarbeiter gute Arbeit machen wollen**". Letztlich ist zu definieren, was gute Arbeit grundsätzlich ist (siehe oben) und was für den Einzelnen gute Arbeit ist.

Gehaltsvorgabe mit klaren Abstimmungen, um Ungerechtigkeiten zu vermeiden

Das machen nur die Geschäftsführer. Hier gibt es auch keine direkte Transparenz, auch wenn die Gehaltsstufen entsprechend der Fachkarriere transparent sind. Die ersten 5 Jahre der Fachkarriere sind strikt festgelegt. Anschließend entwickelt sich das Gehalt entsprechend der Gesamtperformance. Hier fließt auch ein, wer zusätzlich ausbildet oder sonstige Aktivitäten zum Gemeinwohl durchführt.

Nur geringer interner Bezug

Bei hhpberlin gibt es wenig Politik. Wenn, dann nur, wenn interne Systeme nicht so gut laufen, z. B. wenn Angebote nicht schnell genug versandt werden. Dieses ist aber ein permanenter, sich optimierender Prozess.

Keine vorgegebenen Werte

Die Werte spiegeln sich sehr stark in der Organisation wieder. „Es gab den Wunsch, dass wir Prinzipien und Regeln aufstellen, als das Unternehmen größer wurde", erzählt Foth. Es wurde schwieriger, sich z. B. bezüglich der Homeoffice-Zeiten mit den Geschäftsführern abzustimmen. Kann ich dann Entscheidungen auf Basis meines eigenen Wertesystems treffen? Welches sind die Entscheidungskriterien? Um das besser in die Organisation verankert zu bekommen, findet aktuell ein **Kulturprozess** statt, um den Übergang zwischen den persönlichen Werten der Geschäftsführer und denen der Mitarbeiter zu schaffen und auch Frustthemen, die es immer gibt, zu lösen. Es werden dabei unter anderem Werte beschrieben und eine gemeinsame Visionsarbeit durchgeführt.

Keine Planungsprozesse

Außer einer groben 3-Jahres-Planung findet keine Planung statt. hhpberlin definiert sich durch **starkes Experimentieren auf Basis von transparentem Ideenkapital.**

Mitarbeiter-Gespräche zur Potenzial- und Gehaltsentwicklung mit feinen Unterschieden

Wie in der heutigen Unternehmenslandschaft üblich werden auch bei hhpberlin Mitarbeitergespräche zur Potenzial- und Gehaltsentwicklung geführt. Der Unterschied steckt aber im Detail. Bei hhpberlin lauten die entscheidenden Fragen: „Wie geht es dir?", „Was für Hindernisse hast du?", „Ist die Arbeit mit deinem Leben noch kombinierbar?" und „Was willst du für dich/was ist deine Vision?". hhpberlin achtet mithin sehr stark auf den **Fit der Aufgaben zum Menschen und nicht anders herum.**

Schritt 3: Komplexitätskompass – das Problem bewerten!

„Die Definition von Wahnsinn ist, immer wieder das Gleiche zu tun und andere Ergebnisse zu erwarten."
Albert Einstein (1879–1955), Physiker und Erfinder der Relativitätstheorie

Oder würden Sie permanent auf die heiße Herdplatte fassen und annehmen, sie wäre gleich beim nächsten Mal spürbar weniger heiß? Sicherlich nicht. Nicht jedes Problem kann mit dem gleichen Lösungsansatz bewältigt werden. Und doch passiert genau das in der Mehrzahl der Unternehmen.

Auch wenn wir Gefahr laufen, uns zu wiederholen: *Komplizierte* Probleme müssen mit anderen Strukturelementen gelöst werden als *komplexe* Probleme.

Die Hauptaufgabe ist es daher, im dritten Schritt die Komplexität von Problemen zu ermitteln.

Probleme kommen ganz von allein

Welcher Art können die Probleme in unserer 7-Schritte-Methode sein?

- Es kann im Rahmen der Umsetzung der Jahresstrategieziele um die Abstimmung von Unternehmens-, Team- und Individualzielen gehen.
- Es kann um konkurrierende Projektziele innerhalb eines Projektportfolios gehen.
- Es kann um neue Wettbewerber oder um drohende Wettbewerbsnachteile bei gemeinsamen Lieferanten gehen.
- Es kann um neue Arbeitsweisen, eine neue Projektorganisation oder ein schwieriges Arbeitspaket innerhalb eines Projektes gehen.

- Es kann bei den Produkten und Services um ein neues Konkurrenzprodukt gehen, welches plötzlich auf den Markt gekommen ist und das Hauptprodukt Ihres Unternehmens in Gefahr bringt.
- Es kann um wichtige, zu treffende Entscheidungen gehen.

Dabei ist es völlig egal, ob es sich bei dem Problem um ein singuläres Problem, um ein unternehmensweites Problem oder um ein Problem das ganze Marktumfeld betreffend handelt. Die alles entscheidende Frage ist, ob es sich um ein kompliziertes oder komplexes Problem handelt!

Genau hier wird meistens keine bewusste und komplexitätssensible Entscheidung getroffen, sondern nur das angewendet, was doch immer schon funktioniert hat und was natürlich auch gelernt ist. Trotzdem wird bei einem komplexeren Problem mit einem ähnlich wirksamen Vorgehen und ähnlich guten Ergebnissen gerechnet wie früher. Das wird und kann aber bei komplexeren Problemen nicht mehr funktionieren. An dieser Stelle gilt es zukünftig, zunächst die Komplexität zu „messen" und daraus abzuleiten, mit welchen Strukturelementen ein Unternehmen auf einen festgestellten Komplexitätsgrad wirksam reagieren kann.

Beginnen wir in diesem Kapitel mit Frage eins, wie der Komplexitätsgrad ermittelt werden kann.

Die sieben Treiber der Komplexität

Es gibt insgesamt sieben Treiber von Komplexität:

1. Die Anzahl und Unterschiedlichkeit der Einflussfaktoren, die auf das Problem wirken

Praxisbeispiel

Stillstand Produktionsstraße

Innerhalb einer Produktionsstraße steht plötzlich eine Maschine still. Es können diverse Faktoren dafür ursächlich sein. Die Anzahl der möglichen Ursachen ist in der Regel jedoch endlich bzw. nicht sehr hoch, sodass der Fehler schnell gefunden werden kann. Das Problem ist nur kompliziert.

2. Die Anzahl der Wechselwirkungen und Beziehungen, die die Lösung eines Problems erschweren.

Praxisbeispiel

Digitalisierungsprojekt

Bei einem konzernweiten Digitalisierungsprogramm laufen mehrere Projekte, was zu Wechselwirkungen bei den Ressourcenanfragen führt und diese plötzlich bei ein und denselben Engpassressourcen der IT auflaufen. Einmal mehr entsteht eine Konkurrenzsituation innerhalb des Konzerns um die knappen Ressourcen.

Auch war es nicht das erste Digitalisierungsprojekt im Konzern, sodass auch das Beziehungsgeflecht zwischen den Mitarbeitern arg strapaziert wird. Denn die Mitarbeiter vermuten, dass es bei diesem Projekt nicht nur um schnellere, einfachere und transparentere Kundenlösungen geht, sondern auch um weitere Automatisierungen, um Stellen im großen Stile abzubauen. Kein Stein bleibt auf dem anderen. Umstrukturierungen finden statt, analoge Bereiche werden ausgegründet, neue digitale Segmente aufgebaut etc. Ein engmaschiges, mindestens wöchentlich zu aktualisierendes Projektcontrolling wird flankierend dazu für jedes einzelne Teilprojekt aufgesetzt, welches durch Multiprojektmanager an die Geschäftsleitung reported wird. Das Problem ist in der Summe sehr komplex.

3. Die Anzahl und Unterschiedlichkeit der potenziellen Lösungswege, die ein Problem lösen können

Praxisbeispiel

Start-up-Gründung

Wird ein Start-up gegründet, gibt es eine sehr hohe Anzahl an Lösungswegen, die zum Ziel führen können. Wer schon einmal in einem Start-up gearbeitet hat, der weiß, wovon wir reden. Was heute noch Gültigkeit hat, kann morgen schon Makulatur sein. Über sehr agiles Arbeiten und den Bau von minimal brauchbaren Produkten, sogenannten Minimal Viable Products (MVPs), kann sich einer sehr kundenzentrierten und später hoffentlich erfolgreichen marktfähigen Lösung Stück für Stück angenähert werden. Das Problem ist hier sehr komplex, die Lösungswege so gut wie nicht planbar.

4. Die Änderungswahrscheinlichkeit der Einflussfaktoren im Zeitverlauf

> **Praxisbeispiel**
>
> ### Solarbranche
>
> Investitionen in der Energiebranche unterlagen in den vergangenen Jahren immer wieder regulatorischen Risiken im Zeitverlauf. Betrachten wir beispielsweise die Solarbranche, so wurde mit der Einspeisevergütung bzw. Photovoltaik-Förderung von 50 ct/kWh, basierend auf dem Erneuerbare-Energie-Gesetz (EEG) des Jahres 2000, ein wahrer Solarboom entfacht. Allseits wurde investiert: Der Häuslebauer, der Hauseigentümer, die Photovoltaikanlagen-Hersteller, die Solaranlagen-Planungsbüros etc. – alle investierten, um möglichst viel vom Förderkuchen abzubekommen. Mit den drei EEG-Novellen von 2010, 2011 und 2012 wurden die Vergütungssätze mehr als halbiert. Für Ende 2016 gelten sogar nur noch knapp 12 ct/kWh. Wie schwierig ein solches Marktumfeld ist, zeigen die Insolvenzen von Solon, Q-Cells und vielen weiteren mehr oder weniger prominenten Unternehmen der Solarbranche. Auch ein Problem vor dem Hintergrund von regulatorischen Risiken kann als sehr komplex eingestuft werden.

5. Die Änderungswahrscheinlichkeit der Wechselwirkungen und Beziehungen zwischen den Einflussfaktoren im Zeitverlauf

> **Praxisbeispiel**
>
> ### Fußballspiel
>
> Ein Fußballspiel ist, wie jeder weiß, nur eingeschränkt planbar. Da Strategie und Taktik der gegnerischen Mannschaft nicht vorhersehbar sind, kann sich der Spielverlauf gleich ab Beginn oder im Laufe des Spiels anders darstellen als ursprünglich geplant. Mit jedem Spielerwechsel und mit jedem Taktikwechsel, den der gegnerische Trainer durchführt, kann selbst ein bis dahin durch die eigene Mannschaft dominiertes Spiel kippen und eine Niederlage entstehen, was sogar Spitzenclubs wie Bayern München in der Nachspielzeit noch erleben mussten. Das Problem ist recht komplex.

6. Das Überraschungspotenzial im Zeitverlauf

> **Praxisbeispiel**
>
> ### Apple und Tesla
>
> Unternehmen wie Apple, Samsung oder LG unterliegen einem sehr ausgeprägten Wettbewerb um Kunden, da neue begeisternde Features von heute morgen schon alter Kaffee sein können. Auch wenn die Wahrscheinlichkeit disruptiver, neuartiger Ansät-

ze hier deutlich nachgelassen hat, so war der disruptive Aspekt in dieser Branche jahrelang sehr ausgeprägt. Das Problem war für Mitbewerber von Apple sehr komplex.

Wenn wir dieses Beispiel auf die Automobilindustrie übertragen, in der neue Autos lange Entwicklungszyklen haben, so sorgt Tesla zurzeit mit seinen häufigen, sehr progressiven Innovationen für andauerndes Überraschungspotenzial bei den angestammten Unternehmen in dieser Branche. Das Problem ist für die etablierten Hersteller sehr komplex.

7. Mangelnde Möglichkeit, das Problem mit Erfahrungswissen zu lösen

Praxisbeispiel

Bitcoin
Bei der Entwicklung und Etablierung der elektronischen Kunstwährung Bitcoin auf Basis der neuen Blockchain-Technologie, bei deren Einsatz es – verkürzt dargestellt – keine Intermediäre wie Banken, Notare oder Makler mehr gibt, sondern nur einen dezentralen Zusammenschluss von privaten Rechnern, betreten alle Beteiligten sicherlich Neuland. Die Blockchain ist eine mit jeder Transaktion sich erweiternde virtuelle Datenbank, die durch den Einschluss früherer Transaktionen als fälschungssicher gilt und bei der das „Papier-Wallet" beim Verkauf der Währung mit dem jeweiligen Bitcoin-Guthaben an den nächsten Besitzer weitergegeben wird. Das Problem ist definitiv komplex.

Je höher die Anzahl dieser Faktoren in Bezug auf das definierte Problem ist, die im Außen auf einen hohen Komplexitätsgrad schließen lassen, desto eher muss mit Strukturelementen geantwortet werden, die bei Komplexität wirkungsvoll sind.

Natürlich ist Komplexität nicht in jedem Fall *absolut* feststellbar: Für den Einen kann ein Problem komplex sein, für den Anderen nicht. Die Bewertung erfolgt daher am besten *relativ* zu anderen Problemen und *relativ* zum Erfahrungswissen der Beteiligten.

Nun fragt sich der aufmerksame Leser, wie denn nun der Komplexitätsscore ermittelt wird. Gar nicht!

▶ **Impuls:** Es zählt das professionelle Bauchgefühl.

Also bitte versuchen Sie nicht, Komplexität mit einem Metermaß zu messen. Das wäre so ähnlich, wie Ameisen in einem Ameisenhaufen zu zählen. Im Gegenteil: Suchen Sie den Dialog mit dem Team und fassen Sie die Einzelergebnisse zu einem Gesamtergebnis über das Bauchgefühl zusammen.

Betrachten wir das Digitalisierungsprogramm aus dem folgendem Beispiel. Im Vergleich zu anderen Projekten ist das Programm sehr komplex. Schauen wir nur auf das Programm selbst, so stellen wir sehr schnell fest, dass es Sinn ergibt, die Einzelprojekte des Programms in „nur kompliziert", in „mittig", in „oberhalb oder unterhalb von mittig" und in „komplex" oder „sehr komplex" zu clustern. Das reicht auch völlig aus, da doch die möglichen Strukturelemente zur Lösung des Problems fließend über die einzelnen Stufen hinweg nutzbar sind und keiner engen Zuordnung unterliegen.

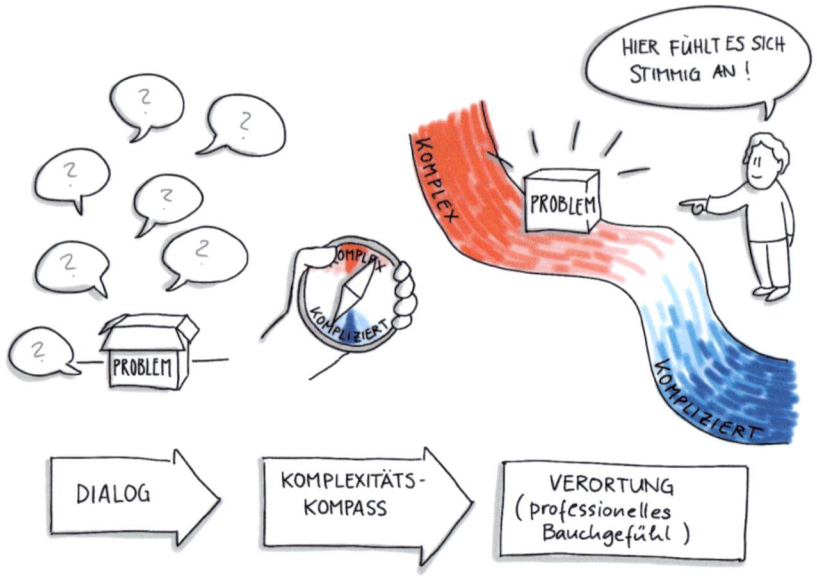

Praxisbeispiel

Expansion nach China

Ein Automobil-Hersteller überlegt, in den chinesischen Markt zu expandieren. Wer sich mit diesem Gedanken schon einmal beschäftigt hat, wird bei den Einschätzungen nicht lange nachdenken müssen:

Die Anzahl und Unterschiedlichkeit der Einflussfaktoren, die auf den Markteintritt wirken	mittel
Die Anzahl der Wechselwirkungen und Beziehungen, die den Markteintritt erschweren	mittel
Die Anzahl und Unterschiedlichkeit der potenziellen Lösungswege, die den Markteintritt ermöglichen	mittel
Die Änderungswahrscheinlichkeit der Einflussfaktoren im Zeitverlauf	komplex
Die Änderungswahrscheinlichkeit der Wechselwirkungen und Beziehungen zwischen den Einflussfaktoren im Zeitverlauf	komplex
Das Überraschungspotenzial im Zeitverlauf	sehr komplex
Mangelnde Möglichkeit, den Markteintritt mit Erfahrungswissen zu lösen	mittel

Ein Markteintritt in China stellt eine recht komplexe Angelegenheit dar. Er ist in nur begrenztem Maße planbar.

Welche Strukturelemente anschließend eingesetzt werden, bleibt ebenfalls der Intuition der betroffenen „Problemlöser", d. h. den Führungskräften, Projektleitern oder Mitarbeitern des Unternehmens, überlassen. Und das ist das Schöne an diesem Ansatz: Nichts muss, alles darf. Immer geht es darum, was Ihnen oder dem Entscheider in Ihrem Unternehmen am besten liegt.

▶ **Impuls:** Nutzen Sie Ihr professionelles Bauchgefühl zur Auswahl der zum Komplexitätsgrad passenden Strukturelemente.

Nach Anwendung des Komplexitätskompasses wird nicht, wie so häufig, die *eine* Standardmethode schablonenhaft über das Unternehmen gestülpt – nach dem Motto „Wir müssen alle agil sein" oder „Wir müssen alle Design Thinking durchführen" etc. Im Gegenteil, über die Methodik der Welle der Wirksamkeit kann jeder Entscheider entsprechend des festgestellten Komplexitätsgrads die entsprechenden wirksamen Praktiken auswählen. Natürlich werden dabei ganz intuitiv auch die eigenen Einstellungen, Werte und Intuitionen gegenüber den passenden Strukturelementen berücksichtigt. An dieser Stelle sei gleich noch ein weiteres Merkmal der Praktiken genannt, die mit Komplexität umgehen können: Es macht einen Unterschied, **wer** diese Praktiken nutzt.

Schritt 4: VUKA-Audit – den Blick auf das eigene Betriebssystem richten

> „Organisation ist ein Mittel, die Kräfte des einzelnen zu vervielfältigen."
> *Peter F. Drucker (1909– 2005), amerikanischer Managementlehrer, -berater und -publizist*

Wir kennen jetzt die externen Referenzen, d. h. die Probleme, die damit auf unsere Unternehmen zukommen. Wir haben die Komplexität der Probleme bestimmt und schon einen ersten Blick darauf geworfen, mit welchen Strukturelementen komplexe Probleme angegangen werden können.

Jetzt ist es an der Zeit, einen mutigen Blick auf die eigene Organisation zu werfen.

- Wie schaut das Betriebssystem einer Organisation aus?
- Welche Strukturelemente werden zur Lösung eines Problems genutzt?

Hier kann das von den Autoren entwickelte **VUKA-Audit** zum Einsatz kommen. Dieser deckt die sichtbare Struktur eines Unternehmens ab. Wenn Niels Pfläging in seinem Buch *Komplexithoden* über die sichtbare Struktur spricht, so nennt er diese die „Vorderbühne". Das ist der Teil, der die formalen Regeln und Gesetze eines Unternehmens ausmacht.

In diesem Kapitel soll die Erkenntnis reifen, dass genau hier die Stellschrauben sitzen, die verändert oder ausgewechselt werden können, um ein wirksameres System zu erreichen. Doch zunächst gilt es, die Basisarbeiten dafür zu verrichten.

Warum benötigt ein Unternehmen die Reflektion? Gerade in der immer dynamischer werdenden Welt ist eine permanente Reflektion der eigenen Organisation und ihrer Strukturelemente ein Muss. Wer sich hier nicht immer wieder infrage stellt und Anpassungen vornimmt, läuft Gefahr, plötzlich mit einer harten Restrukturierung konfrontiert zu sein, die häufig mehr kaputt macht als heilt. Manchmal ist es dann sogar zu spät, wie wir alle seit dem Fall Schlecker wissen.

Lassen Sie uns daher gemeinsam auf eine Reise durch das Betriebssystem einer Organisation gehen und anschließend die acht wichtigsten Dimensionen durchlaufen.

Ein wirksames Betriebssystem schnurrt wie das eines Computers

Das **Betriebssystem einer Organisation** ist vergleichbar mit dem Betriebssystem eines Computers: **Ein wirksames bzw. funktionierendes Betriebssystem schnurrt und läuft unauffällig.**

▶ **Definition: Betriebssystem einer Organisation** Das Betriebssystem einer Organisation ist die Summe aus formalen Strukturelementen, Methoden, Tools, Vorgehensweisen und Praktiken, die dafür sorgen, dass eine Organisation die höchste Wirksamkeit erreicht. Das Betriebssystem sorgt dafür, dass die Organisation dort effizient ist, wo Prozesse planbar sind, und dort agil arbeitet und effektiv ist, wo Komplexität vorherrscht und Lösungswege nicht planbar sind. Es ist vergleichbar mit den Regeln beim Sport.

▶ **Impuls:** Ein funktionierendes bzw. geeignetes Betriebssystem kann eine Organisation hochwirksam machen, wenn sich alle Spieler an die Werkzeuge und formalen und gelebten Praktiken halten. Zusammen mit Wahrnehmungen, Werten und Kommunikationsmustern des Unternehmens und seiner Mitarbeiter begründet sich das Verhalten von Mitarbeitern.

Darauf gehen wir im Folgekapitel noch genauer ein.

Statt Betriebssystem können wir auch neudeutsch „Operating Model" sagen. Vielleicht ist dem einen oder anderen von Ihnen dieser Begriff geläufiger, wobei unserer Meinung nach der Begriff Operating Model häufig zu lax, zu unvollständig und zu unverbindlich benutzt wird.

Für die Standortbestimmung des Betriebssystems einer Organisation sowie für die Bestimmung des Sollzustands haben wir einen Fragebogen, das VUKA-Audit, entwickelt, der die acht nachfolgend beschriebenen Dimensionen durchläuft.

Hierbei gibt es zunächst kein richtig oder falsch, sondern nur eine nüchterne Feststellung, welche Ausprägungen aktuell, also im Ist, vorherrschen. Die Bewertung gegenüber dem zum Unternehmen passenden Sollzustand erfolgt erst in den Folgeschritten bzw. -kapiteln. Hierbei findet konsequenterweise kein Benchmark zu den Wettbewerbern, sondern ausschließlich eine nüchterne Standortbestimmung relativ zu den eigenen Problemen, zur Komplexität der jeweiligen Probleme und zum ebenfalls gewünschten Sollzustand in den Ausprägungen statt.

Wie anhand der Grafik zu erkennen ist, sorgt ein **nicht funktionierendes bzw. nicht geeignetes Betriebssystem** zu mangelnder Wirksamkeit.

FORMALE STRUKTUREN

UNSERE FIRMA: von A - Z

Anweisungen, Arbeitsprozesse, Arbeitszeitordnung, Budgetierung, Effectuation, Design Thinking Räume, Geschäftsordnung, Handbücher Hierarchie, Policies, Prozesse, Unterschriftenregelung, Verfahren Zielsysteme

---

Praxisbeispiel

Komplexes Marktumfeld – Klassisches Betriebssystem

Arbeiten wir z. B. in einem Unternehmen mit einem komplexen, dynamischen und nicht planbaren Marktumfeld, und sollen wir die täglichen Herausforderungen aber immer noch mit klassischen Methoden lösen, dann baut sich ein enormes Spannungsfeld zwischen Wollen, Können und Dürfen auf. Die Mitarbeiter *wollen* zunächst ihr Bestes geben und mit der Veränderungsgeschwindigkeit Schritt halten, werden aber durch das System massiv in ihrem Bestreben behindert (*Dürfen*). Auch haben sie sich zumeist die Fähigkeit nicht angeeignet – oder sie sind sie nie gelehrt worden –, in diesem Umfeld mit den richtigen Methoden – z. B. Scrum, auch für die Organisation – zu arbeiten (*Können*). Enttäuschung und Ohnmacht bis hin zu Verzweiflung machen sich breit. **Es entsteht geringe bis saft- und kraftlose Wirksamkeit** durch das, was die meisten von uns schon in mehr oder weniger leichten bis starken Ausprägungen erlebt haben: Machtkämpfe, Silodenken, Bürokratie, lange und unklare Entscheidungswege, Ressourcenverschwendung, Angst, soziales Theater mit ineffizienten Meetings, vordergründigem Ja-Sagen und guter Miene zum bösen Spiel, informelle Strukturen im Hintergrund, mangelnde Identifikation, Dienst nach Vorschrift, innere Kündigungen, Zynismus bis hin zu Burn-outs, wenn der Mensch gegen das nicht funktionierende System nicht mehr ankommt und den Sinn in der Arbeit verliert.

Kompliziertes Problem – Agile Methoden

Arbeiten wir andererseits „nur" an einem komplizierten Problem, sollen es aber mit agilen Methoden lösen, so schießt man weit über das Ziel hinaus. **Es entsteht Verschwendung.** Oder würden Sie einen Fehler im Produktionsprozess durch kreative Methoden zu lösen versuchen? Das machen Sie vielleicht nur, wenn Sie improvisieren müssen, weil Sie gerade das passende Ersatzteil nicht zur Hand haben. Anders sieht es natürlich aus, wenn ein ganz neuer Produktionsprozess oder neue kundenzentrierte Produkte und Services zur Wettbewerbsdifferenzierung entwickelt werden sollen. Hier bewegen wir uns aber schon wieder hin zu einer in größeren Abständen vorkommenden komplexen Problemstellung.

Ein unwirksames bzw. nicht funktionierendes Betriebssystem macht alles langsam, fehlerhaft und instabil!

Nach Hermann Arnold gibt es zwei Extreme an den Enden der wirksamen Unternehmenspositionierung, die niemals richtig und niemals wirksam sind:

- **Diktatur** = extrem direktiv.
  Es wird keine Widerrede geduldet, niemand darf mitdenken, jeder wird einschüchternd scharf kontrolliert, Mitarbeiter werden anderen vor die Nase gesetzt, jeder hat dies und jenes zu tun und zu lernen, basta (ganz unten rechts).
- **Chaos** = ohne Betriebssystem.
  Niemand kann führen, niemand kann entscheiden, niemand kontrolliert oder wird kontrolliert, niemand klärt Verantwortungen, es gibt die falschen Mitarbeiter, die Sinnloses lernen (ganz oben links).
  Die Zwischenformen auf dem Weg von unten rechts nach oben links bezeichnet der Autor treffend als **„überzeugend", „einbeziehend", „unterstützend"** und **„selbstorganisiert"**.

Die acht Dimensionen des Betriebssystems

Das Betriebssystem, welches wir definiert haben, besteht aus acht Dimensionen, die im folgenden Bild grafisch dargestellt sind.

Warum gerade diese Dimensionen?

Gehen wir dafür zurück zur Entstehungsgeschichte der acht Dimensionen: Mit dem ersten Entwurf des Fragebogens wollten wir den Grad der **Begeisterung** sowie den Grad des Agierens auf Augenhöhe gegenüber Mitarbeitern und Kunden abfragen. So entstanden die ersten fünf Dimensionen, in denen jedes Unternehmen begeistern kann:

1. Strategie

Die Strategie dient als elementare Grundlage für authentische und durchgängige Begeisterung. Im Rahmen der Strategiefindung sollte sich jedes Unternehmen folgende Fragen stellen:

- „Warum gibt es das Unternehmen" und „Worin besteht seine Daseinsberechtigung" (Why)
- Wie und mit welchen Prozessen und Technologien setzt es das Why um? (How)
- Welche Mehrwerte liefert es mit seinen Produkten und Services? (What)

Hat ein Unternehmen diese Fragen für sich schlüssig und durchgängig definiert und diese dann auch konsequent umgesetzt, so hat das Unternehmen eine große Chance, am Markt nachhaltig erfolgreich zu sein. Sehr gut zu sehen ist das bei **dm Drogeriemärkten**, die mit der Strategie „Geld ausgeben – zum Wohle anderer", nämlich der Investition in Kunden und Mitarbeiter, zwar nur etwa 1 % Rendite erwirtschaften, dafür aber durch den Mix aus sehr guten Produkten, kompetenter Beratung und guten Preisen großes Vertrauen bei den Kunden erzielt haben.

2. Produkte

Viele unserer Weggefährten aus Familie und Freundeskreis sind bekennende Fans von **Apple**. Das war auch vor einigen Jahren absolut nachvollziehbar, hat doch Steve Jobs mit seinem Team die Apple-Jünger mit Produkten und Plattform-Lösungen begeistert, die vorher nicht vorstellbar gewesen wären. Heute droht Apple von der Konkurrenz zu deutlich günstigeren Preisen eingeholt zu werden.

3. Prozesse

Wer **Amazon**-Kunde ist und schon einmal Ware zurücksenden musste, hat die dabei gezeigte Perfektion sicherlich schon bewusst erlebt. Wer bei gekauften Produkten bei

Nichtgefallen mal schnell das Rücksendeformular ausgedruckt hat, die Ware wieder verpackt, ordnungsgemäß etikettiert und das Ganze dann bei der Post abgegeben hat, erhält in der Regel bereit am nächsten Tag eine Bestätigung des Wareneingangs und die Gutschrift des bezahlten Betrages – ohne Wenn und Aber. Dieser Prozess ist kaum zu toppen und führt bei uns jedes Mal – es kommt zum Glück nicht oft vor – trotz einer an sich nicht zufriedenstellenden Situation zu Begeisterung.

4. Kommunikation

Wer erinnert sich nicht an die im Februar 2014 von **Edeka** gestartete und von der Hamburger Agentur Jung von Matt entwickelte Supergeil-Werbung mit Friedrich Liechtenstein? Mit 9 Millionen Views schaffte es der Spot auf Platz 1 aller Werbevideos in 2014. Das war begeisternde virale **Kommunikation** abseits der klassischen Werbepfade, auch wenn das der ein oder andere Purist anders sehen sollte.

5. Arbeitsumfeld

Nicht nur bezüglich des **Arbeitsumfelds** begeistert uns **PRIMAVERA LIFE**. Doch überzeugen Sie sich selbst:

UNTERNEHMENSPORTRAIT
PRIMAVERA LIFE GmbH

PRIMAVERA wurde 1986 mit dem Ziel gegründet, Naturprodukte erlesener Qualität –wie ätherische Öle und Naturkosmetik – in verantwortungsvollem Umgang mit der Natur zu entwickeln und nachhaltig herzustellen. Hinter allen Entscheidungen steht der Gedanke, dass pure und unverfälschte Natur perfekte Balance und Ausgewogenheit schenkt. PRIMAVERA geht daher schonend und respektvoll mit den Ressourcen unserer Erde um.

Konsensorientierte Führung – Chefentscheidungen nur in schwierigen Situationen

„PRIMAVERA ist in der komfortablen Situation, dass das Unternehmen nicht von überdimensionierter Profitmaximierung um jeden Preis getrieben ist, sondern wir von Anfang an auf gesundes, moderates Wachstum setzten", so **Ute Leube, Mitgründerin, Miteigentümerin und im Beirat** von PRIMAVERA. „PRIMAVERA darf sinngetrieben arbeiten und sich darauf konzentrieren, Mehrwerte für den Kunden zu liefern. **Der verantwortungsvolle Umgang mit Mensch, Natur und Umwelt ist Bedingung bei all unseren Entscheidungen**", so Leube.

So gibt es fast immer nur Teamentscheidungen. Diese sind zwar nicht basisdemokratisch, jedoch auf Bereichsleiterebene ganzheitlich konsensorientiert. Es wird hier gleichermaßen zielorientiert wie fachkundig diskutiert, bis eine passende Lösung gefunden ist. In unserem Unternehmen ist die Kommunikationskultur so offen, dass Feedback vom Team konstruktiv aufgegriffen wird und auch nachträgliche Korrekturen stattfinden dürfen bzw. können. „**Es geht nur miteinander**", sagt Leube.

Das konsensbasierte Entscheidungsverfahren bei PRIMAVERA ist dreigeteilt: Zunächst sollte sich niemand mit der Entscheidung allzu schwertun. Wenn allzu große „Bauchschmerzen" da sind, gibt es daher ein klares Nein. In zweiter Instanz wird versucht, in der Diskussion einen thematischen Konsens zu finden. Das kann im Alltag durchaus bedeuten, dass ein Entscheidungsprozess sich in die Länge zieht. Wenn alle Argumente ausgetauscht sind und in den verschiedenen Gremien diskutiert wurden, dann sollte dies von den Verantwortlichen zu einer entsprechenden Entscheidung geführt werden.

Nur in schwierigen Situationen erfolgen monokausale Chefentscheidungen. So war es z. B. einmal vorgekommen, dass sich PRIMAVERA für eine Führungskraft entschieden hatte, die letztlich jedoch nicht zur Unternehmenskultur passte. Auch wenn es schwerfiel, musste man sich aufgrund der unterschiedlichen Haltungen wieder voneinander trennen.

Kein Bonussystem für Mitarbeiter

Bei PRIMAVERA wurde im Bereich Mitarbeiter-Incentivierung „so ziemlich alles schon ausprobiert", so Ute Leube, im Rahmen des Interviews. „Es gab mal einen amerikanischen Gesellschafter, für den war es selbstverständlich, mit einem Bonussystem zu arbeiten. Aber bei uns hat das nicht funktioniert. Es hat eher frustriert als motiviert." Und weiter resümiert sie: **„Unsere Leute geben ihr Bestes, egal wie sie incentiviert werden!"**

Bei PRIMAVERA gebe es eher einen ganzheitlichen Ansatz und eine ausgewogene Work-Life-Balance als lediglich finanzielle Anreize, erzählt Leube. Eine sinnstiftende Beschäftigung und persönliche Identifizierung mit den hochwertigen Naturprodukten, für die es sich einzusetzen lohne, spiele bei den z. T. langjährigen Mitarbeitern eine große Rolle. Daher habe man vom Bonussystem Abstand genommen – es gibt ausschließlich fix vereinbarte Einkommen. Für PRIMAVERA ist es darüber hinaus wichtig, zunächst die Schulden aus dem Bau des neuen Firmengebäudes abzubauen und in sehr guten Jahren zusätzlich Ausschüttungen für jeden Mitarbeiter zu ermöglichen.

Bewusste Gehaltshygiene, um Beschäftigen mit sich selbst zu vermeiden

PRIMAVERA hat für verschiedene Bereiche stark ausdifferenzierte Bandbreiten definiert, je nach Bereich, Größe und Verantwortung. Als das Unternehmen früher auch Mitarbeiter von außen rekrutiert hat, die von diesen Bandbreiten abwichen, geriet das System etwas durcheinander. Inzwischen ist PRIMAVERA aufgrund der deutlich gestiegenen Attraktivität für Bewerber in der komfortablen Situation, die „Gehaltshygiene", so wie es Ute Leube nennt, wieder durchgängig herstellen zu können.

Zu transparenten Gehältern hat sich PRIMAVERA schon häufiger Gedanken gemacht. Da das Thema sehr verständnis- und diskussionsanfällig ist und zu viele Perspektiven unterschiedlichster Rollen im Unternehmen vorhanden sind, wurde schon bald entschieden, davon Abstand zu nehmen.

Internen Bezug auf ein sinnvolles Höchstmaß begrenzen

Früher wurde zu viel diskutiert. „Hier muss man ein gesundes Maß finden", stellt Leube fest. Irgendwann hatten die Mitarbeiter selbst gesagt, dass das PRIMAVERA nicht weiterbringt, zu viel Arbeitszeit kostet und nicht mehr sinnvoll ist hinsichtlich der Erfüllung des Unternehmenszwecks. Als Konsequenz wurden z. B. die Arbeitsgruppen verkleinert und ein sinnvolles Zeitmaß für Meetings gefunden.

Miteinander definierte und gelebte Firmenphilosophie

Werte und Firmenphilosophie sind bei PRIMAVERA ein großes Thema. In den 1990er Jahren wurde die Firmenphilosophie das erste Mal diskutiert. Die damals bei PRIMAVERA beschäftigten 50 Mitarbeiter hatten sich über 2 Jahre lang in Tagesworkshops und Arbeitsgruppen mit der Findung und Formulierung befasst. Es wurden Fragen gestellt, **wie der Arbeitsplatz beschaffen sein muss, damit keine Trennung zwischen Leben und Arbeit stattfinden muss und das Arbeiten Sinn und Spaß macht**. Schließlich wurden aus diesen Überlegungen und Reflexionen acht Leitsätze formuliert, um zu dokumentieren, was PRIMAVERA wichtig ist und wie man miteinander umgehen möchte.

Vor 6 Jahren wurde die Firmenphilosophie dann erneut auf den Prüfstand gestellt. In vier Gruppen, in denen sich alle Abteilungen und Hierarchien vermischten, wurde – unter Einbindung externer Coaches – gefragt, ob die Unternehmensphilosophie tatsächlich noch aktiv gelebt wird. Schließlich wurden die Sätze noch ein bisschen verfeinert und neue Aspekte eingebracht. Leube empfiehlt, diesen Prozess am besten alle 10 Jahre zu wiederholen. Kürzlich hat das Marketing auf Basis der Firmenphilosophie auch Vision und Mission noch einmal neu und noch kraftvoller überarbeiten können.

In der Praxis fließt die Firmenphilosophie sogar in den Rekrutierungsprozess ein: „Die Firmenphilosophie ist Bestandteil jedes Arbeitsvertrags und muss von jedem neuen Mitarbeiter unterschrieben werden", so Leube. Warum das? „Weil die Mitarbeiter die Werte des Unternehmens zwar toll finden, aber nicht unbedingt wissen, welche Grundsätze dahinterstehen." Es geht PRIMAVERA damit nicht um verbriefte Apelle, sondern um einen effizienteren Weg der intuitiven Bewusstseinsbildung, die hilft, die etablierten Unternehmenswerte zu leben und zu bewahren.

Baubiologisches Arbeitsumfeld zum Wohlfühlen

Passend zum Bioanbau der Essenzen für die Produkte von PRIMAVERA wurde die Firmenzentrale in einer dreijährigen Bauzeit **baubiologisch, nach Feng-Shui-Grundsätzen und ausschließlich mit Bauunternehmern aus der Umgebung gebaut**. Insgesamt wurden 10 Tonnen-Bergkristall in den Wänden und Decken verbaut. Es gibt im ganzen Gebäude keinen rechten Winkel, alles ist rund. Für die Bauarbeiter war es zunächst eine Herausforderung, da sie das Ganze zunächst „total daneben fanden", erinnert sich Ute Leube. Mit der Zeit ist es dann doch „ihr Gebäude" geworden, das überraschend anders ausgefallen ist als das, was sie bisher jemals gebaut hatten, und in dem jeder schließlich gerne selbst die Kristalle streuen wollte. Nichts roch in der Bauphase nach dem sonst üblichen feuchten Zement. Sie hatten den Unterschied wohltuend bemerkt, was zu einer am Bau überdurchschnittlich harmonischen Ausführung führte.

Die Gründer von PRIMAVERA verfolgten mit dem Gebäude zwei Ziele: Erstens den Mitarbeitern einen Arbeitsplatz zum Wohlfühlen zu geben, damit sie gerne zur Arbeit kommen, und zweitens den Besuchern ein harmonisches, in die Natur eingebettetes Gebäude zu präsentieren, das nachhaltiges Handeln und Wirtschaften sichtbar und direkt erlebbar macht. Dass dieses Ziel erreicht wurde, zeigen allein die 30.000 Besucher im letzten Jahr.

So weit so gut, was die ersten fünf Dimensionen betrifft. Wir merkten schnell, dass die Begeisterung als Maßstab bei anderen Themen nicht so eindeutig verfängt. Ist **Führung** deshalb begeisternd, weil es wenige Hierarchiestufen gibt? Ist eine **Organisation** deshalb begeisternd, weil alle agil arbeiten? Sind **Mitarbeiter** deshalb begeistert, weil sie selbstbestimmt arbeiten dürfen?

Nein! Es musste noch ein weiterer Faktor dazukommen: Die **Komplexität** – die Komplexität des Marktumfelds, die Komplexität der Aufgabe, die Komplexität des Problems etc. Schauen wir uns die Dimensionen einmal am Beispiel eines stabilen und daher planbaren Marktumfelds an:

6. Organisation

In diesem Marktumfeld kann auch ein Unternehmen mit tayloristischen Prozessen und **„handelsüblichen"** Hierarchien durchaus begeisternde Produkte, Services und Prozesse hervorbringen.

7. Führung

Auch ein **klassisch geführtes Unternehmen** kann wertschätzend mit seinen Mitarbeitern umgehen und diese begeistern. Dazu später mehr.

8. Mitarbeiter

Und es gibt eben auch viele **Mitarbeiter in der Produktion**, die sich extrem wohlfühlen, wenn sie wiederkehrende Arbeiten in hoher Präzision durchführen dürfen.

Also lautete die schlussendliche Frage, wie wir Begeisterung und Wirksamkeit bei komplizierten und komplexen Marktumfeldern in einem Betriebssystem abbilden können.

So entstanden unsere Welle der Wirksamkeit und unsere Dimensionen des Betriebssystems. Begeisterung und Wirksamkeit liegen, wie wir sehen, also sehr nahe beieinander.

▶ **Impuls:** Wirksamkeit kann Begeisterung erzeugen.

Kann Begeisterung denn auch Wirksamkeit erzeugen? Ja, natürlich. Allerdings, wie wir schon bei der Abgrenzung von Kausalität und Korrelation gesehen haben, gibt es keinen kausalen Zusammenhang zwischen dem Einsatz eines Feel-good-Managers, der Begeisterung erzeugen und erhalten soll und dem Erfolg einer Organisation. Problematisch kann man werden, wenn man einem Kausalzusammenhang verfällt und danach strebt, jetzt alle zu begeistern, koste es, was es wolle. Man kann dann noch so begeistert sein und sich trotzdem wundern, warum sich keine Wirksamkeit einstellt. Zuerst geht es darum, das Unternehmen wirksam zu gestalten, dann geht es um Begeisterung.

Was liegt nun näher, als Ihnen nachfolgend **ein reales und funktionierendes Betriebssystem** vorzustellen, damit Sie ein besseres Gefühl bekommen, wie es im Endzustand aussehen könnte.

Aber warum schreiben wir „Endzustand"? Auch das Betriebssystem darf und muss sich im Laufe der Zeit an neue Gegebenheiten flexibel anpassen. So auch das Betriebssystem des nachfolgenden Beispiels von **Premium** (bekannt geworden vor allem durch die Premium Cola) mit seinen sehr modernen Strukturelementen.

UNTERNEHMENSPORTRAIT
Premium, Teil 1

Premium ist z. B. für seine Premium-Cola und sein Premium-Bier bekannt. Das Unternehmen füllte seine ersten 1.000 Flaschen im November 2001 ab, um damit die ursprüngliche Rezeptur von afri-cola, die über Nacht plötzlich anders schmeckte und weniger Koffein hatte, wiederzubeleben. Premium versteht sich nicht als Getränkehersteller, sondern als konsensdemokratisches Unternehmen mit dem Zweck, alle Menschen in der Wertschöpfungskette gleichberechtigt an der Unternehmung teilhaben zu lassen. Inzwischen hat das Unternehmen 1.700 Partner – darunter Lieferanten, Händler, Spediteure und Gastronomen–, 50 freie Vertriebsmitarbeiter und 9 Orga-Team-Mitarbeiter („Angestellte"). Der Gründer und Markeninhaber **Uwe Lübbermann** versteht sich als „zentraler Moderator".

Ein Betriebssystem schafft den Rahmen für selbstbestimmtes Arbeiten

Der Organisation wurde ein Betriebssystem gegeben, welches inzwischen sogar von anderen Unternehmen und anderen Branchen kopiert oder adaptiert wurde. Dieses stellt einen planbaren und verlässlichen Rahmen zur Verfügung, nach dem konsequent gehandelt wird. Trotz der vielen Freiheiten und der außerordentlich ausgeprägten Selbstbestimmung der Premium-Kollektivisten, die alle genießen, entsteht kein Chaos. Entgegen der Angst, die viele Unternehmen leitet, bedeutete das laut Lübbermann nur anfangs mehr Arbeit. Mittel- und langfristig hat sich das ausgezahlt. Da das Betriebssystem auch Krisen überstanden hat, hat sich das Vertrauen in das System gefestigt.

Ein wichtiges Strukturelement der Organisation ist die Tatsache, dass es keine schriftlichen Verträge gibt. Jeder kann theoretisch jederzeit aus dem System aussteigen. Und sollte dies der Fall sein, bedarf es auch keinerlei Verträge. Die zugrunde liegende Intention ist, dass mit allen Beteiligten fair umgegangen wird. Konflikte werden im Dialog gelöst. So gab es bisher keine Rechtsstreite, was beweist, dass die These aufgegangen ist.

Chefentscheidungen nur in Notsituationen

Bei Premium herrscht **Konsensdemokratie**. Jeder der Kollektivisten hat die gleichen Stimmrechte. Die Abstimmung erfolgt per E-Mail, Telefon oder konkludentem Handeln. Das Veto eines einzigen Kollektivisten behindert die Entscheidung. Nur in Notsituationen, das heißt z. B. zur Schadensminderung bei plötzlichen Produktionsfehlern oder wenn gesetzlich sofort gehandelt werden muss, wird von einem Notentscheid durch den Gründer Gebrauch gemacht. „Wichtig ist es, für Notsituationen die Macht zu behalten, diese **aber möglichst nie zu nutzen, um Vertrauensverlust zu vermeiden**", ergänzt Lübbermann. Zu große Abhängigkeiten bzw. Risiken für die Organisation müssen vermieden werden, um langfristig bestehen zu können. Daher vermeidet die Organisation auch Bankkredite und zu große Lieferanten.

Maximal mögliche Datentransparenz

Grundsätzlich ist es für gute Entscheidungen wichtig, möglichst vollständige Fakten-Transparenz zu haben. Auch bei Fehlern ist Transparenz wichtig, um resultierende Auswirkungen gering halten zu können. Auch bei Premium gibt es Grenzen, die eingehalten werden: bei Krankheit und persönlichem Datenschutz, bei diffuser Faktenlage und bei Offenlegung Wettbewerbs-stärkender Informationen.

Premium – ein einziger interdisziplinärer „Flottenverband"

Es wird nicht zwischen Mitarbeitern und Kunden unterschieden. Das Unternehmen funktioniert nur interdisziplinär in Kombination von externen Dienstleistern und internen Mitarbeitern, bekräftigt Uwe Lübbermann.

Keine Individualziele – keine Incentivierung

Bei Premium gibt es natürlich keine Individualziele. Diese würden nicht zu dem Betriebssystem passen, in dem es transparente Festpreise und Festgehälter gibt und in erfolgreichen Jahren alle gemeinsam am positiven Ergebnis partizipieren.

Einheitliche, transparente Gehälter

Da das Unternehmen extrem dezentral organisiert ist und es daher nur Vertrauensarbeitszeit geben kann, wird das Gehalt der freien und quasiangestellten Mitarbeiter auf Basis von Mitarbeiteraufschrieben im Vertrauen auf die Ehrlichkeit ausgezahlt. Die Gehälter haben sich über die fast 15 Jahre von 10 Euro/Stunde auf 15 Euro/Stunde entwickelt. In guten Jahren wird per Beschlussvorschlag eine zusätzliche Vergütung von aktuell 20 % ausgeschüttet. Zusätzliche Anteile am Gehalt werden einheitlich für jedes weitere Kind und bei Behinderung gezahlt. Im Krankheitsfall, bei Elternzeit oder in Krisen wird das Gehalt fortgezahlt. Es gab bisher eine nur circa einprozentige Fallrate von Vertrauensbruch, was in zwei Fällen die Beendigung der Zusammenarbeit nach sich zog. Obwohl Premium grundsätzlich keine Gewinnerzielungsabsicht verfolgt, wird konsequent für Krisenfälle und zum Erhalt der Unabhängigkeit von Banken gespart.

Maximaler Kundenfokus

Wie schon erwähnt, wurde viel Zeit in die Definition des Betriebssystems investiert. Das Vorteilhafte daran war, dass es die Organisation von Premium mittel- und langfristig stabilisiert und Ressourcenverschwendung durch Beschäftigung mit sich selbst stark reduziert hat. Bei Premium gibt es laut Lübbermann so gut wie keine „Politik".

Nur ein einziger zentraler, „vorgegebener" Wert

Der oberste Wert der Organisation ist die „Gleichwertigkeit der Menschen", was sich sowohl in der Konsensdemokratie als auch in den Gehaltszahlungen widerspiegelt. „Es wird ein Unternehmensziel zurückgestellt, wenn es dem Einzelnen zuwiderlaufen würde", erläutert Lübbermann dazu. Ansonsten gibt es keine Wertevorgaben, sondern nur ein Feilen am Betriebssystem, wenn erforderlich.

Es wird auf Sicht gesteuert

Es gibt keine weitreichende Planung. Einzig für den nächsten Monat wird ein grober Überblick über die Mengen und Bestellungen erzeugt. Lübbermann vergleicht die Organisation mit einem „Verbund von Segelschiffen": Mal gibt es mehr, mal weniger Wind, mal fährt man schnell und mal langsamer und zwischendurch reißt auch einmal ein Seil. Was nützt da ein Plan, ergänzt er, **„der schönste Plan ist es loszufahren."** Und er sieht sich selbst als Flottenkommandant ohne Weisungsbefugnis, der die Organisation auf Kurs hält. Die Mitarbeitenden erhalten nur Orientierung, aber müssen sich weitgehend selbst organisieren und selbst strukturieren. Es gibt keine Planvorgaben.

Regelmäßige Experimente

Permanent optimierende Experimente finden regelmäßig statt. So wurden z. B. für die „Breminale" Kisten mit roten Punkten versehen, da im Vorjahr viele verloren gegangen waren. Der Plan ging auf. Bei einem anderen Festival wurden zum ersten Mal in der Branche gemischte Paletten ausgeliefert – ein voller Erfolg!

Ausdifferenzierte Kostenstellenrechnung als Entscheidungsgrundlage

Lübbermann wirft mehrmals monatlich einen Blick auf seine „Excel from hell", seine sehr ausdifferenzierte Kostenstellenrechnung, um zu prüfen, ob die Kostenstellen aufgehen. Die Kernkennzahlen sind auf jede einzelne Flasche runtergerechnet, sodass jederzeit datenbasierte Entscheidungen möglich sind.

Passung zur Aufgabe mit großen Freiräumen zur Persönlichkeitsentwicklung

Wenn Arbeit zu vergeben ist, wird gefragt, wer es machen will. Der Erste, der sich meldet, darf es „probieren". Das bedeutet unter Umständen mehr Einarbeitungszeit, führt aber im Endeffekt zu besserer Qualität und höherer Zufriedenheit. Auch hier gibt es nur wenige Ausnahmen, in denen das nicht funktioniert. Dann werden Gespräche geführt und neue Aufgaben gefunden. Auf diese Weise gibt es permanente Rollenveränderungen in der Organisation.

Um einer digitalen Abkühlung vorzubeugen, achtet Lübbermann auf regelmäßige persönliche Kontaktpflege. Mal mehr, mal weniger, je nach Bedarf.

Eine Besonderheit von Premium ist es, dass es sein Betriebssystem auf der Website – gegliedert nach den Handlungsfeldern Ökologie, Soziales, Ökonomie, Schutz und Transfer – ganz transparent abgebildet hat.

Mit Genehmigung von **Uwe Lübbermann** haben wir die dort in Handlungsfeldern dargestellten Strukturelemente auf unsere acht Module des VUKA-Audits verteilt. Dadurch erhielten wir im Ergebnis ein sehr gutes Verständnis darüber, wie Premiums Betriebssystem, in seiner Gesamtheit einzigartig, in sich schlüssig und durchgängig – wieder ohne Bewertung, ob richtig oder falsch – funktioniert:

UNTERNEHMENSPORTRAIT
Premium, Teil 2

Strategie

Keine Gewinnmaximierung: Bei Premium erfolgt eine Kostenrechnung bis zur einzelnen Flasche, über die ersichtlich wird, wer (oder welcher Zweck) welchen wirtschaftlichen Anteil beisteuert. Dadurch ist es möglich, gezielt zu agieren und ein allgemeines Ausgaben-Drücken zur einseitigen Gewinnsteigerung zu vermeiden.

Festpreise: Es sind feste Preise für Hersteller, Großhändler, Händler und Gastronomen definiert, was Konkurrenzdenken reduziert und Transparenz und Planbarkeit erhöht. Zusatzleistungen werden separat abgerechnet.

Ist-Kalkulation: Ausgegeben wird nur das, was da ist, und das auf Basis ausreichender Liquidität.

Antimengenrabatt: Kleine Händler werden über das Preissystem quersubventionierend unterstützt, aber nicht zu sehr, damit es nicht zulasten der Ökologie geht.

Treue: Langjährige Treue – auch bei Preisen – und primäre Lösungssuche im Fall von Problemen ermöglichen Planungssicherheit für alle Lieferanten und Partner.

Open Franchise: Das Gedankengut des Betriebssystems von PREMIUM kann kostenfrei kopiert werden. Auf Wunsch kann gegen Erstattung von Reise- und Arbeitszeit auch Beratung erfolgen.

Führung

Konsensdemokratie: Da eine Basisdemokratie bei einer unterschiedlichen Anzahl an Kollektivisten je Stufe der Wertschöpfungskette nicht so gut funktionieren kann, wurde die im afrikanischen Raum stark verbreitete Konsensdemokratie bei Premium etabliert. Es muss so lange diskutiert werden, bis alle Beteiligten sich entweder einig sind oder einer Lösung zustimmen, mit der sie leben können. Entscheidungen werden so auf eine breite Basis gestellt und während der Entscheidungsfindung optimiert. Fehlentscheidungen Einzelner können so vermieden werden.

Not-Entscheidung: Wenn kein Konsens erzielbar ist, kann der Markeninhaber und zentrale Organisator entscheiden. Auch wenn beim Konsens oft bessere Entscheidungen erzielt werden, braucht das Verfahren Zeit. Wenn Schnelligkeit geboten ist, wird eine Not-Entscheidung getroffen.

Transparenz: Ohne Transparenz sind keine kollektiven Entscheidungen möglich – dies erzeugt einen gewollten Druck, alles möglichst korrekt zu machen

Handschlag (Fairness/Vertrauen): Je weniger gebunden die Partner sind, desto fairer wird miteinander umgegangen. Auf Basis dieser Philosophie wurde bisher kein einziger schriftlicher Vertrag vereinbart. Alle Vereinbarungen werden per Handschlag, Mail oder konkludentem Handeln getroffen.

Zuständigkeiten: Es gibt natürliche Freiräume für rollenbasierte Entscheidungen. Das bedeutet auch Offenheit für Änderungsbedarf im Nachhinein.

Organisation

Kollektiv: Premium praktiziert ein maximales Out- und Insourcing. Im „Premium-Kollektiv" werden alle Entscheidungen per E-Mail beschlossen. Das Kollektiv bestimmt auch darüber, welche Anteile die Beteiligten (aus denen es sich ja zusammensetzt) bekommen, inklusive dem Anteil des Markeninhabers und zentralen Organisators von Premium. Ziel ist es, alle Beteiligten fair zu behandeln.

Kollektiv und Kooperationen: Alle outgesourcten und ingesourcten Partner bilden das PREMIUM-Kollektiv. Zusätzlich kooperiert Premium mit einer Reihe weiterer kleiner Marken. All dem liegen die drei Grundannahmen zugrunde, dass man miteinander weiterkommt als gegeneinander, dass man sich gegenseitig an vielen Stellen helfen kann und dass so das Betriebssystem bekannter wird.

Kooperationen/Gründungsunterstützung: Premium unterstützt umso lieber kleinere Getränkemarken und Neugründungen alternativer Getränkemarken, je stärker die Überschneidung der Denkweisen aller Beteiligten ist.

Produkte & Services

Bio/Bioland: Premium-Bier ist in Bioland-Qualität. Zucker wird auf Bio-Zucker umgestellt.

Verzicht: Premium klebt nur ein Etikett pro Flasche, um Papier zu sparen.

Optimierung: Es werden Glas-Mehrwegflaschen zugunsten von Dichtigkeit und Umwelt, FSC- oder PEFC-zertifizierte Etiketten mit möglichst veganen Klebern sowie Kronkorken aus verzinntem Weißblech und rückstandsfrei verbrennbarer Polyethylen-Dichtung und möglichst dunkle, aus viel Recyclingmaterial bestehende Kisten eingesetzt.

Vorsicht: Wenn Premium aufgrund seiner dezentralen Struktur durch ein dezentrales Engagement mehr irritierenden Ärger einzufangen droht als ein formal großer Laden, wird das Engagement vermieden.

Lizenzprodukte: Regelt Premium ein Produkt komplett auf Lizenzbasis (z. B. Mojo), so erfolgt der Hinweis „Organisiert von Premium".

Prozesse

CO_2-Ausgleich: Ablehnung extremer Strecken und Ermunterung, dann eher lokale Getränke zu kaufen.

Transporte: Negative Umweltwirkungen werden möglichst gering gehalten.

Keine Termine: Premium akzeptiert Verzögerungen durch äußere Einflüsse, um gesetzliche Lenk- und Ruhezeiten einhalten zu können.

Not-Lieferung: Falls ein Händler mal seinen Zahlungsverpflichtungen nicht nachkommt, werden die Kunden vorübergehend direkt beliefert.

Sofortzahlung: Wenn möglich, wird am Tag des Rechnungseingangs gezahlt. Auch vergessene oder späte Rechnungen werden angefordert.

Kein Skonto: Es wird kein Skonto genutzt, auch wenn es angeboten wurde.

Keine Zinsen: Premium versucht keine Zinsgewinne durch verzögertes Zahlen einzufahren, weil das schnelle Zahlen eigentlich die Regel im Miteinander sein sollte.

Vorschriftentreue: Premium versucht, alle Vorschriften und Gesetze akribisch einzuhalten, um sich vor Ärger mit Behörden so weit wie möglich zu schützen (die letzte Steuerprüfung über 3 Jahre konnte Premium ohne eine einzige Beanstandung absolvieren).

Backups: Ein dezentral organisiertes System benötigt ein durchgängiges Back-up-System bzw. durchgängige Ausfallsicherheiten.

Produktionsfehler: Premium möchte mit gutem Beispiel vorangehen und macht in sehr seltenen Fällen auftretende, aber unvermeidbare Produktionsfehler aktiv und unaufgefordert auf der Website transparent.

Kommunikation

PR-Verzicht: Hier gibt es laut Premium viele „schmutzige Tricks", bei denen das Unternehmen nicht mitmachen möchte. Journalisten werden daher eher zu intensiven Recherchen für ein authentisches Bild animiert, ohne Vorgaben oder Vorformulierungen zu machen.

Kommunikation: Um eine dosierte Pull-Kommunikation zu ermöglichen, nutzt Premium zusätzlich die Kommunikationskanäle Messen, Blogs und soziale Medien.

Alkoholismusvorsorge: Über 10 % aller Einnahmen gehen an die Alkoholismusvorsorge, ohne damit (ggf. kontraproduktiv) auf der Flasche zu werben.

Arbeitsumfeld

Virtuelle Firma: Jeder arbeitet wann und wo er/sie will und kann damit ein hohes Maß an Selbstbestimmtheit und Work-Life-Balance erzielen. Entscheidungen können von Zeit und Raum unabhängig getroffen werden. Nebenbei vermeidet es Premium damit auch, einen konjunkturanfälligen Fixkostenapparat zu unterhalten.

Mitarbeiter

Soziale Mindeststandards: Auf Basis von Konsensdemokratie und der Annahme, dass alle Menschen gleichwertig und gleich wichtig sind, versucht Premium soziale Mindeststandards, Mindest- und Maximallöhne zu regeln.

Datenschutz: Anonymisierung zum Schutz der einzelnen Person.

Zugangsschutz: Neue Kollektivisten bekommen nur Zugang zu Informationen, wenn sie einen anderen Kollektivisten persönlich kennen. Es entsteht ein Netzwerk des Vertrauens.

Anfragen: Nicht zuverlässigen Kollektivisten, die auf Anfragen von Interessenten in ihrer Nähe nicht reagieren, kann diese regionale Betreuung entzogen werden. Ist die Zuverlässigkeit wieder gegeben, kann die Einordnung nach 3 Monaten wieder entfallen bzw. können die Rechte wieder erteilt werden.

Not-Ausschluss: Ab einem bestimmten „Schadenslevel" muss ein Ausschluss aus dem Kollektiv – nach Information des Kollektivs – erfolgen können.

Wie wir in diesem Buch anhand vieler Unternehmensbeispiele zeigen, bedienen sich Unternehmen einer großen Vielfalt von Betriebssystemen. Es gibt nur wenige Betriebssysteme, die wie das von Premium bewusst entwickelt, niedergeschrieben und standardisiert sind. Eines dieser standardisierten modernen Betriebssysteme ist auch die **Holokratie**.

Seit **Zappos** von Amazon übernommen wurde und sein Betriebssystem auf die von Brian Robertson entwickelte Holokratie umgestellt hat, ist auch dieses evolutionäre Betriebssystem in aller Munde – zumindest in der einschlägigen Fachwelt. Wie ist Holokratie entstanden?

Der Unternehmer und Erfinder der Holokratie, Brian J. Robertson, sah die Problematik vieler Organisationen in den unreflektiert eingeführten hierarchischen Strukturen und in den diese überlagernden informellen Strukturen, die zusammen wirksames Arbeiten verhindern. Als Antwort darauf entwickelte er sein Konzept der „dynamischen Steuerung" mit häufigen Feedbackschleifen sowie vielen kleinen Kurskorrekturen und schrieb eine „Governance" nieder. Es entstand das Betriebssystem der Holokratie.

Unter Nutzung bestimmter Bestandteile der Holokratie hat sich oose Innovative Informatik in Hamburg am Markt etabliert:

UNTERNEHMENSPORTRAIT
oose Innovative Informatik eG

oose ist ein auf Seminare, Workshops, Beratung und Projektunterstützung spezialisiertes Unternehmen mit über 25 Mitarbeitern. oose begleitet Veränderungen, führt neue Methoden ein und vermittelt Wissen im Umfeld von Software-, System- und Organisationsentwicklung. Das Unternehmen will Menschen begeistern und sie zu neuen Wegen ermutigen. ooses, Motto lautet „Vom Wissen zum Können".

Überwiegend Kreis-Entscheidungen

Bei oose entscheiden sogenannte, aus zwei bis sechs Mitarbeitern bestehende **Kreise** im Plenum autark über Strategiethemen, Einstellungen (siehe unten) oder Kündigungen. „Kündigungen hat es zum Glück noch keiner bedurft", so **Kim Nena Duggen, Vorstand, Trainer und Coach** bei oose. Die Kreise von oose sind thematisch gemäß folgender Mindmap aufgestellt.

„Jeder Kreis sollte als Satellit in einem anderen Kreis mitwirken, um das Breitenwissen und vernetzte Lehren zu stärken", erläutert Kim. „Zusätzlich gibt es noch einen sogenannten Q4-Kreis, der sich alle 2 Monate mit Vertretern aus verschiedenen Kreisen trifft, neue strategische Impulse beleuchtet und diese ggf. in die Diskussion mit dem Plenum bringt".

Formal erforderliche rechtliche und finanzielle Entscheidungen, wie z. B. Entscheidungen im Rahmen der gesetzlichen Vorschriften einer Genossenschaft bei Jahresabschlüssen oder in der Korrespondenz mit dem Finanzamt, fällt der Vorstand von oose. Er bereitet nur strategische und organisatorische Themen vor und übt auch keine Personalverantwortung aus. Der Vorstand wird vor allem aus juristischen Gründen zur Vertretung der Gesellschaft nach außen von den Mitarbeitern formal gewählt. Die Frage „Was brauchst du, um Entscheidungen treffen zu können?" gehört im Vorstand zum Standardrepertoire.

🎯 Unsere Themen

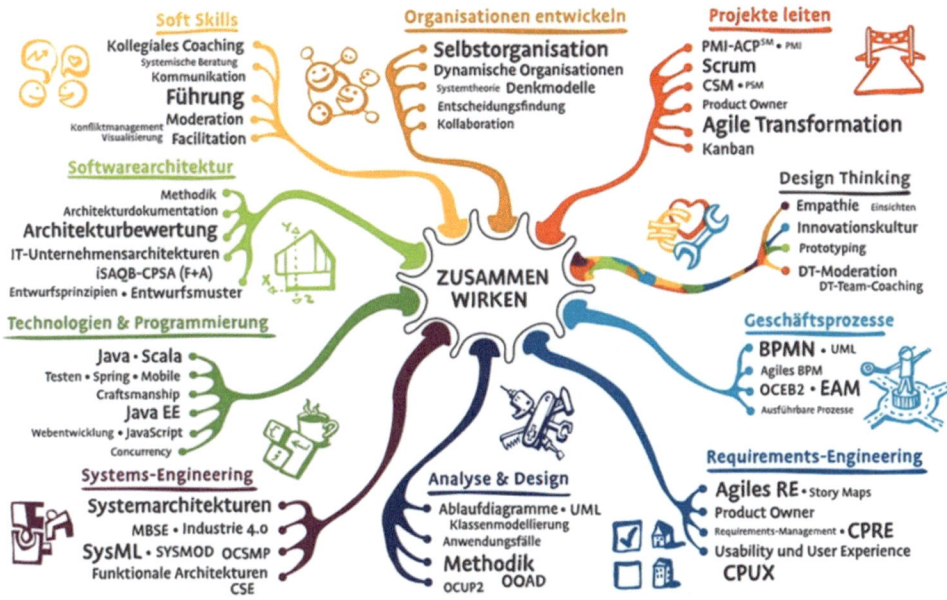

Quelle: www.oose.de

Demokratische Personaleinstellungsverfahren

Am Jahresanfang wird im Rahmen der dreitägigen „Strategietage" gefragt, wie sich die Kreise personell aufstellen möchten. Bei Bedarf können die Kreise aber auch unterjährig Vorschläge zur Einstellung von Personal machen. Auch der Vorstand schlägt manchmal vor, über Einstellungen nachzudenken.

Im Rahmen des Rekrutierungsprozesses klärt der Vorstand das Finanzielle, prüft die Wertekongruenz und die Reisebereitschaft. Das Bewerberteam nimmt dann die fachlichen Gespräche auf. Im Anschluss daran muss der Bewerber in der Regel noch einen Probevortrag halten. Für den Vertragsschluss wird der Vorstand wieder aktiv und verhandelt das finale Gehalt.

Nach der Einstellung wird dem Neuling für ein halbes Jahr ein Mentor zur Seite gestellt. Am Ende der Probezeit wird von den Peers Feedback eingesammelt. Wird der Mitarbeiter in eine Festanstellung übernommen, profitiert er von den sich daraus ergebenden Empfehlungen. Andernfalls endet der Vertrag mit der Probezeit. Nach Abschluss der Probezeit kann der Mitarbeiter zusätzlich Mitglied der eG werden.

Nur Fixgehälter – darüber hinaus gleich verteilte Gewinnausschüttungen

Es gibt nur Fixgehälter, die nicht transparent sind. Jedes Jahr im Mai schlägt der Vorstand das komplette Erhöhungskapital vor. Darauf haben die Mitarbeiter die Möglichkeit, sich selbst einzuschätzen. Indem die Peers befragt werden, ob der Kollege x Euro mehr oder weniger verdienen sollte, werden konkrete Einordnungen klarer. Schließlich rechnet der Vorstand die Erhöhungen aus und verteilt diese. Da das verfügbare Budget meist nicht ausgeschöpft wird, wird das Restbudget an alle Mitarbeiter gleich verteilt ausgeschüttet. Auch alle Mitglieder der eG erhalten Gewinnausschüttungen.

Am Ende des Jahres wird der Gewinn entsprechend der Anteile, die jeder Teilhaber an der Genossenschaft erwerben konnte – maximal zehn –, ausgeschüttet. Unabhängig von den Anteilen haben alle gleiches Stimmrecht in der Generalversammlung (für formale Entscheidungen).

Trainer erhalten dafür, dass sie im Kundeneinsatz auswärts übernachten müssen, Übernachtungsprämien. Ansonsten erhalten die Mitarbeiter ein sehr gutes Gesamtpaket aus Altersvorsorge, Unterstützung bei Kinderbetreuung, der zur Verfügung gestellten Infrastruktur und Notfallversorgung.

Maximale Datentransparenz

Bei oose sind grundsätzlich alle Zahlen verfügbar. Ausnahmen sind Gehälter und datenschutzrechtlich geschützte persönliche Daten.

Unternehmensziele ohne feste Vorgaben

Die Kreise setzen sich am Jahresanfang zusammen und fertigen eine planerische Übersicht an, ohne feste Vorgaben zu machen. Sollten die individuellen Strategien der einzelnen Kreise inkongruent sein, werden sie im Plenum diskutiert und angepasst.

Sehr geringe Planungsaktivität

Das Einzige, was auf jeden Fall geplant wird, ist der Seminarkatalog. Weitere Planungen kommen aus den Strategietagen der Kreise.

Keine klassischen Mitarbeitergespräche

oose praktiziert eine laufende Feedbackkultur, die sich aus den Teamretrospektiven im Rahmen der agilen Arbeitsweise speist.

Weiterbildung

Jeder Mitarbeiter hat einen Anspruch auf bis zu fünf Weiterbildungstage p. a., die er ohne zu fragen im Rahmen des Budgets nutzen kann. Soll das Budget überschritten werden, wird die Entscheidung durch Kollegengruppen, bestehend aus drei bis vier interdisziplinären Kollegen, getroffen. Buchung und Unterschrift erfolgen dann formal über den Vorstand.

Wir können es gar nicht oft genug betonen: Da kein Unternehmen dem anderen gleicht, gibt es auch nicht das *eine* Betriebssystem, welches universell einsetzbar ist. Schauen wir uns das Zalando-Vorbild, den schon oben erwähnten Onlinehändler für Schuhe und Modeartikel, Zappos, an.

> **Praxisbeispiel**
>
> **Zappos**
>
> Auch wenn die 5 Jahre, die der Gründer der Holokratie-Bewegung einem Unternehmen für eine erfolgreiche Transformation einräumt, noch nicht abgelaufen sind, hat Zappos im 4. Jahr der Umsetzung doch offensichtlich beträchtliche Schwierigkeiten mit der Einführung der Holokratie. Ein Drittel der Mitarbeiter haben in 2015 das Unternehmen verlassen und zum ersten Mal ist das Unternehmen aus Fortunes besten Arbeitgebern des Landes gefallen. Größter Kritikpunkt ist gemäß eines Blogs in Quartz (www.qz.com), dass das System bei Zappos zu mechanistisch umgesetzt würde und die menschlichen Aspekte zu kurz kämen.
>
> Unsere Überzeugung, die wir Ihnen hier im Buch darlegen, ist es, dass ein Unternehmen aus einer ganzen Batterie an Strukturelementen je nach Problemstellung individuell auswählen sollte. Nur so kann maximale Passung und Wirksamkeit erreicht werden.

Liebe Leser, wir vermuten, dass Sie nun ein sehr gutes Gespür für die Eigenschaften und Wichtigkeit eines klar definierten Betriebssystems bekommen haben. Das Betriebssystem ist vergleichbar mit dem Zubereiten eines perfekten Dinners für Ihre Liebsten oder Freunde.

> **Praxisbeispiel**
>
> **Das perfekte Dinner**
>
> Sie haben die drei liebsten Paare Ihres Freundeskreises eingeladen. Hierfür planen Sie das für die Gäste wohl passendste und schmackhafteste Menü, schreiben die Zutaten dafür auf, überlegen sich, welche Weine dazu am besten passen könnten, kaufen all das ganz frisch von Ihren Lieblingshändlern ein, fangen rechtzeitig mit der Zubereitung an und sorgen für eine angenehme Abendatmosphäre mit einem schön gedeckten Tisch, Kerzenlicht und der dazu passenden Hintergrundmusik. Und wenn die Gäste dann kommen, halten Sie eine inspirierende Ansprache und lesen im Laufe des Abends die Wünsche Ihrer Gäste von ihren Augen ab. Jeder Gast wird sich sehr gerne an den Abend zurückerinnern und in Zukunft genauso gerne wiederkommen.
>
> So oder so ähnlich könnten Sie es sich vorstellen, wenn Sie Ihren Kunden das „perfekte Produkt und den perfekten Service" angedeihen lassen wollen. Jeder Kunde soll sich mit Ihrem Produkt wohlfühlen und passgenaue Lösungen für seine Bedürfnisse erhalten. Alle Bestandteile des Produkts werden in hoher Qualität eingekauft und montiert, die Verpackung wird extra schön designed – Apple sprach von Imputation, der Kunst der Inspiration über die Verpackung –, die Betriebsanleitung ist verständlich und einfach geschrieben und das Produkt selbst ist so verlässlich, dass das Produkt später auch gerne wieder nach Gebrauch oder Verbrauch gekauft wird. Dank des hohen Qualitätsanspruchs von Porsche sind heute noch 70 % der jemals gebauten Porsche-Autos auf der Straße.

Wenn Ihnen bei dem Beispiel des Menüs schon das Wasser im Mund zusammengelaufen sein sollte, dann nehmen wir zum Schluss noch das Beispiel von Harald Schultz, dem Gründer von Starbucks, zur Illustration mit auf:

Praxisbeispiel

Starbucks

Starbucks hatte mit dem Gründer Harald Schultz nicht wegen seines Kaffees Erfolg, sondern wegen seiner Leidenschaft, seiner Erfahrung und seiner Weltanschauung, an der er seine Kunden teilhaben ließ. Schultz liebte die Espresso-Bars in Italien und die Vision, einen angenehmen Raum zwischen Arbeit und zu Hause aufzubauen – den „dritten Raum". Er kreierte eine entsprechende Kaffeehauskultur in den USA und in vielen anderen westlichen Ländern. Es war diese Inspiration und Weltanschauung, die die Kunden kauften und nicht den Kaffee.

Nach seinem Ausscheiden im Jahr 2000 waren deutliche Bruchstellen aufgetreten: Wo früher noch Keramiktassen und Keramikteller serviert wurden, waren die Tassen zu kostengünstigeren Papptassen mutiert. Es ging nicht mehr um den „dritten Raum", es ging plötzlich nur noch um das Produkt „Kaffee". Geld sparen kann Vertrauen kosten! Und das ursprüngliche, erfolgreiche Betriebssystem zu verlassen, kann über kurz oder lang den Untergang eines Unternehmens nach sich ziehen.

Bei Starbucks ist es durch schnelle Korrekturen noch einmal gut gegangen, wie wir es noch heute in den vielen Starbucks-Filialen erleben dürfen. Andere Unternehmen, die nicht rechtzeitig erkennen, dass sie ihr funktionierendes Betriebssystem verlassen haben – bei Starbucks war es das Why, verbunden mit einem besonderen Produkterlebnis –, verlieren schnell ihre vorher scheinbar unbezwingbare Wirksamkeit. Wenn wir alles richtig gemacht haben, kann Ihnen das nun in Zukunft nicht mehr passieren.

Kultur im Unternehmen lässt sich nicht gestalten

Praxisbeispiel

Unternehmenskultur-Veränderungs-Projekte

Wer kennt das nicht: Die Geschäftsleitung eines Unternehmens verkündet den Mitarbeitern erwartungsfroh, dass mit einem neuen Projekt die Unternehmenskultur verändert werden soll. Dadurch soll das Unternehmen erfolgreicher und fit für die Zukunft gemacht werden.

Doch funktioniert das so? Haben nicht viele Unternehmen derartige Projekte mehrfach durchlaufen und es ist nicht wirklich etwas Spürbares passiert? Haben die Mitarbeiter noch Vertrauen in die Wirksamkeit derartiger Projekte?

Wie Sie Unternehmenskultur wirklich erfolgreich gestalten können, zeigen wir im folgenden Kapitel. Gleich zu Beginn des Kapitels die Ursachen des Verhaltens von Mitarbeitern zu erforschen mag Ihnen als geneigtem Leser auf den ersten Blick ein wenig merkwürdig vorkommen, scheint es, uns doch von einer aktiven Gestaltung der Unternehmenskultur zu entfernen, doch wird sich die Notwendigkeit dessen schon bald erschließen. Spätestens mit der Erkenntnis, dass Unternehmenskultur im Sinne der gängigen, insbesondere systemtheoretischen Definitionen gar nicht gestaltet werden kann, wird der empfohlene erste Schritt nachvollziehbar. Also möchten wir Sie bitten, sich noch ein paar Sätze zu gedulden und gemeinsam mit uns zu ergründen, was Verhalten von Mitarbeitern in Organisationen motiviert.

▶   **Impuls:** Werden Sie sich klar, worauf das Verhalten Ihrer Mitarbeiter basiert.

Auf welcher Basis entscheidet und handelt nun ein Mitarbeiter wirklich?

Dabei sei zu beachten, dass wir hier auf moralische Fingerzeige gänzlich verzichten möchten. Es geht in diesem Kapitel also nicht um gut oder schlecht, gerecht oder ungerecht oder gar gesetzestreu oder kriminell. Es geht ausschließlich um die Ursachen und Prämissen für aktives Handeln von Mitarbeitern innerhalb einer Organisation, welche in der Unternehmenskultur ihre Ausprägung finden.

Gestaltbare Strukturelemente für aktives Handeln von Mitarbeitern

Strukturelemente sind Werkzeuge und Praktiken. Es gibt Werkzeuge zum Denken und Handeln. So ist z. B. die Welle der Wirksamkeit ein Denkwerkzeug und die 7-Schritte-Methode ein Handlungswerkzeug. Als weiteres Beispiel sind die Prinzipien einer agilen Organisation die Denkwerkzeuge und die Regeln einer klassischen Organisation die Handlungswerkzeuge. Eine moderne Organisation macht sich diese Erkenntnis zunutze, indem sie je nach Problemstellung die dazu passenden Werkzeuge, also Prinzipien *oder* Regeln, einsetzt.

Die Nutzung beider Werkzeuge zur Schärfung des Betriebssystems ist eine Praktik.

Praxisbeispiel

Bauen einer Website

Denkwerkzeuge sind z. B. Personas, Customer Journey und Design. Die Werkzeuge zum Handeln sind z. B. die Internetdienstleister wie 1&1, Deutsche Telekom oder Unity Media, die Werkzeuge zum Website-Erstellen wie Wordpress, die Plugins, die Shopsysteme oder die zugrunde liegenden Programmiersprachen wie C++, PHP, Angular JS, Ruby-on-Rails oder die relativ neue Apple-Sprache Swift. Die Anwendung der Werkzeuge sowohl des Denkens als auch des Handelns zur Erstellung der Seite ist die wirksame Praxis.

Die Strukturelemente sind entweder formal festgeschrieben oder gängige Praxis.

Formale Struktur

Das erste Merkmal ist die **formale Struktur** der Organisation, die aus allen festgelegten Strukturelementen besteht. Man könnte diese auch als die aufgeschriebenen und verabschiedeten Gesetze der Organisation bezeichnen. Aktivitäten der Mitarbeiter werden sich an diesen Gesetzen ausrichten, denn eine Missachtung könnte zu einer Bestrafung bis hin zu einem Ausscheiden aus der Organisation führen und das ist meist ein sehr hohes Risiko bzw. ein sehr hoher Preis für den Mitarbeiter. Die Gesetze und Strukturen geben der Organisation Orientierung. Das Unternehmen geht davon aus, dass die Mitarbeiter im Rahmen dieser Gesetze agieren – eine Sicherheit dafür gibt es allerdings nicht.

Im Folgenden seien einige Beispiele für formale Strukturelemente genannt, die eine wesentliche Entscheidungsgrundlage für das Verhalten von Mitarbeitern darstellen:

Organigramme ■ Arbeitsprozesse ■ Arbeitszeitordnung ■ Zielsysteme ■ Reiserichtlinien ■ Dienstanweisungen ■ Handbücher ■ Verfahren ■ Geschäftsordnungen ■ Hierarchie ■ Unterschriftenregelungen ■ Vereinbarungen

Alles, was also Anweisungscharakter hat, eine Regel vorgibt oder rezeptartig beschrieben ist, gehört zu diesem Merkmal. Eine besondere Eigenschaft liegt in der Gestaltbarkeit der einzelnen Strukturelemente. Man könnte auch sagen, es handelt sich um vorgegebene und bewusst entschiedene Voraussetzungen für das Verhalten von Mitarbeitern.

Gängige Praxis

Das zweite Merkmal, welches als Basis für das Verhalten von Mitarbeitern dient, lässt sich vielleicht am besten als die **gängige Praxis** bzw. die **ungeschriebenen Gesetze** der Organisation bezeichnen. Ein Beispiel aus dem Fußball mag dazu dienen, dies näher zu beschreiben.

Praxisbeispiel

Verletzung beim Fußball

Es hat sich etabliert, dass eine Mannschaft den Ball ins Aus spielt, sollte sich ein Spieler auf dem Feld verletzt haben, ohne dass eine vom Schiedsrichter geahndete Regelwidrigkeit der Verletzung vorausging. Der Spieler, der den nachfolgenden Einwurf ausübt, wirft den Ball wieder zu einem Spieler der gegnerischen Mannschaft zurück, die ja auch zuvor im Ballbesitz war.

Diese Vorgehensweise steht in keinem Regelwerk. Niemandem wurde gesagt, sich genau so zu verhalten und doch passiert es immer und immer wieder und sogar weltweit über alle Nationen hinweg. Wir beobachten auch Fälle, in denen dieses ungeschriebene Gesetz nicht befolgt wird und dann der Übeltäter meist mit einem energischen Hinweis auf das „Fair Play" von allen Seiten beschimpft und mit Pfeifkonzerten bedacht wird.

Diese ungeschriebenen Gesetze gelten in vielfältiger Weise auch in Unternehmen und Organisationen. Dort haben sie sich als regelmäßige bzw. gängige Praxis eingespielt. Ein kurzes Gespräch mit der Nachbarabteilung, ein Plausch mit der Vorstandsassistentin oder ein vorabendliches Treffen vor einem Jour fixe, in dem alle Entscheidungen besprochen und quasi vorweggenommen werden. Der „kurze Dienstweg" ist die gelernte Floskel dieses Merkmals.

Auch nicht ausgesprochene Erwartungen fallen in diesen Bereich.

Praxisbeispiel

Quartalsabschluss

„Am Ende des Quartals arbeiten wir alle mehr als 10 Stunden, um alle Aufträge bis Mitternacht des letzten Tages des Quartals zu buchen." Dies ist oft die Erwartung einer Führungskraft quartalsgetriebener Organisationen.

Man könnte diese „ungeschriebenen Gesetze" natürlich aufschreiben und in eine Vereinbarung gießen. Es gibt allerdings oft vielfältige Gründe, dieses nicht zu tun. Die Verletzung des geltenden Arbeitszeitgesetzes mag dabei, wie in obigem Fall, eine Rolle spielen. Wichtiges Merkmal ist hier die Gestaltbarkeit auch der ungeschriebenen Gesetze.

Je weiter sich formale Struktur und gängige Praxis in einer Organisation voneinander entfernen, desto größer wird das Spannungsfeld in der Organisation. Die Entfernung entsteht daraus, dass in der formalen Struktur und in der gängigen Praxis unterschiedliche Strukturelemente genutzt werden. Das Spannungsfeld lässt sich durch Reflektion der genutzten Strukturelemente mit Blick auf die Problemstellung wirksam reduzieren.

Die lange Liste der Strukturkomponenten in einem Unternehmen

Jemand möchte eine Schraube in die Wand drehen und hat nur einen Hammer. Klar, ein bisschen mehr Kraft und Gewalt und die Schraube ist auch drin. Das Ergebnis ist allerdings weniger wirksam und weniger haltbar. Die Erkenntnis: Es sind weder die Schraube noch der Hammer noch der den Hammer benutzende Manager das Problem. Es ist die Ohnmacht, nicht das passende Werkzeug zur Hand zu haben und nicht zu wissen, wie man es benutzt. Wie man das Werkzeug richtig benutzt, können wir Ihnen nicht vorgeben, aber das Was-passt-wofür schon. Die nachfolgende Liste könnte helfen.

Liste der Strukturelemente, Methoden und Herangehensweisen in einer klassischen Umgebung

kompliziert

- Budget
- Fixierte SMART-Ziele
- Personalabteilung
- Mitarbeitergespräche
- MBO-Systeme
- Leadership Blueprint
- Klassische Meetings
- Businesspartner
- Formalisierte Entscheidungen
- Allgemeine Business Intelligence
- Feedback-Runden
- Unternehmensplanung
- Strategieprozesse (Wie wollen wir sein vs. Was wollen wir haben), Machthierarchie
- Anwesenheitskontrolle
- Assessment-Center
- Prozessmanagement
- Kostenmanagement
- Überstundenregelung, Kernarbeitszeiten
- Quoten
- Balance Scorecard
- Pay for Performance
- Beschränkter Informationszugang je Position
- E-Mails

- Mission Statements
- Organigramme
- Stellenbeschreibung
- Stellen
- Reporting
- Jobtitel
- Geschäftsbereiche
- Abteilungen
- Controlling
- X-Menschenbild
- Kompetenzmanagement
- Trainingsbudget
- Belohnung von Individualleistung
- Gehaltsverhandlungen
- Regeln und Bürokratien
- Verhaltenskultur
- Compliance Management
- Talentmanagement
- Personalentwicklung
- Reisekosten
- Richtlinien
- Gehaltsbänder
- Wissensmanagement, Qualitätsmanager
- Vorschlagswesen
- Business Partner
- Arbeiten im System
- Denken und handeln getrennt

Liste der Strukturelemente, Methoden und Herangehensweisen in einer New Work-Umgebung

- Business Model Canvas
- Minimal Viable Product (MVP)
- Dialog, dezentrale temporäre Führung
- Vorbereitung und Übung
- Investitionen
- Prinzipien
- Lean Management
- Toyota KATA
- Selbstorganisation
- Soziokratische Organisation
- Holokratische Organisation
- Wertschöpfungsorganisation
- Zellenorganisation
- Netzwerkorganisation
- Projektorganisation
- Clusterorganisation
- Slack-Kommunikation
- Entscheidungsfindung nach Konsens/Konsent/demokratisch/ einstimmig/konsultativ
- Marktnahe Entscheidungen
- Y-Menschenbild
- Übergreifend funktional- integrative Teams
- Peer Recruiting
- Probearbeit
- Mentoring
- Aufgabenbeschreibung
- Rollen
- Jobrotation
- Transparenz

- Firmenwikis
- Blick auf externe Referenzen
- Relative Ziele
- Relative Leistungsmessung
- Labore und Experimente
- Ideen
- Crazy Eights
- Innovationen
- Mitarbeiter sind Leistungspartner
- Organisation vom Kunden her denken
- Kulturbeobachtung
- Verkettete Interviews
- Wertekultur
- Führungskraft als Host
- Art of Hosting
- Arbeiten am System
- Denken und handeln vereint
- Agile Projektarbeit
- SCRUM
- KanBan
- KVP
- KlickChange
- Plan-Do-Check-Act-Methode (PDCA)
- Design Thinking und dessen Methodenkoffer
- Rapid Prototyping
- Der Elch auf dem Tisch
- Kollegiale Fallberatung
- Open Space
- World Cafe
- Retrospektiven

komplex

Unternehmenskultur ist nicht entscheidbar

Das Verhalten von Mitarbeitern basiert aber auch auf Merkmalen, die die Unternehmenskultur ausmachen und die sich die Organisation aufgrund der formalen Struktur „eingefangen" hat. Unternehmenskultur besteht aus den

- Wahrnehmungen,
- Werten, die sich über Haltungen und Denkstile manifestieren, und
- Kommunikationsmustern etc.

Diese Merkmale sind nicht durch die Unternehmensführung entscheid- oder gestaltbar, auch wenn das viele Unternehmensvertreter meinen. Da sie an der Organisation haften, nennen wir die dahinterstehenden Glaubenssätze auch **organisationale Glaubenssätze**. Diese organisationalen Glaubenssätze wirken wie **Kraftfelder** auf die Mitarbeiter.

Auch die Merkmale der Unternehmenskultur wollen wir nachfolgend beschreiben.

Wahrnehmungen

Wahrnehmungen unterliegen subjektiven Filtern. Ist der Fokus auf einen bestimmten Glaubenssatz ausgerichtet, findet selektive Wahrnehmung statt.

Praxisbeispiel

Autokauf

Jemand möchte einen neuen VW Beatle kaufen und informiert sich im Internet, bei Händlern und Bekannten über sein neues Objekt der Begierde. Was passiert in der Folge? Er nimmt auf der Straße ständig VW Beatles wahr, da er einer selektiven Wahrnehmung unterliegt.

Praxisbeispiel

Mitarbeiter haben Defizite

Sobald sich der Glaubenssatz „Mitarbeiter haben Defizite und müssen entwickelt werden" in einer Organisation eingeschlichen hat, verhalten sich Führungskräfte und Mitarbeiter derart, dass sie verstärkt die Defizite ihrer Mitarbeiter und Kollegen sehen und ständig Zeit dafür verschwenden, geeignete Maßnahmen zur Beseitigung der Defizite zu finden.

Weitere Beispiele sind die differenzierte Wahrnehmung der anderen Abteilung, die einseitige Wahrnehmung der Interessen des Chefs oder die unternehmensbezogene Wahrnehmung des Wettbewerbs.

Werte

Ein wichtiger Wert, der häufig ins Spiel gebracht wird, ist **Vertrauen**. Das Verhalten von Mitarbeitern basiert also darauf, ob sie ihrem Gegenüber vertrauen können oder nicht. Dieser Wert ist nicht disponierbar. Man hat nicht die Wahl, ob man Vertrauen haben will. Das ist lediglich ein Bauchgefühl. Sie vertrauen entweder oder eben nicht, und dementsprechend stellen Sie Rückfragen, fassen nach, kontrollieren, holen sich eine zweite Meinung, lesen das Kleingedruckte, fragen einen Kollegen, dem Sie vertrauen, bleiben zurückhaltend, geben keine Zusagen und so weiter.

Vertrauen ist nicht der einzige Wert, bei dem Mitarbeiter derart agieren. Denken Sie an **Verantwortung, Integrität, Respekt, Loyalität, Aufrichtigkeit, Einsatzbereitschaft, Kundenorientierung.** Vielleicht sind das die Werte der Mitarbeiter, welche die Organisation besonders auszeichnen. Ob diese Werte jedoch als Basis für das Verhalten dienen, dem geht keine bewusste Entscheidung voraus. Mitarbeiter können über diese Werte nicht entscheiden. Die Werte sind einfach da und bestimmen, wie sie agieren. Natürlich sind sie nicht in Stein gemeißelt und sie ändern sich – nur eben nicht willentlich. **Kausal motiviert können sich die Werte nicht verändern.**

Zu den Werten gesellen sich auch noch die eine oder andere **Einstellung** wie beispielsweise Ergebnis- oder Erfolgsorientierung, Achtsamkeit, Anpassungsfähigkeit, Veränderungsbereitschaft, Teamorientierung, ein Vorbild sein wollen oder – im Augenblick sehr aktuell – das Credo, dass im Unternehmen doch alle auf Augenhöhe miteinander umgehen mögen.

Kommunikationsmuster

Durch die Beobachtung der entstandenen Kommunikationsmuster lassen sich Spannungsfelder zwischen formaler Struktur und gängiger Praxis identifizieren. Kommunikationsmuster haben sich in den Unternehmen im Laufe der Zeit eingeschwungen. Sie können, genauso wie Wahrnehmungen und Werte, nur durch das Verändern von Strukturelementen beeinflusst werden.

Praxisbeispiel

Mitarbeiterkommunikation über Abteilungsgrenzen hinweg

Ist der Glaubenssatz „Mitarbeiter können mit Führungskräften anderer Abteilungen nicht wirksam Probleme besprechen" in einer Organisation verankert, führt das dazu, dass Mitarbeiter nur über ihre eigene Führungskraft ein Anliegen in Richtung einer anderen Abteilung kommunizieren dürfen. Der Ineffizienz des Handelns wird damit Tür und Tor geöffnet.

Sie kennen bestimmt noch weitere derartige Kommunikationsmuster. An dieser Stelle sei nochmals darauf hingewiesen, dass wir in keiner Weise moralisieren wollen. Ob jemand die Werte eines Menschen gut oder schlecht findet, ist nicht relevant, zumindest nicht in unserem Kontext. Menschen verhalten sich entsprechend ihrer **Wahrnehmungen, Werte und Kommunikationsmuster.** Sie können diese spüren, ergründen und beobachten. Aber Sie sind außerstande, darüber zu disponieren oder sie willentlich kausal zu beeinflussen.

Soziales Theater

An dieser Stelle wollen wir nicht den Umstand in Vergessenheit geraten lassen, dass wir alle organisational vorgegebene Werte natürlich auch vorspiegeln können, wenn diese gegen unsere eigenen Werte verstoßen oder sie in der Organisation nicht vorgelebt werden. Jeder von uns hat in seinem Leben sicherlich schon oscarreife Vorstellungen miterlebt oder vielleicht sogar selbst aufgeführt. Wir nennen dieses Phänomen **soziales Theater**.

▶ **Impuls:** Unternehmenskultur lässt sich nicht vorgeben oder direkt gestalten.

Stellen Sie sich Folgendes vor: Sie wollen in Ihrer Organisation den Wert „Vertrauen" hochhalten und fördern, denn der scheint allen Aussagen nach einer der wichtigsten Werte im Unternehmen zu sein.

Praxisbeispiel

Appell an das Vertrauen

Sie formulieren also in goldenen Lettern: „Das Miteinander in unseren Vertriebsteams, unser Umgang mit unseren Kunden und Geschäftspartnern basiert auf Vertrauen!" Das hört sich richtig gut an – na klar.

Doch mit Blick auf Ihren Kollegen aus der Region Süd-West erzeugt das möglicherweise ein mulmiges Gefühl, da es das letzte Mal schon nicht geklappt hat. Sie vertrauen ihm einfach nicht mehr. Das können Sie selber nicht willentlich bestimmen – das ist so. Nachdem Sie im Unternehmen jetzt aber den Wert Vertrauen ganz großschreiben, fangen die Mitarbeiter an, Vertrauen zu spielen, gar zu heucheln. Das wissen natürlich auch alle anderen in der Organisation.

Anstelle von mehr Vertrauen wird über die goldenen Buchstaben des Vertrauens sogar mehr Misstrauen im Unternehmen etabliert. Sie haben die Bühne für soziales Theater bereitet. Und wenn jeder weiß, dass Vertrauen nur gespielt wird, ist plötzlich jeder misstrauisch ob des Verhaltens des Gegenübers. Vertrauen eingeführt, Misstrauen geerntet.

Führen Sie dieses Gedankenexperiment mit allen oben genannten Werten durch und Sie werden die Absurdität so mancher Kulturprogramme erkennen.

▶ **Impuls:** Sie können das Verhalten von Mitarbeitern nicht per Anweisung verändern.

Zusammenfassend lässt sich festhalten: Das Verhalten von Mitarbeitern basiert auf verschiedenen Merkmalen. Formale Strukturen können Sie ändern, ergänzen, erweitern oder in ihnen bestimmte Punkte weglassen und neugestalten. Ungeschriebene Gesetze können Sie sichtbar machen und, wenn notwendig, formal verabschieden.

Unternehmenskultur ändern zu wollen, fördert soziales Theater und nicht, wie Sie eigentlich beabsichtigten, eine Anpassung der Wahrnehmungen, Werte und Kommunikationsmuster.

Im weiteren Verlauf des Buches ergänzen wir das Ganze sogar, indem wir die Wahrnehmungen, Werte und Kommunikationsmuster an die Organisation heften und nicht an den Menschen.

Bewahren Sie die Wirkreihenfolge Ihrer Verhaltensbeobachtung!

Im vorherigen Abschnitt haben wir gelernt, woran Sie kausal arbeiten können, also was Sie in puncto Veränderung und Anpassung wirklich in der Hand haben – die Strukturelemente Ihrer Organisation – und was Ihnen als Disposition nicht zur Verfügung steht – die Wahrnehmungen, Werte und Kommunikationsmuster der Mitarbeiter.

Jetzt würden wir gerne ein weiteres Denkmodell mit Ihnen teilen. Wenn Sie auch heute in unserer allseits erkennbaren VUKA-Welt nach Unternehmenskultur im Internet suchen, werden Sie immer wieder eine potenzielle Kausalität vorgesetzt bekommen. Wir hatten ja über Kausalität und Korrelation in Kapitel 1 („Heute ist alles so komplex") schon geschrieben. Insbesondere zum Thema „Unternehmenskultur" werden Sie zusätzlich noch eine nachdenkliche, bisweilen erheiternde Verkehrung der Wirkreihenfolge finden. Das Ganze läuft ungefähr so:

Praxisbeispiel

Wirkreihenfolge Unternehmenskultur und Erfolg

Ein renommierter Autor schreibt: „Seit nunmehr 10 Jahren habe ich mir erfolgreiche Organisationen angeschaut und diesen ist eines gemeinsam: Sie haben eine außergewöhnliche Unternehmenskultur. Menschen vertrauen dort einander, jeder arbeitet für jeden, sie haben Spaß, sind achtsam, arbeiten auf Augenhöhe usw."

Jetzt kommt potenzielle gedankliche „Leistung" ins Spiel, wenn der Autor weiter ausführt:

„Also, liebe Unternehmen, Sie müssen nichts anderes tun, als Ihre Unternehmenskultur auf Vordermann zu bringen und schon werden auch Sie erfolgreich sein – wie all die anderen Unternehmen auch!"

Darin liegt ein großer Denkfehler! Eigentlich ist es gar kein Denkfehler, sondern eher Unkenntnis einfacher formaler Aussagenlogik. Ein erfolgreiches Unternehmen hat eine außergewöhnliche Unternehmenskultur. DAS ist die eigentliche Wirkreihenfolge. Der

Autor dreht diese jetzt um und extrahiert daraus: „Wenn ich eine tolle Unternehmens-kultur habe, dann bin ich erfolgreich" – und das ist schlichtweg falsch.

▶ **Impuls:** Sie können Unternehmenskultur und Verhalten der Mitarbeiter nur durch Arbeit am System ändern.

Drehen Sie die Wirkreihenfolge nicht um. Wenn Sie ein erfolgreiches Unternehmen vor sich haben, dann wird es so sein, dass sich aus den formalen und gelebten Merkmalen ein erfolgreiches Unternehmen und eine außergewöhnliche Kultur entwickelt haben. Drehen Sie diese Implikation bitte nicht um. Arbeiten an Ihrem Erfolg bedeutet Arbeiten an den Strukturelementen Ihrer Organisation und nicht Arbeiten an der Unternehmens-kultur.

Bedenken Sie das Kulturdilemma in dynamischen Marktumfeldern

Dass sich die Umwelt rund um unsere Unternehmen in den letzten Jahren massiv verän-dert hat, ist eine Neuigkeit, die nur noch die letzten eingefleischten Tiefschläfer aus selbigem reißt. Ja, eigentlich kennt man das und doch hilft stetiges Rütteln. Komplexe und komplizierte Welten haben Sie schon im ersten Kapitel kennengelernt, eine weitere Ausprägung finden Sie in den vier Buchstaben VUKA, die eigentlich um die 2 im K^2 erweitert werden müsste. Zum Komplexen gehört unseres Erachtens unweigerlich das Komplizierte dazu, darum eigentlich K^2.

Die Welt ist inzwischen VUKA

■ **V** steht für **volatil**, was so viel bedeutet wie flüchtig, unstetig und nicht vorhersagbar. Lassen Sie uns als Beispiel einen kurzen Blick auf die Schallplatte werfen, welche lange Zeit der Star der musiktragenden Medien war. Dann kam die Musikkassette, die nach nur kurzer Zeit von der CD abgelöst wurde. Mit der Erfindung des MP3-Protokolls und -Players war auch der Abgesang der CD eingeleitet. Doch auch der Download von Musiktiteln findet derzeit ein Ende in der Verbreitung der Streaming-Dienste.

■ **U** steht für **unsicher** im Sinne von: Man kann sich nicht mehr auf den Lorbeeren der vergangenen Jahre ausruhen, egal ob man nun ein Unternehmer oder ein guter Mana-ger ist. Da sollte man sich schon ein wenig vorbereiten und ausloten, was so kommen könnte, oder?

■ **K** wie **Komplex**. An dieser Stelle sei noch einmal der Unterschied zwischen kompli-ziert und komplex aus einem anderen Blickwinkel erläutert.

- **Kompliziert** ist alles, was Wissen benötigt, in Kausalketten abläuft, dort, wo man sich die Frage stellen darf, „wie" etwas funktioniert. In komplizierten Welten gibt es klare Regeln, Prozesse, Rezepte, Baupläne und Strukturen. Ach, wie schön ist diese Welt: Ich kann planen, budgetieren und Vorhersagen treffen. Es gibt klare Ansagen von oben und der Nächste in der Managementreihe macht klare Ansagen nach unten. Ich habe meine Ziele, teile diese und herrsche.
- Und dann gibt es dieses **komplexe**, unvorhersehbare, dynamische Umfeld, es tauchen Überraschungen auf, mit denen niemand gerechnet hat. In diesem Umfeld muss man mit Ergebnisoffenheit umgehen können. Hier wird die Frage nach dem Könner und dem Meister laut. Es ist von Ausprobieren die Rede, von Experimenten und von Inhouse-Start-ups. Es gibt verschiedene Optionen, die alle irgendwie miteinander vernetzt sind.

■ Und dann ist da noch das **A** wie **ambivalent**, mehrdeutig bzw. doppeldeutig. Ja, das passt gut in diese Viererkette. Keiner weiß, was mit dieser Generation Y los ist, wo wollen die denn hin? Keiner weiß, was denn dieses Uber-Taxi oder diese selbstfahrenden Elektroautos sollen. Was soll das „Ich teile ein Auto, eine Wohnung oder ein Abendessen mit dir"? Oder was will denn Amazon? Die wollen mir jetzt Bestellungen in den Kofferraum meines Autos liefern, während dieses in der Tiefgarage meines Arbeitgebers steht. Ja, diese Viererkette ist plötzlich überall zugegen, nicht nur im Fußball.

Doch was hat das jetzt alles mit der Unternehmenskultur zu tun? Denken Sie noch einmal an die drei Merkmale, die als Basis für Verhalten dienen: Erstens die formal festgeschriebenen Gesetze des Unternehmens, zweitens die ungeschriebenen Gesetze, die gängige Praxis und die lieb gewonnenen Gewohnheiten sowie drittens die Wahrnehmungen, Werte und Kommunikationsmuster, die das Verhalten der Mitarbeiter prägen.

▶ **Impuls:** Gesetze, Regeln und Gewohnheiten sind in der VUKA-Welt unwirksam.

In einer VUKA-Welt, in der Überraschung zur Regel wird, helfen definierte Gesetze des Unternehmens nicht weiter, denn Regeln, Methoden, eingespielte Praxis, die den Überraschungen begegnen können, gibt es in dynamischen Marktumfeldern einfach noch nicht, es ist noch kein Wissen dafür vorhanden.

Für das Lösen von Überraschungen greift ein Mitarbeiter also auf seine Wahrnehmungen, Werte und Kommunikationsmuster zurück. Oft kommt der Mitarbeiter dann auf ein anderes Vorgehen, als es durch die Gesetze und die gängige Praxis des Unternehmens festgeschrieben bzw. erwünscht ist. Der Mitarbeiter sieht sich dann also dem Kulturdilemma ausgesetzt, etwas Richtiges und Notwendiges für die Organisation zu tun, und damit allerdings gegen eine Regel, eine Anweisung oder ein geschriebenes Gesetz eben genau dieser Organisation zu verstoßen. Ein erlebtes Praxisbeispiel möge diesen Umstand verdeutlichen.

Regelverstoß

Der Marketingchef einer größeren Softwarefirma wird vom Geschäftsführer gefragt, ob er die Inhousemesse eines Kunden unterstützen könnte. Der Kunde hätte kurzfristig einen Slot frei bekommen und man könnte jetzt die gesamte Produktpalette und die gemeinsame Lösung mit dem Kunden präsentieren. Die Kosten lägen bei ca. 36.000 EUR. Die im Unternehmen festgeschriebene Regel besagt, dass Extrakosten über 30.000 EUR von der Zentrale in Europa abgesegnet werden müssen. Ein durchaus mühsamer und langwieriger Prozess. Der Marketingleiter sieht das Potenzial, umgeht den Prozess und entscheidet sich für das Event, da er auch dem deutschen Geschäftsführer loyal zur Seite steht und der Meinung ist, dieser würde ihm im Ernstfall schon den Rücken stärken. Seine Werte bestimmen in diesem Fall die Entscheidung über diese überraschend aufgetauchte Chance. Das Event läuft gut, es wird neues Geschäft generiert.

Gleichzeitig bekommt der Marketingleiter aber eine Abmahnung und wird kurze Zeit danach sogar entlassen, weil ein derartig grober Regelverstoß im Unternehmen nicht geduldet wurde. Auch der Geschäftsführer nimmt dieses Verhalten schließlich so an, um sich keinem weiteren Risiko mehr auszusetzen. Der festgeschriebene Prozess wurde damit zementiert und wird seitdem auch nicht mehr hinterfragt. Mit der Maßnahme wurde auch ein im Unternehmen durchaus sinnvolles Prinzip beerdigt, nämlich „lieber hinterher um Vergebung zu bitten, als vorher um Erlaubnis zu fragen".

Wir diskutieren dieses Beispiel oft in Projektkontexten und bekommen immer wieder als Feedback: „Es muss doch Grenzen geben. Wir würden ja sonst im Chaos enden, wenn jeder auf einmal von sich aus bestimmen könnte, in dieser Form einen vorgegebenen Rahmen zu überschreiten."

Mit vertrauensbildenden Strukturelementen, wie wir sie bei dem Unternehmen Al Gore kennengelernt haben, kann die Wirksamkeit des Unternehmens drastisch erhöht werden. Dort gilt z. B. bei größeren Entscheidungen die 4-Augen-Regel und das Prinzip, das Unternehmen mit den Entscheidungen nicht unter die Wasserlinie zu drücken.

Und jetzt sind Sie als Unternehmer gefragt.

▶ **Impuls:** Hinterfragen Sie daher in der VUKA-Welt die Werkzeuge und Praktiken.

In einer VUKA-Welt, in der Überraschungen das Handeln diktieren, ist es angebracht – ja zunehmend sinnvoll und notwendig –, die meist noch tayloristisch geprägten Strukturelemente, d. h. die Denk- und Handlungswerkzeuge sowie die Praktiken des Unternehmens, zu hinterfragen.

Gute Fragen könnten beispielsweise sein:

- Fördert dieses Strukturelement Wirksamkeit oder blockiert es sie?
- Welche Strukturelemente bereiten die Bühne für soziales Theater?
- Welche wirken als Katalysator?

Das ist keine einfache Aufgabe, aber würdig, von einer modernen Führung übernommen zu werden.

Beobachten Sie Ihre Kultur

Gewinnen Sie wertvolle Hinweise für erfolgreiches Handeln

Praxisbeispiel

Etwas läuft unrund

Stellen Sie sich vor, Sie gleiten mit Ihrem 1962 Chevi Cabrio über die gut ausgebaute Landstraße. Der Wind streicht durch Ihr Haar und die warme Luft umspielt Sie und Ihre Begleitung. Der Geruch von frischen Wiesen liegt in der Luft und die sich schon Richtung Horizont neigende Sonne verspricht eine wundervolle Sommernacht. Doch plötzlich bemerken Sie etwas, kaum wahrnehmbar, ein leichtes Vibrieren, etwas läuft unrund. Sie können noch nicht mit Bestimmtheit sagen, woran es liegen mag, doch Ihre Entscheidung, die nächste Tankstelle anzusteuern, entpuppt sich als überaus weise. Das linke Vorderrad konnte seinen Bedarf nach etwas mehr Luft nicht leugnen und, kaum aufgefüllt, konnte die Reise nach kurzer Zeit weitergehen.

Auch im Unternehmen läuft etwas unrund: Die Gerüchteküche brodelt, der Krankenstand ist hoch, die Vertriebskollegen werden nicht unterstützt, die ungerechte Beförderung von Herrn Meyer macht die Runde, die Definition der Ziele, die sich kurz nachdem sie vereinbart worden sind schon wieder als veraltet herausstellen, die Abmahnung, die der Marketingleiter bekommen hat, weil er ein Projekt unserer Geschäftsleitung nicht unterstützt hat. Offiziell ist alles okay, doch hinter den Kulissen tobt der Bär.

Da Sie ein aufmerksamer Leser sind, ist Ihnen nicht entgangen, dass es sich nun wohl eher nicht als wirksam erweisen wird, eine Kulturinitiative zu starten. Offene und transparente Kommunikation zu fördern, ein Gesundheitsmanagement einzuführen, mehr Zusammenarbeit mit dem Vertrieb zu fordern oder Maßnahmen einzuführen – wie: „Der Vertrieb soll einfach mal mit dem Marketing ein gemeinsames Teamevent durchführen" –, werden eher „verpuffen", um in der 1962er-Chevi-Cabrio-Sprache zu bleiben.

Nein, auf die Wirksamkeit derartiger Maßnahmen vertrauen die Mitarbeiter nicht mehr. Ein weiterer Trugschluss wäre allerdings, Kultur gar nicht mehr zu beobachten. Denn Ihre Kultur liefert wichtige Hinweise, wie es um die Organisation steht. Beobachten Sie die Kultur, führen Sie **verkettete Interviews** durch oder starten Sie einen Dialog über die „organisationalen Glaubenssätze" in Ihrem Unternehmen und leiten Sie Handlungsfelder, Diskrepanzen und Indikatoren daraus ab. Lauschen Sie, was im Verborgenen passiert. Und wenn Sie einiges gesammelt haben, erwähnen Sie es an offizieller Stelle und konfrontieren Sie die Organisation mit den Erkenntnissen. Irritieren und provozieren Sie oder laden Sie sich jemanden ein, der das für Sie erledigt.

Aus obigem Beispiel mag es vielleicht für jedermann ersichtlich sein, dass dem Marketingleiter nicht vertraut wurde, dass das vorhandene X–Menschenbild – gemäß der Theorie X-Menschen mögen Arbeit nicht und müssen daher angereizt werden – schnelles Agieren verhindert und Chancen blockiert und dass mit fixen Grenzen und strikten Vorgaben auf Unvorhergesehenes nicht adäquat reagiert werden kann. Zu mehr als einem Gespräch in der Kaffeeküche ist es aber noch nicht gekommen. Erst die offizielle Bühne verschafft Gehör. Doch bedenken Sie, dass das für das Unternehmen bzw. für die Organisation zuerst einmal eine Provokation darstellt. Wenn Sie etwas verändern wollen, wird das aber eine unvermeidliche „Übung" sein.

▶ **Impuls:** Kulturbeobachtung ist eine wesentliche Grundlage für Kulturveränderung.

Kulturbeobachtung durch z. B. Kulturmessung und verkettete Interviews liefert eine wesentliche Grundlage für Kulturveränderung. Nur die Unternehmen, die es schaffen, hinter die Bühne des sozialen Theaters zu schauen und seine wahren Probleme zu erspüren und sichtbar zu machen, haben die Chance, durch Änderung der formalen Strukturen auf steigende Umfelddynamik sinnvoll zu reagieren, erfolgreicher zu werden und Unternehmenskultur indirekt zu verändern.

Die Unternehmenskultur, die Ihrer Organisation wie ein Schatten folgt, kann für Sie entweder ein wichtiger Helfer bei Veränderungsmaßnahmen sein oder ein wirtschaftliches Grab diverser historischer Kulturmaßnahmen bedeuten. Nutzen Sie Ihre Kultur, ändern Sie Strukturen, experimentieren Sie, um die Bedürfnisse externer Referenzen zu erfüllen, und beobachten Sie immer wieder, was sich verändert. Das ist zwar nicht leicht und bedarf beträchtlicher Disziplin, aber es wird sich im Sinne eines nachhaltig erfolgreichen Unternehmens und einer guten und vertrauensvollen Unternehmenskultur lohnen.

Ganz konkret: Wir haben kennengelernt, dass sich Organisationen über formale und gelebte Praktiken Glaubenssätze einhandeln, nach denen sich die Mitarbeiter richten. Sie stellen ein Kraftfeld für das Verhalten der Mitarbeiter dar. Die Beobachtung und der Dialog zu den organisationalen Glaubenssätzen können tiefgreifende Erkenntnisse bezüglich der zugrundeliegenden Praktiken nach sich ziehen.

Wie sehen jetzt also solche organisationalen Glaubenssätze im Unternehmen aus?

Nachfolgend nennen wir Ihnen einige, die wir im Intrinsify-Netzwerk zusammengetragen haben und immer noch sammeln.

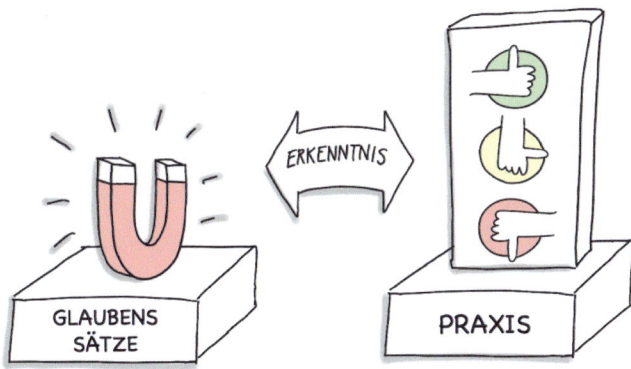

Organisationale Glaubenssätze

- Wir müssen ein Produkt vollständig entwickeln, bevor wir Kunden damit konfrontieren.
- Respekt verdienen alle, die sich bei uns hochgearbeitet haben. Je höher sie stehen, desto mehr Respekt sollte Ihnen entgegengebracht werden.
- Nur wer viel arbeitet, arbeitet gut.
- Regelmäßige Reportings stellen die Steuerbarkeit der Organisation sicher.
- Die richtigen Kenn-Planzahlen führen zum Erfolg.
- Wir haben gegenüber unseren Mitarbeitern eine Fürsorgepflicht.
- Wenn ich mein Wissen teile, dann ist das zu meinem Nachteil.
- Mitarbeiter missbrauchen Freiräume, wenn man sie ihnen gibt.

Dies ist nur ein kleiner Auszug aus einer Liste mit mehr als 150 solcher organisationalen Glaubenssätze. 50 davon sind in das Spiel „Play Change" von Intrinsify.me integriert, um in der Organisation spielerisch das Bewusstsein und den Dialog über die Existenz und die Auswirkungen der Glaubenssätze zu initiieren. Gleiches kann man in Interviews mit Mitarbeitern der Organisation bewirken. Man konfrontiert diese mit den Glaubenssätzen und wartet dann deren Reaktion ab. Aus der Reaktion lässt sich erkennen, ob dieser eine zentrale Rolle spielt oder nicht. Sobald die Gruppe sich im Klaren darüber ist, dass der Glaubenssatz eine zentrale Rolle spielt, führt man den Dialog darüber, welches Strukturelement die Basis für diesen Glaubenssatz sein könnte.

Praxisbeispiel

Wissensweitergabe

Zu „Wenn ich mein Wissen teile, ist das zu meinem Nachteil" könnte möglicherweise die Praktik „Individuelle Leistungsbeurteilung" passen. Gebe ich weniger Wissen preis, stehe ich bei der Beurteilung besser da. Dann habe ich einen Vorsprung.

Oder auch die Praktik der Quotenregelung: Habe ich im Unternehmen eine bestimmte Quote zu erfüllen, dann werde ich alles dafür tun, diese auch zu erreichen, was auch bedeuten kann, dass ich mit Wissen hinter dem Berg halte.

VERORTUNG (professionelles Bauchgefühl)

Haben wir dann ein professionelles Bauchgefühl dafür entwickelt, dass genau diese oder jene Praxis den vorher gewählten Glaubenssatz nährt, dann können wir folgende Fragen stellen und ins Handeln kommen:

- Wie sehr behindert uns die Praxis in der Wirksamkeit?
- Wen müssen wir einbinden, um die Praktik zu verändern?
- Wenn wir die Praktik streichen: Gab es einen Nutzen und brauchen wir einen Ersatz für diesen?
- Wie können wir eine Veränderung ohne Risiko ausprobieren?
- Wer hat Lust, freiwillig daran mitzuarbeiten?

Kommt die Organisation dadurch ins Handeln und Verändern, haben wir es meistens geschafft, aus der Beobachtung der Kultur eine ganz konkrete Änderung einer Praktik zu initiieren. Aus dem ursprünglichen Auslöser für nicht gewolltes Verhalten von Mitarbeitern, das gleichzeitig die Wirksamkeit beeinträchtigt hat, ist dann ein nachhaltiges und wertschöpfendes Verhalten ganz im Sinne des Unternehmensauftrags geworden. Das Unternehmen nähert sich immer mehr der Welle der Wirksamkeit an, bis es ganz auf ihr angekommen ist.

Als aufmerksamer Leser haben Sie es natürlich wieder bemerkt. Es geht nicht um gut oder schlecht, es geht nicht um eine bestimmte Haltung, es geht nicht um Moral. Es geht um Beobachtung, Erkenntnis und Wirksamkeit. Mehr nicht.

Wellenbrecher eliminieren – unwirksame Praktiken eliminieren

▶ **Impuls:** Identifizieren Sie Strukturelemente, die Ihre Wirksamkeit hemmen.

Management by Objectives oder kurz MBOs sind in vielen Unternehmen noch heute das Maß der variablen Vergütung. In der Regel werden drei bis fünf Ziele von einem Mitarbeiter gemeinsam mit seinem Vorgesetzten für einen bestimmten Messzeitraum, oft ein Quartal, definiert und festgelegt. Innerhalb dieses Zeitraumes strebt der Mitarbeiter nach der Erreichung dieser Ziele. Je nach dem Grad der Erfüllung bekommt der Mitarbeiter nach Ende des Messzeitraumes einen variablen Gehaltsbestandteil ausbezahlt. Liegt beispielsweise der variable Gehaltsbestandteil 1.000 Euro und der gemessene Faktor erreicht 75 % dann sind das nochmal satte 750 Euro auf den fixen Gehaltsbestandteil oben drauf. Gar nicht mal so schlecht, oder?

Und in der Tat: Für einfach strukturierte Aufgaben entfaltet diese Art der Vergütung seine volle Wirksamkeit. Der einzige Denkfehler dabei ist: In der Realität heutiger Unternehmen und Märkte gibt es kaum noch einfach gestrickte und fokussierte Aufgaben. Heute sehen wir uns einem hohen Maß an Dynamik gegenüber. Überraschungen sind ständig zu meistern. Ein hoher Grad der Vernetzung und Interaktion herrscht vor. Unsere Umgebung im beruflichen Alltag ist komplex geworden.

Und nicht erst seit Daniel Pink und seinem phänomenalen TED-Beitrag aus dem Jahr 2005 ist bzw. sollte uns allen bekannt sein, dass variable Vergütung in Form von Boni und Incentives bei der Bewältigung nicht trivialer Probleme nicht nur vollkommen unnütz ist, sondern sogar hemmend und blockierend wirkt. (Daniel Pink TED Beitrag)

Trotz dieser fundierten Tatsache wird das Modell der variablen Vergütung in Abhängigkeit von zuvor definierten individuellen Zielen in vielen Unternehmen nicht nur nicht abgeschafft, sondern weiter ausgebaut und nach allen Regeln der Kunst bis zur Perfektion optimiert. Dieser Unfug führt allerdings nicht zu einer besseren Wirksamkeit, geschweige denn zu Wertschöpfung. Vielmehr nährt er die Verschwendung im Unternehmen, ist im Bestfall bloß schädlich und oft in hohem Maße toxisch.

Hier möchte ich zwei Denkmodelle anbieten, die unter anderem eine Grundlage für moderne Führung und den Aufbau einer Höchstleistungsorganisation darstellen könnten. Zum einen die Idee, dass es Einzelleistung nicht gibt, zum anderen die Idee von der Ausrichtung der zu definierenden Ziele auf externe Referenzen – weg von internen Referenzen.

Sehen wir uns das Lösen eines Problems in einem Unternehmen an – und damit meine ich einen externen Reiz, der auf das Unternehmen wirkt und der nicht ignoriert werden darf.

Praxisbeispiel

Preissenkung durch den Wettbewerb

Sie und Ihr Wettbewerber betreiben eine Drogeriefiliale im Zentrum Münchens. Ihr Wettbewerber senkt die Preise seines Sortimentes um 10 %. Das ist ein Problem, welches Ihnen Kunden raubt. Sie können es nicht ignorieren. Jetzt könnten Sie natürlich das Gleiche tun, aber wissend um die nach unten gerichtete Preisspirale, wollen Sie eine andere Lösung finden.

Erst einmal Frau Meier aus der Haushaltsabteilung fragen. Ihr Bonus in Höhe von 20 % hängt vom Abverkauf des Top-Rot-Lippenstiftes ab, den sie gut sichtbar in bester Lage im Regal platziert hat. Doch weniger Kunden bringen auch weniger Absatz und Frau Meier ist verzweifelt und frustriert, sie wird Ihr Ziel nicht schaffen können und denkt schon darüber nach, auch Regalfläche von Herrn Huber mitzubenutzen. Hier finden Sie nicht nur keine Hilfe, sondern erkennen den schädlichen individuellen internen Fokus.

Sie vereinbaren daraufhin mit der neuen Kassiererin, in den nächsten Tagen die Kunden zu beobachten und herauszufinden, welche Produkte diese denn bevorzugt kaufen und nach welchen Produkten sie fragen. Sie kommen zu der Erkenntnis, dass sowohl Badewannenzusätze als auch romantische Kerzen gekauft werden. Besonders oft wird nach der Kuscheldecke von Traum-Design gefragt. Gerade jetzt in der vorweihnachtlichen Zeit scheinen es sich die Leute abends eher gemütlich zu machen anstatt sich herauszuputzen. Sie stellen Ihr Sortiment ein wenig um, platzieren alles rund um einen schönen Kuschelabend, gut sichtbar und ansprechend. Schon bald merken Sie wieder einen Anstieg der Kunden in Ihrer Filiale. Das hätten sie mit dem Top-Rot-Lippenstift allein wohl nicht geschafft.

Die kleine Geschichte soll Sie dazu anregen, Ihren Fokus zum einen auf den Markt zu richten und dort einen Nutzen für Ihre Kunden zu generieren und zum anderen auch Ihre Ziele an diesem Markt zu definieren (externe Referenzen). Gleichzeitig ist zu prüfen, ob individuelle Ziele diesen Fokus nicht blockieren und sogar kontraproduktiv dazu wirken.

▶ **Impuls:** Überlegen Sie ernsthaft, die individuellen Ziele und das MBO-System abzuschalten.

Es gibt Unternehmen, die es sich zum Ziel gesetzt haben, so gut wie alle Wellenbrecher zu eliminieren bzw. ihnen schon bei der Gründung erst gar keinen Raum zu geben. Eins davon ist it-agile:

UNTERNEHMENSPORTRAIT
it-agile GmbH

Das 2005 gegründete Unternehmen **it-agile** ist eine Beratung für agile Unternehmensstrukturen und Wertschöpfungsketten. Die gut 30 Berater unterstützen fachlich und technisch bei der Einführung von Scrum und Kanban auf der Ebene von Projekten, Teams, Abteilungen und ganzen Unternehmen. Sie coachen agile Teams und Führungskräfte und stellen ebenfalls Interims-Scrum-Master und -Product-Owner für Unternehmen zur Verfügung.

Keine Geschäftsführerentscheidungen

Nach Aussage von **Ilja Preuß, bei it-agile verantwortlich für Organisationsentwicklung, Moderation, Executive Coaching**, treffen die zwei Geschäftsführer in ihrer Rolle als solche keine Entscheidungen mehr. In einer anderen Rolle wie z. B. als Marketingexperten schon. Ansonsten beschränken sie sich aufs Unterschreiben.

Vier Entscheidungsverfahren

Bei it-agile werden vier Entscheidungsverfahren konsequent angewendet:

- **Mehrheitsentscheid:** Wenn es laut Gesellschaftervertrag gefordert ist, z. B. bei der Entlastung der Geschäftsführer durch die Mitarbeiterbeteiligungsgesellschaft oder bei der Entscheidung über die Verwendung des Firmengewinns.
- **Konsensbasierte Entscheidungen:** In den Teams oder teamübergreifend: Steht eine Entscheidung an, wird unter allen Anwesenden miteinander diskutiert und eine Entscheidung empfohlen. Erfolgt kein berechtigter Einwand, dann wird die Entscheidung konsensbasiert – inspiriert durch die Soziokratie – getroffen.
- Im Policy Circle: Der Policy Circle setzt sich aus Vertretern aller Teams zusammen und entscheidet über Regeln auf Basis von Regelvorschlägen, die an das Policy Circle herangetragen wurden – ebenfalls konsensbasiert.
- **Konsultativer Einzelentscheid:** Konnte nach 10 bis 15 Minuten keine Konsensentscheidung getroffen werden, wird ein Entscheider gewählt, der nach Konsultation von Kollegen und anderen Betroffenen eine bindende Entscheidung fällt.

- **Einzelentscheidungen – Gembaniero-Modell**: Einmal pro Monat trifft sich die gesamte Firma für einen Tag. Unter anderem wird die Frage gestellt, wie es den einzelnen Teams geht. Sollte ein Team aus dem Tritt gekommen sein und Unterstützung benötigen (häufig auch vom Team selbst gewünscht), wird aus dem Unternehmen ein sogenannter „Gembaniero" gewählt und dem Team zur Verfügung gestellt. Dieser Gembaniero (manchmal auch eine Gembaniera) ist einen Monat lang mit einer direkt wirksamen Entscheidungsbefugnis bzw. einem Durchgriffsrecht ausgestattet, um das Team wieder auf Spur zu bringen. Diesen Gembanieros kommt eine hohe Bedeutung, auch seitens der Geschäftsführung, zu.

Volle Transparenz bei Gehältern

Preuß erzählt, dass die Gehälter seit der Gründung transparent sind. Es gibt im Abstand von ca. 9 % 21 Gehaltsstufen mit jeweils fixen Gehältern. Über eine Excel-Liste haben alle Mitarbeiter volle Transparenz über alle Gehälter.

Eine **relative Fairness** wird mithilfe von vier jeweils für ein Jahr gewählten **Gehalts-Checkern** erreicht. Immer zum halben Jahr sind Gehaltserhöhungen möglich. Steht z. B. im Juli wieder eine Erhöhungsrunde an, sollte der Mitarbeiter den Gehalts-Checkern seinen Erhöhungswunsch spätestens im Mai mitteilen. In einem konsultativen Entscheidungsprozess spricht der Mitarbeiter mit drei bis fünf in jedem Einzelfall sinnvoll ausgewählten Kollegen über den Erhöhungswunsch in Anwesenheit eines Gehalts-Checkers. Hier werden Aspekte wie „Beitrag des Mitarbeiters zum Umsatz und Ertrag" besprochen. Nach einer anschließenden Selbstreflektion, bei der der Mitarbeiter seinen Erhöhungswunsch auch wieder rückgängig machen kann, geht es in die finale Entscheidung durch die Gehalts-Checker. Dieser Prozess hat sich über mehrere Jahre des Experimentierens und Weiterentwickelns inzwischen so eingependelt.

Volle Transparenz bei Geschäftszahlen

Ebenfalls transparent und zugänglich sind alle Verzeichnisse mit Geschäftszahlen, Kundenangeboten etc. Da viele Zahlen für sich zunächst noch nicht wirklich aussagekräftig sind, wird Transparenz durch die Aufbereitung der Daten durch einen Mitarbeiter, der diese Rolle innehat („Graf Zahl"), erzeugt.

Keine Hierarchie

Beide Geschäftsführer sind formal von der Mitarbeiterbeteiligungsgesellschaft gewählt, arbeiten aber in anderen Rollen genauso in den Teams mit wie jeder andere Berater. Es gibt insgesamt vier Business-Teams mit Beratern und ein Backoffice-Team („Moneypennies") für übergreifende Aufgaben wie Rechnungen. Insofern liegt hierdurch die einzige Einschränkung in Bezug auf autarke interdisziplinäre Teams vor.

Unternehmensziele ohne Gewinnmaximierungsabsicht

Es gibt bei it-agile weder Einzelziele noch klar vereinbarte monetäre Unternehmensziele. Seit Jahresanfang 2016 ist vereinbart, dass it-agile keine Gewinnmaximierung betreiben will, sondern den Fokus auf „Entwicklungsorganisationen" sowie zufriedene Mitarbeiter und zufriedene Kunden richtet.

„Überleben ist wichtiger als Spaß haben, was wichtiger ist als reich werden", so Ilja Preuß. Die Gewinne, die nicht der Stärkung der Unternehmenssubstanz zugeführt werden, werden dann zu 100 % an die Shareholder (ca. 15 % Gründer, 65 % Mitarbeiter, 20 % Muttergesellschaft) ausgeschüttet.

Starker interner Bezug für noch stärkeren externen Bezug

it-agile hinterfragt sich permanent und bewusst selbst. Manchmal muss ein Mitarbeiter dabei schon ein dickes Fell mitbringen, weil es sehr anstrengend ist, sich um beides zu kümmern. Es gilt aber die Devise: Nur, was intern erfolgreich verprobt und praktiziert wurde, wird auch beim Kunden eingesetzt. So hat sich schon einmal für sechs Wochen ein Team formiert und eingeschlossen, das konsequent Lean-Start-up-Methoden ausprobiert hat.

Strukturdominanz auf Basis agiler Werte und Prinzipien

Die laufend beobachtete Struktur dient it-agile als Werkzeug, um die Werte und Prinzipien umzusetzen.

Keine Planung, keine Budgetierung – nur Ideenkapital für Experimente

it-agile prognostiziert die kommenden 2 Monate und fragt, was dafür zu tun ist. Um dennoch strategisch zu planen, findet dreimal pro Jahr mit dem gesamten Team ein zweitägiger „Tuning day" im Open-Space-Format statt. Der Fokus liegt hierbei mehr auf Themen denn auf Zahlen. Einmal pro Monat trifft sich das gesamt Team für ein „Team Swarming", um operative und Ad-hoc-Themen zu besprechen. Permanent kümmern sich „Zentrumszellen" um z. B. Marketing und Konferenzen. Eine Kollegin bei it-agile bezeichnete die Mitglieder des Unternehmens auch als „Change Junkies", die großen Wert auf Fail-Safe-Experimente legten.

Persönliche Weiterbildung wird dezentral abgestimmt und genehmigt

Die persönliche Weiterbildung wird mit drei bis vier Kollegen in Form einer Peer Group abgestimmt. Die Wünsche und Empfehlungen werden dann vom Business Team, welches gewinn- und verlustverantwortlich ist, reflektiert und genehmigt.

Aufgabenverteilung nach dem Pull-Prinzip

Jeder kann sich für die Aufgaben selbst empfehlen. So wird laut Preuss ein höchstmöglicher Fit zwischen Stärken, Talenten und Wünschen erzielt. Zuordnungen werden soweit wie möglich vermieden. Dennoch muss sich immer auch jemand für diejenigen Aufgaben finden, die ungern übernommen werden.

Denkwerkzeug: Die Welle der Wirksamkeit – die optimale Balance finden

Unsere Unternehmen – ein bipolares Spielfeld

Amazon

Gestern saß ich mit dem Leiter des Amazon-Verteilerzentrums München zusammen und wir sprachen darüber, wie Amazon es schafft, eine Bestellung innerhalb eines Tages ausliefern zu können. Wir philosophierten von optimierten Wegen, die Artikel aus dem Regal zu holen, bis hin zur Beladung der eigenen Verteilerfahrzeuge nach kürzesten und effizientesten Routen. Alles schien mir nach Effizienzkriterien ausgerichtet zu sein. Ergänzend wurde mir berichtet, dass sogar wenn ein Fahrer ausfällt dafür Sorge getragen wird, dass umgehend ein Ersatz zur Verfügung steht. Ich war beeindruckt, mit welcher Präzision vorgegangen wird und welcher Fokus auf den einen besten Weg gelegt wird. Fahrer und Verteiler arbeiten nach strengen Vorgaben und in engen Zeitfenstern. Jedes noch so kleine Rädchen greift ineinander, jede noch so kleine Abweichung wird kontrolliert, gemessen, bewertet und ggf. angepasst.

Wir wechselten das Thema, ich sprach die Idee mit den Drohnen an, die von der Presse als Auslieferungseinheiten beleuchtet worden waren. Doch bevor wir das Thema vertiefen konnten, erzählte mir mein Gegenüber voller Stolz von der neuesten Idee in Sachen Lieferung. Amazon ist gerade mit einem großen Automobilhändler in Gesprächen, um zu überlegen, wie man direkt in den Kofferraum des Kunden liefern könnte. Man wisse zwar noch gar nicht, ob das von den Kunden angenommen würde, es gäbe aber schon die ersten Dialoge mit Kunden. Auch die ersten Experimente dazu liefen bereits. Die Augen meines Gegenübers fingen an zu leuchten, als er in die Details ging, mir von den Herausforderungen und Problemen erzählte, von der vielen Arbeit, die noch zu erledigen sei und von den offenen Ergebnissen. Es scheint fast so, als ob jemand anderes vor mir sitzt. Eben noch der Optimierer, Anweiser, Kontrolleur, jetzt der Kreative, Innovative, Experimentator, der Wirksamkeit erzielen will und der Maßstab für den Wettbewerb sein will.

In vielen Gesprächen beobachten wir im Moment eine neue Strömung in der Arbeitswelt. Viele nennen diese Strömung **New Work, Management Y** oder **agile Organisation**.

Wir tun uns mit den herkömmlichen Methoden, die wir noch in unseren Studien der Betriebswirtschaft kennen und schätzen gelernt haben, zunehmend schwer, heutige Probleme zu lösen. Alles scheint dynamischer, vielschichtiger, komplexer zu werden. Der Wettbewerb ist global und kommt ständig mit neuen Innovationen daher. Wir wollen die Kontrolle behalten und haben sie doch verloren. Mehr Einsatz führt dabei nicht gleichzeitig zu mehr Ertrag. Es ist verzwickt. Viele bemerken dies und versuchen, noch stärker in die Planung, Konzeption und Kontrolle zu gehen. Woanders entstehen hingegen Sinngemeinschaften, die sich dieses Themas annehmen: **Intrinsify.me**, **Management 3.0** und **Augenhöhe** mögen drei Netzwerke stellvertretend dafür sein.

Haben Sie eine klassische Managementlehre durchlaufen? Dann kennen Sie nur zu gut, wie es sich heute anfühlt, mit und trotz Command & Control an vielen Stellen nicht mehr effizient zu sein.

Beschäftigen wir uns näher mit den Netzwerken der New Work, so finden wir dort viele spannende Aspekte. Leider auch die ein oder andere moralische Diskussion in dem Sinne: „Das Neue ist gut und Hierarchie ist schlecht".

Und genau das glauben wir eben nicht.

▶ **Impuls:** Gelangen Sie über eine problemabhängige Herangehensweise auf die Welle der Wirksamkeit.

Es gibt kein schwarz oder weiß, kein oben oder unten, kein: Das Eine ist aber besser als das Andere. Vielmehr verfolgen wir den Gedanken, dass, je nach dem zu lösenden Problem, mal klassische Strukturen, mal neue Herangehensweisen die größten Effekte erzielen.

Um dieses zu verdeutlichen, haben wir die Welle entwickelt, auf der jedes Unternehmen seinen „Spot" finden kann.

▶ **Impuls:** Denken Sie in Richtung „Best of both worlds".

In klassischen Szenarien galt es meist, den einen besten Weg, das Optimum zu finden. Es galt, so effizient wie nur irgend möglich zu sein. Ganz im Sinne der Geschichte von Amazon in Sachen Logistik gilt es, die eine effiziente Lösung zu finden, die die Wegstrecken optimiert und die die Mitarbeiter findet, die sich genau an den vorgegebenen Prozess halten. Selbst denken ist dann eher Fehlanzeige.

In Situationen, in denen kausale Strukturen vorherrschen, Überraschungen fehl am Platz sind und jeder Schritt geplant und in einem Prozess umgesetzt werden kann, befinden wir uns im Bereich komplizierter Probleme.

Bei dieser Art von Problemen ist **Effizienz** das Leitmotiv. Es gilt eben genau diesen einen besten Weg zu finden.

Im Gegenzug dazu gilt es in komplexen Situationen ebenfalls, Wirksamkeit an den Tag zu legen, aber zusätzlich mit Überraschungen umgehen zu können, vorbereitet zu sein, Experimente durchzuführen, anzupassen und es erneut zu versuchen. Dieser als modern bezeichnete Ansatz steht den klassischen Vorgehensweisen diametral gegenüber. Hier ist Effektivität das Leitmotiv.

▶ **Impuls:** Differenzieren Sie immer zwischen Effizienz und Effektivität.

Unternehmen sind in der Realität tagtäglich Problemen ausgesetzt, die beide Bestandteile beinhalten und damit sowohl die Ausrichtung auf Effizienz als auch auf Effektivität als Leitmotiv erfordern.

Lässt sich das Komplizierte überhaupt vom Komplexen trennen? Natürlich nicht! Sieht man sich heute in den Unternehmen um, dann entstehen die meisten Aufgaben aus einer Verflechtung beider Bestandteile. So gilt es nicht nur den komplizierten Prozess mit Bravour zu meistern, sondern obendrein noch passend auf Unwägbarkeiten zu reagieren. Toyota geht diesen Weg seit mehreren Jahrzehnten mit seiner **Toyota KATA**.

Ein schönes Beispiel für die Synthese von Kompliziertheit und Komplexität bzw. von Effizienz und Effektivität liefert VAUDE:

UNTERNEHMENSPORTRAIT
VAUDE Sport GmbH & Co. KG

VAUDE wurde 1972 gegründet und zählt inzwischen 522 Mitarbeiter. Das Familienunternehmen konzentriert sich auf die drei Geschäftsbereiche Mountain Sports, Bike Sports und Packs 'n Bags. VAUDE steht für einen partnerschaftlichen Umgang mit der Natur und mit den Menschen. Damit die Menschen von morgen die Natur genießen können, strebt das Unternehmen danach, zum nachhaltigsten Outdoor-Ausrüster Europas zu werden und die gesamte Produktpalette Schritt für Schritt maximal umweltfreundlich herzustellen.

Chef-Entscheidungen nur bei Strategiethemen und Großinvestitionen, ansonsten demokratische Entscheidungsverfahren

Hierzu gibt uns **Miriam Schilling, Personalleiterin bei VAUDE** folgende Einblicke: „Als 2009 Antje von Dewitz die Geschäfte von Ihrem Vater Albrecht von Dewitz, dem Unternehmensgründer übernahm, beschloss sie, den zuvor eher patriarchischen Führungsstil zu ändern. Sie entschied, dass die Mitarbeiter deutlich mehr Kompetenzen und Entscheidungsbefugnis im Tagesgeschäft erhalten sollten. Dafür wurden bereichs- und hierarchieübergreifende Gremienstrukturen realisiert.

Die Gremien bestehen je nach Thema aus einer verschieden großen Zahl an Mitarbeitern. Diese Gremien können bis zu einem bestimmten Budget selbstständig entscheiden. Eine besondere Bedeutung kommt dem Bereichsleitergremium „BERG" zu, das mit allen Bereichsvertretern über höhere Investitionen entscheiden darf. Erst bei Großinvestitionen sowie bei strategisch-visionären Themen werden die Geschäftsleitung und der Beirat miteinbezogen."

Hohe Transparenz, auch bei Gehältern

Alle Informationen werden über das Intranet an die Mitarbeiter kommuniziert. Budgetplanung und Geschäftszahlen werden für alle Führungskräfte zugänglich gemacht und transparent dargestellt. Auf der Entlohnungsseite kann jeder Mitarbeiter nachvollziehen, in welchen Gehaltsbändern und Bonusstrukturen sich die einzelnen Mitarbeiter befinden. Einzig die konkrete Ausprägung ist nicht transparent. „Das war erst ungewohnt für die Mitarbeiter, die Mitarbeiter haben sich aber inzwischen daran gewöhnt", so Miriam Schilling.

Unternehmensboni auf Basis von Umsatz- und EBIT-Zielen

Die Boni werden grundsätzlich an Umsatz- und EBIT-Zielen festgemacht. Ab einer bestimmten Funktionsstufe gibt es zusätzlich individuelle Ziele. Vaude beschäftigt sich aber momentan mit Teamboni, die mit den Unternehmenszielen einhergehen. Auch eine Unternehmensbeteiligung für Mitarbeiter wird geprüft.

Tendenz zu flacheren Hierarchien

Das Unternehmen hat in den letzten Jahren mit einer Bereichsleiter-, einer Abteilungsleiter- sowie einer Teamleiter-Ebene Hierarchien aufgebaut. Um internes Mit-sich-selbst-Beschäftigen wieder stärker zurückzufahren, wird laut Schilling zurzeit überlegt, „die Hierarchien flacher zu gestalten und agiler zu werden. Hier finden evolutorische Prozesse statt", die für viele Unternehmen nicht ungewöhnlich sind.

Projektbezogener Einsatz interdisziplinärer Teams:

Interdisziplinäre Teams werden bei VAUDE projektbezogen, z. B. im Rahmen von regelmäßig stattfindenden Kampagnen-Projekten, bei der Marketing-, Produkt- und Vertriebsmitarbeiter zusammenarbeiten, intensiv genutzt.

Ideenkapital und Innovation-Scouts

Seit Anfang des Jahres hat VAUDE ein eigenes Ideenmanagement aufgebaut, das durch Innovation-Scouts gesteuert wird. Dafür gibt es ein eigenes Jahresbudget. Sollten neue

Ideen entstehen, die im Einzelfall 10.000 Euro überschreiten, entscheidet dafür wieder das BERG-Gremium. Bei positiver Entscheidung erfolgt die Beauftragung auch außerhalb der Budgetplanung.

Interner und externer Bezug halten sich die Waage:

Gerade in Planungs-, Preisfindungs- und Projektphasen sind Mitarbeiter durch viele Meetings stark gebucht, was einer Kundenfokussierung eher abträglich ist. Auf der anderen Seite widmet sich VAUDE sehr stark der Zusammenarbeit mit vielen NGOs und politischen Organisationen, um Nachhaltigkeitsthemen zu fördern. Geplant ist auch ein Projekt namens „Voice of the Consumer", um die Kunden noch stärker in die Zusammenarbeit bei der Ideenfindung und der Produktentwicklung einzubeziehen.

Wertedominanz aus tiefer innerer Überzeugung

In dem Unternehmen herrscht eine ausgeprägte Vertrauenskultur. Es wird grundsätzlich an das Gute im Menschen geglaubt. So arbeiten die meisten Mitarbeiter für den höheren Sinn, Natur und Mensch in Einklang zu bringen. Sie sind in der Regel passionierte, sehr naturverbundene Sportler, die Gutes erzielen wollen. Antje von Dewitz ist hier ein „Strahlbild", indem sie die Werte visionär vorlebt.

Passung zur Aufgabe

VAUDE differenziert sehr bewusst zwischen klassischer Arbeitsorganisation z. B. im gewerblichen Kontext, wo der Mensch z. B. beim „Pakete packen" eher zur Aufgabe „passen" muss, und Personal- und Marketing-Themen, wo die Aufgaben eher durch die Mitarbeiter gestaltet werden können. Der Versuch klarer und ausführlicher Stellenbeschreibungen wird tendenziell nicht weiterverfolgt, um mit eher rollenbasierten Arbeitsmodellen experimentieren zu können.

Wertschätzender Umgang mit Mensch und Natur

VAUDE arbeitet sehr wertschätzend gegenüber Mensch und Natur. Nur in Bezug auf Lob bezeichnet Miriam Schilling das Unternehmen selbstkritisch als noch zu schwäbisch: „Wir könnten mit Lob noch viel großzügiger sein. Andere zu loben, fällt uns oft noch schwer." Auch bei der Besetzung von Projekten werden eher noch zuerst die Führungskräfte gefragt, bevor Mitarbeiter gefragt werden oder diese sich selbst in Projekte einbringen können.

VAUDE hat ein extrem starkes und wertvolles Fundament und kann als Perle im Outdoor-Segment bezeichnet werden. Diverse klassische Ausprägungen werden im Rahmen der weiteren evolutorischen Entwicklung des Unternehmens zu agileren Strukturen transformiert und zu noch stärkerer Potenzialentfaltung genutzt.

Seinen Spot auf der Welle der Wirksamkeit finden

Wenn man sich die heutige Wirtschaftswelt und die Märkte, auf denen wir als Unternehmer und Führungskräfte agieren, ansieht, kann man eine fast erdrückende Dynamik und Komplexität feststellen. Man kann sich fast des Gedankens nicht mehr erwehren, dass da ein sehr dynamischer und komplexer Tsunami auf uns zurollt.

> „Die Welt der Wirtschaft wird sich in den kommenden Jahren aller Voraussicht nach extrem schnell verändern. Insbesondere die digitale Wertschöpfung wird explodieren und die Unternehmen, die Geschäftsmodelle, ja die gesamte Konzeption von Arbeit herausfordern."
> *Reinhard K. Sprenger (1953), deutscher Managementbuch-Autor, aus „Das anständige Unternehmen"*

▶ **Impuls:** Vermeiden Sie den Reflex, den durch Marktdynamik verursachten Kontrollverlust mit noch mehr Kontrolle bekämpfen zu wollen.

Anstatt, dass sich Unternehmen auf die Welt zunehmender Komplexität einrichten, beobachten wir immer und immer wieder den gleichen Reflex: Auf die Dynamik und Komplexität des Marktes reagieren sie mit einem Mehr vom bereits Vorhandenen und dessen Intensivierung. Natürlich merken die Unternehmen auch, dass mit mehr Einsatz nicht automatisch mehr Ertrag einhergeht. Doch das wollen sich viele Firmenlenker nicht eingestehen. Das Hamsterrad dreht sich schneller, die Verschwendung steigt und das Einkommen sinkt.

Praxisbeispiel

Trotzdem sinkende Erträge

Ein weiteres Phänomen ist oft zu beobachten: Irgendwie merkt das Unternehmen, dass es nicht mehr so rund läuft wie früher und die internen Ziele nicht mehr mit entsprechender Leichtigkeit erfüllt werden können. Man strengt sich deshalb noch mehr an. Und siehe da, in einigen Fällen geht es sogar bergauf und Abteilung um Abteilung erfüllen alle wieder ihre Ziele. Doch, oh Wunder, auch hier nehmen die Margen ab, die Wertschöpfung fällt, die Qualität sinkt, immer mehr Mitarbeiter geraten in einen Burn-out und obendrein sind die Kunden nicht mehr wirklich zufrieden.

Hier können wir beobachten, dass die internen Ziele nicht mehr zu den externen Anforderungen passen. Diese, wir nennen sie auch **externe Referenzen**, verändern sich ständig. Es kommen Wettbewerber mit neuen Ideen auf den Markt, Kunden wollen mehr und individuellere und auf ihre genauen Bedürfnisse hin zugeschnittene Produkte und Services. Wo gestern noch ein Markt für mobile Telefone war, hat heute jeder sein smartes Device dabei, das unverschämterweise auch noch telefonieren kann.

Der äußere Kontext ändert sich ständig aus allen Richtungen. Die interne Übersetzung dieser externen Referenzen bleibt gleich oder zieht sich in monatelangen Strategieprozessen so lange hin, dass sie nach der Umsetzung schon wieder veraltet ist.

Früher ging das noch, da konnte man die äußeren Reize sehr einfach in interne Ziele verwandeln, diese internen Ziele erfüllen, damit die Kundenprobleme lösen und alles war gut. Heute ändern sich die Kundenanforderungen häufiger und schneller, die Überraschungen nehmen zu, eine Anpassung an die internen Ziele unterbleibt oder ist zu langsam oder zu teuer. Wer möchte schon ständig die große Prozessmaschine anwerfen und alle Änderungen, die da so kommen, einbauen. Das wäre wahrscheinlich auch eine Verschwendung, denn die nächste Überraschung steht ja schon vor der Tür.

▶ **Impuls:** Die Komplexität des Marktumfelds bestimmt den erlaubten Grad der Selbstbeschäftigung.

Je komplexer das Marktumfeld ist, desto weniger sollten interne Ziele im Vordergrund stehen und desto mehr muss alles Arbeiten an den Bedürfnissen der Kunden ausgerichtet sein! Hier steckt auch des Pudels Kern der digitalen Transformation: Es geht letztlich im Rahmen immer dynamischer werdender Märkte um die Erzielung höchstmöglicher Kundenzentrierung.

Wenn nicht meine internen Ziele im Vordergrund stehen, was denn dann?

„Das Ziel ist es nicht, zu gewinnen, sondern die Fähigkeit der Organisation zu stärken, sich zu entwickeln, sich stetig zu verbessern, zu adaptieren und dynamische Kundenanforderungen zu befriedigen." *Mike Rother: „Die Kata des Weltmarktführers – Toyotas Erfolgsmethoden"*

Was ist denn der Unterschied zwischen einem Ziel und einem Zielzustand?

Praxisbeispiel

Fußgängerampel

Ziele beispielsweise sind: Baue eine Fußgängerampel. Lehre die Regel: „Bei Rot stehen, bei Grün gehen". Messe die Anzahl der Personen, die bei Rot die Straße überqueren. Sind es mehr als drei pro Tag, ist das Ziel nicht erfüllt.

Im Gegensatz dazu steht der **Zielzustand**. Sorge dafür, dass Passanten sicher von einer Seite der Straße zur anderen kommen.

Jetzt kann die Ampel ein Experiment dazu sein. Und nach einer Weile werden wir merken, dass die Ampel genau an dieser Querung der Straße nicht funktioniert, da ständig Fußgänger die Straße auch bei Rot überqueren und es schon zu einigen kritischen Situationen gekommen ist. Es müssen also Ideen für etwas anderes her, die sich in Richtung unseres Zielzustandes bewegen.

Der definierte Zielzustand gibt Leitlinien für diejenigen, die an den Ideen arbeiten, einen Rahmen für die Organisation und seine Strategie. Der Zielzustand schweigt, er gibt nicht vor, wie etwas zu tun ist, wohl aber *wozu* das Ergebnis dienen soll.

Einige Unternehmen fangen an, so zu ticken. Viele geben sich allerdings auch noch zu gerne ihren internen Zielen hin.

Zwei zentrale Punkte sind also in dynamischer Umgebung wirksam:

- Zum einen die Organisation, die Aufgabe oder das Problem, welches sich aus dem externen Reiz ergibt, der nicht ignoriert werden kann.
- An zweiter Stelle der Zielzustand der Organisation, der Aufgabe und des Problems.

Was wirkt denn jetzt wie in welcher Situation?

▶ **Impuls:** Setzen Sie die falschen Strukturelemente ein, droht Verschwendung und Wirksamkeitsverlust.

Navigieren Sie mit Ihrem Unternehmen in einem dynamischen und komplexen Markt, wirken eher Strukturelemente wie agile Methoden, partizipative Strukturen, kundenfokussierte Vorgehensweisen und Dialog. Bei derart komplexen Aufgaben würden Sie mit klassischen Pendants wie Planung, Budgetierung, Meilensteine, formale Steuerung und Hierarchie massiv an Wirksamkeit verlieren. Umgekehrt gilt das natürlich genauso: Haben sie eine komplizierte Aufgabe, verschwenden Sie mit agilen Methoden nur unnötig Ressourcen. Werfen wir daher nun einen Blick auf die Welle der Wirksamkeit.

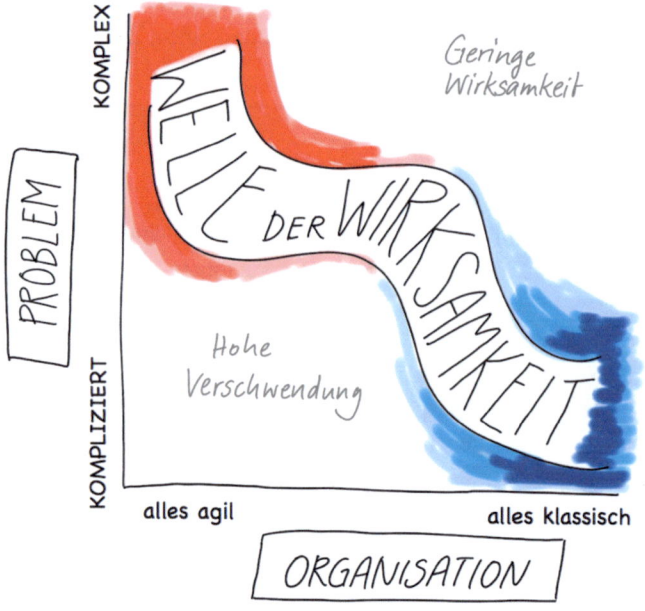

Die Welle der Wirksamkeit

Die Matrix „Welle der Wirksamkeit" ist sozusagen das Herzstück des Buches. Mithilfe dieser Grafik kann jedes Unternehmen seinen „Spot" finden und erkennen, welche Maßnahmen zu ergreifen sein könnten, um (wieder) auf die Welle der Wirksamkeit zu gelangen. Doch werfen wir zunächst einen Blick auf die Dimensionen:

Eine Achse der Matrix spiegelt den Grad der Komplexität eines zu bewältigenden Problems wieder. Ein Problem kann dabei hochkomplex sein oder im komplizierten Bereich liegen. Probleme von sehr geringer Kompliziertheit nennen wir trivial.

Die zweite Achse beschreibt die Ausrichtung der Organisation. Nutzen Sie als Organisation eher klassische Strukturen, Werkzeuge und Vorgehensweisen oder sind Sie eher agil organisiert und aufgestellt?

Die von rot nach blau verlaufende Welle gibt Hinweise für potenzielle Strukturelemente, die zum Komplexitätsgrad des Problems passen.

Wie können Sie die Welle der Wirksamkeit für Ihr Unternehmen sinnvoll anwenden, um Ihre Wirksamkeit zu steigern?

Handlungswerkzeug: Die 7-Schritte-Methodik

- **Schritt 1** – Den Kopf heben und den Blick nach außen richten
- **Schritt 2** – Das Problem erkennen
- **Schritt 3** – „Komplex" oder „nicht komplex" bestimmen
- **Schritt 4** – VUKA-Audit
- **Schritt 5** – Die Mannschaft finden („Team Flow")
- **Schritt 6** – Ein Labor aufsetzen und ein Experiment durchführen
- **Schritt 7** – Iteration und Adaption anwenden

Schritt 1 – Den Kopf heben und den Blick nach außen richten

Sehr oft optimieren Unternehmen ihre inneren Abläufe und streben nach der Erfüllung der intern gesteckten Ziele. Dabei lassen sie wichtige Chancen aus, die sich bei einem Blick auf den Kunden, auf den Markt, auf den Wettbewerb und in die Zukunft ergeben würden. Oft haben die internen Ziele nichts mehr mit der tatsächlichen Wertschöpfung bzw. den Bedürfnissen externer Referenzen zu tun.

Schritt 2 – Das Problem erkennen

Um welche Aufgabe, um welches Problem handelt es sich? Es steht eine Aufgabe für die Organisation an. Es ist ein Problem zu lösen, dem man sich nicht entziehen kann. Ist das Problem beschrieben, kann man sich der Welle der Wirksamkeit mit der Frage nach der Komplexität nähern.

Schritt 3 – Den Komplexitätsgrad bestimmen

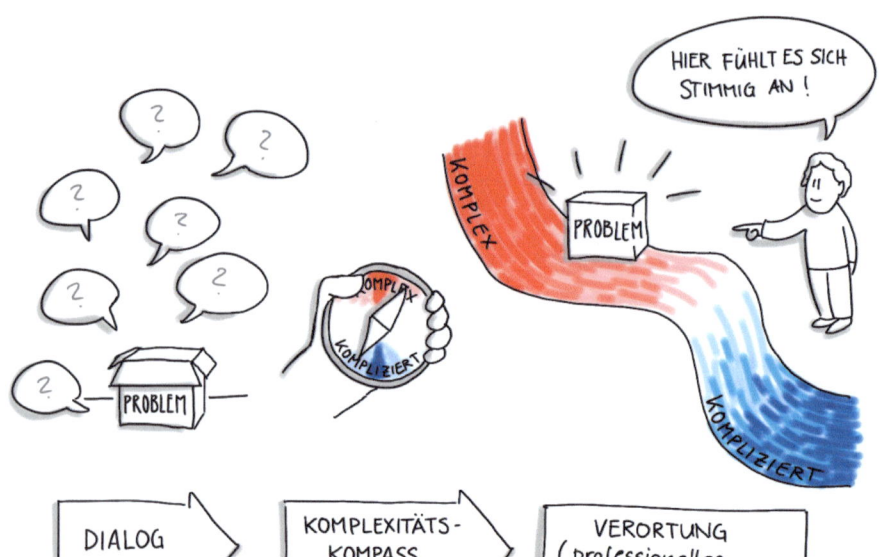

Wie hoch ist der Grad der Komplexität des Problems? Gibt es innerhalb des Problems Bereiche, die kompliziert oder gar trivial sind? Das ist in der Tat keine einfache Fragestellung. Ein Indiz für hohe Komplexität könnte die Anzahl der potenziellen Überraschungen sein, die auftreten können. Je höher man diese annimmt, desto komplexer ist die Aufgabe. Ein weiteres Indiz könnte auch die Änderungshäufigkeit der Anforderung eines Kunden sein. Je häufiger sich seine Anforderungen ändern, desto höher ist die Komplexität der Aufgabe.

Schritt 4 – VUKA-Audit durchführen

Ein VUKA-Audit ist eine systematische Prüfung im Unternehmen mit dem Ziel, Strukturelemente der Organisation auf ihre Wirksamkeit in einer komplexen und dynamischen Umgebung zu reflektieren. Sie besteht aus den drei Komponenten

- Online-a/b-Fragebogen
- Interview
- Kulturbeobachtung

Aus den Ergebnissen können sofort praktische Handlungsfelder abgeleitet werden.

- Wir identifizieren Stärken und Schwächen der Organisation auf dem Weg zur digitalen Transformation.
- Wir zeigen ihr, wo organisatorische Strukturelemente besonders wirken und wo andere die Wirksamkeit blockieren.

Im Rahmen der Kulturbeobachtung erhält man sowohl einen Blick auf die organisationalen Glaubenssätze und auf die ihnen zugrunde liegenden Praktiken als auch einen besonderen Blick auf das soziale Theater in einem Unternehmen.

Durch Sichtbarmachung der Glaubenssätze kann eine tiefgreifende Erkenntnis entstehen, die oft auch eine schnelle Änderung bei den Strukturelementen nach sich zieht und damit die Wertschöpfung nachhaltig verbessert.

Schritt 5 – Die Mannschaft finden („Team Flow")

Aus der Kulturbeobachtung bekommt man ein sehr gutes Gefühl, welche Talente sich von einem Problem angesprochen fühlen. Hier gilt es, Passung zwischen der Aufgabe und den Personen herzustellen, die die Aufgabe lösen werden und wollen. Die altbekannte statische Skill-Matrix wäre an dieser Stelle zu kurz gesprungen.

Schritt 6 – Ein Labor aufsetzen und ein Experiment durchführen

Welche Strukturelemente können meine Wirksamkeit steigern? Hat man eine grobe Einteilung gefunden, findet man in der Welle der Wirksamkeit Impulse, Vorschläge und Anregungen zu möglichen Werkzeugen oder Vorgehensweisen (Praktiken).

Für jedes Unternehmen, für jede Organisation herrscht ein eigener Kontext vor, eine andere Umgebung, die nicht mit anderen Unternehmen verglichen werden kann. Der Kontext bestimmt das Verhalten, welches von externen Beobachtern wahrgenommen wird. Daher kann das eine Tool aus der Welle der Wirksamkeit für das eine Unternehmen überhaupt nicht wirksam sein, für das andere Unternehmen aber zu unfassbarem Erfolg führen. Die Instrumente der Welle bieten also zahlreiche, hilfreiche Anregungen – nicht mehr, aber vor allem auch nicht weniger – welche jedes Unternehmen individuell für sich bewerten muss. Und am besten erfolgt diese Bewertung nicht durch einzelne Entscheider, sondern ein interdisziplinäres Team von kundennahen Mitarbeitern.

Schritt 7 – Iteration und Adaption anwenden

Welche Experimente führen zum Erfolg? Mit den hier enthaltenen Tools, Modellen und Methoden kann das Unternehmen schon einmal anfangen zu experimentieren. Durch Iterationsschleifen mit den Schritten Planen, Handeln, Prüfen und ggf. Anpassen (build – measure – learn) kann das Unternehmen feststellen, ob es mit den definierten Annahmen und den zu Hilfe genommenen Tools seinem Zielzustand näher kommt.

An dieser Stelle möchten wir Ihnen ein sehr außergewöhnliches junges Unternehmen vorstellen, welches sich sehr stark an der externen Referenz orientiert und sich ständig selbst infrage stellt:

UNTERNEHMENSPORTRAIT
Pirate Summit GmbH

Pirate Summit ist im Grunde eine Event- und Matchmaking-Plattform und, nach Aussage von **CEO und Co-Founder Till Ohrmann**, „Europas verrücktester Start-up-Konferenz-Veranstalter". Das Unternehmen bringt mit aktuell 20 Mitarbeitern die treibenden Kräfte der digitalen Welt zusammen, nämlich early stage Start-ups, Investoren und Unternehmensführer.

Minimale Chefentscheidungen

Entscheidungen der Geschäftsführer reduzieren sich auf gesellschaftsrechtliche Entscheidungen oder auf Korrekturentscheidungen von ganz wenigen „strategischen Falscheinschätzungen". Strategien werden offen diskutiert, gemeinsam festgelegt und schließlich nur noch formal durch die Geschäftsführung abgezeichnet.

Demokratische Entscheidungsverfahren

Bei Pirate Summit werden zwar demokratische Entscheidungsverfahren angewendet, diese aber nicht bewusst eingesetzt: Departmentspezifische Entscheidungen (Events, Products, Markets, Communication) werden durch Mehrheitsentscheid sehr schnell getroffen.

Dezentrale Datentransparenz

Am Ende der Skala hinsichtlich starker Datentransparenz steht das US-Unternehmen Buffer, das bekanntlich bei z. B. Umsätzen und Gehältern äußerst transparent ist – realtime und öffentlich über das Internet (Gascoigne und Widrich 2016).

Pirate Summit handhabt das nicht ganz so extrem, aber dennoch sehr transparent bezüglich der Unternehmenszahlen und vor allem den KPIs von Events. Einschränkungen gibt es bei den Gehältern, die nicht transparent gemacht werden.

Klassische Gehälter, dafür große Freiheiten

Da Pirate Summit bei den Gehältern laut Ohrmann „nicht ganz so wettbewerbsfähig ist, gibt es keine freie Gehaltswahl, um Enttäuschungen zu vermeiden". Die Mitarbeiter sind in der Regel durch andere Komponenten begeistert, für das Unternehmen zu arbeiten, z. B.

- Remotes und flexibles Arbeiten
- Hoher Digitalisierungsgrad,
- **Kein Urlaubstracking:** Jeder Mitarbeiter trägt seine Urlaubstage selbst ins System ein – der CEO will die Tage gar nicht tracken und vertraut seinen Mitarbeitern. Selbst bei einer unterschiedlichen Anzahl an genommenen Urlaubstagen gibt es keine Gehaltsabzüge! Das Entscheidende ist, dass die Ergebnisse stimmen.

Keine Individual-, sondern nur Unternehmensziele

Bei Pirate Summit gibt es keine individuellen Incentives. Stattdessen werden 80 % der Gewinne entsprechend einer Umsatz-Gewinn-Matrix (100 % Zielerreichung an einem realistisch erreichbaren Umsatz- und Gewinnknotenpunkt) gleich verteilt an alle Vollzeitmitarbeiter ausgeschüttet. Warum nur an Vollzeitmitarbeiter? „Damit sollen Teilzeitmitarbeiter motiviert werden, sich stärker an das Unternehmen zu binden", so Till Ohrmann. Die restlichen 20 % werden zur Eigenkapitalstärkung und für Wachstum reinvestiert.

Hierarchien werden vermieden

Leadership is defined by Follower: Ein Werkstudent, der Online-Marketing sehr gut beherrscht, oder ein Mitarbeiter, der Wissen und Erfahrung einbringt sowie Vertrauen und Souveränität ausstrahlt, erhält für das spezifische Thema den natürlichen Lead.

Es gibt keine formale Hierarchie. Alle berichten an Till Ohrmann. Die Event- und Veranstaltungsleiter haben Rohertragsverantwortung und damit den 360°-Blick auf ihr Event. Gegenüber Till Ohrmann sind sie nur in der Informationsrolle. Die neu eingeführten drei Departments „Product", „Markets" und „Communication" dienen der Nutzung von Synergien bei großen Konferenzen. Darüber hinaus gibt es noch diverse Spezialistenollen.

Agiles Vorgehen

Es gibt zweimal pro Woche (bei weniger Mitarbeitern früher täglich) 15- bis 30-minütige, virtuelle Meetings über Google Hangout mit allen Mitarbeitern: montags, um innerhalb von 15 Minuten die großen Ziele für die Woche transparent zu machen und die Hindernisse zu adressieren. Freitags für einen 40- bis 60-minütigen Recap, in dem die Unternehmens-KPIs wie Kontostand, Stand der Forderungen, Stand der Darlehen etc. sowie die Event-KPIs ganz transparent von den Verantwortlichen mitgeteilt werden und miteinander über Handlungsbedarf diskutiert wird. Dadurch weiß jeder Mitarbeiter genau Bescheid, wo das Unternehmen steht. Alle identifizieren sich damit auch mit dem Erfolg des Gesamtunternehmens, weshalb es auch – wie oben geschrieben – keine individuellen Incentives gibt. Alle weitere Kommunikation erfolgt über ein Collaboration-Tool („Basecamp").

Externer Bezug tief verankert – die innere Struktur wird laufend optimiert

Es vergeht kein Tag, an dem nicht mit extrem vielen Kunden telefoniert oder gemailt wird, um Events zu planen und Teilnehmer zu akquirieren.

Pirate Summit gibt die Kultur vor, von der das Unternehmen glaubt, dass sie dem Unternehmen guttut. Auf dieser Basis wird beobachtet, entschieden und laufend optimiert. Die gemeinsamen Werte sind laut Ohrmann das Ergebnis der gesetzten Rahmenbedingungen.

Eher klassisch planend

Der strategische Horizont beträgt 3 bis 5 Jahre. Operativ plant Pirate Summit auf eine Sicht von 12 bis 18 Monaten und verfolgt eine ambitionierte zahlengetriebene Erwartungsplanung.

Konsequentes Experimentieren und Verwerfen

Beim Experimentieren in Richtung neuer Formate (Aufsetzen neuer Events in den Bereichen FinTech, InsurTech etc.) ist Pirate Summit nach Aussage von Till Ohrmann ganz nach dem Motto „try often, fail fast" sehr schnell und effizient. Genauso schnell und konsequent werden Misserfolge wieder eingestampft, wenn sie sich als nicht sinnvoll bzw. defizitär erweisen. Das Gute hierbei ist, dass bedingt durch das Geschäftsmodell fast alle Projektideen mit wenig Budget bzw. Ideenkapital umgesetzt werden können.

Der Matrixbereich der „Hohen Verschwendung"

Praxisbeispiel

Einführung moderner Organisationsstrukturen

Wir sitzen in einem Board Meeting und diskutieren die Einführung moderner Organisationsstrukturen. „Jeder macht jetzt auf agil. Das müssen wir auch, sonst hinken wir hinterher!", meint der Vorsitzende. Alle nicken und sofort wird mit der Umsetzung begonnen. Es werden Gremien eingerichtet, die für Entscheidungen zusammentreten und dann auf demokratischer Basis entscheiden. Viele Prozesse werden aufgelöst und enden in einer Diskussion über den besseren Weg. Kommt die Diskussion nicht weiter, wird die Entscheidung in das Gremium gegeben. Peter gefällt die neue Freiheit. Allerdings verpasst er regelmäßig das am Morgen eingerichtete Stand-up-Meeting. Das scheint aber keinen so richtig zu kümmern, da sich alle mit Peter freuen, dass er seine Freiheit jetzt nutzt. Ein Team der Kreativen bildet sich und jeden Tag werden neue Ideen produziert, die im Gremium zur Entscheidung gegeben werden. Externe Meetings und Exkursionen unterstützen die Kreativen dabei. Alle sind der Meinung, das sei gut investiertes Geld.

Evelin ist auch von der neuen Vertrauensarbeitszeit überzeugt. Endlich kann sie jeden Tag Ihre kleine Tochter persönlich aus dem Kindergarten abholen. Das tut ihr mehr als gut und die familiäre Bindung wächst. Sie ist überglücklich mit den neuen Möglichkeiten und erzählt voller Stolz auch all ihren Bekannten vom New-Work-Geist, der in ihrem Unternehmen Einzug gehalten hat. Gestern erst wurde Jans Idee mit sieben zu fünf Stimmen angenommen. Endlich gibt es auch den Vertrauensarbeitsort und jeder kann mit seinem Laptop und Telefon von dort aus arbeiten, wo es ihm Spaß macht. Freiheit pur!

Das nächste Board-Meeting bringt die Überraschung. Stolz präsentiert der Vorsitzende die Ergebnisse der letzten Blitzumfrage. „Die Stimmung der Mitarbeiter hat sich um ganze 11 Prozentpunkte verbessert. Jetzt empfehlen mehr als 80 % unsere Firma weiter und auch die Kündigungsrate geht auf hervorragende 2 % zurück", so der Vorsitzende.

Da meldet sich der in diesen Zeiten häufiger im Hintergrund sitzende Financial Officer der Logistikgruppe und verkündet: „Meine Damen und Herren, den heutigen Tag eingeschlossen haben wir noch 41 Tage, bis unser Unternehmen Konkurs anmelden muss."

Ich lehne mich zurück und denke beim Schreiben dieser Zeilen, ob ich denn nicht maßlos übertreibe bei dieser Geschichte. Doch eine kleine Irritation an der einen oder anderen Stelle kann nicht schaden. In der Tat ist es auch so, dass wir das eine oder andere Unternehmen begleiten, welches nach dem oben beschriebenen Motto startet.

In dem Augenblick bin ich froh, dabei sein zu dürfen. Denn sehr schnell helfen Fragen nach dem Kunden und der Komplexität der Aufgaben und danach, wie die Mitarbeiter und die Gruppe der Menschen mit Führungsaufgaben den Markt und die Umwelt des Unternehmens einschätzen.

Bewegt man sich in einem Umfeld, in dem nach wie vor Effizienz das Gebot der Stunde ist? Dann wird die Einführung moderner Organisationsformen und moderner Führungssysteme sehr schnell zum Bumerang für das Unternehmen. An die Stelle von Effizienz treten zunehmende Ineffizienz und Effektivitätsorientierung, derer zu viel zu Verschwendung führt.

Ist die Aufgabenstellung weniger komplex, sollte sich die Organisation eben weiterhin darauf einstellen und klassische Methoden wie Planung, Budgetierung, formale Steuerung weiter nutzen. Die Zahl der Unternehmen, die in diese Falle laufen, ist jedoch unserer Meinung nach relativ gering.

Auch zeigt die Struktur vieler Unternehmen, dass es ganz unterschiedliche Bereiche gibt, in denen Aufgaben mal weniger, mal mehr komplexer Natur sind, und die daher ihre Wirksamkeit aus der Balance zwischen klassischen Strukturelementen und moderner Wertschöpfung erzielen.

▶ **Impuls:** „Wir sind jetzt agil und modern" kann auch zu Verschwendung führen.

Der Bereich der Verschwendung zeigt auf, wo über die Notwendigkeit hinausgehende, moderne Strukturelemente zu Verschwendung und Ineffizienz führen. Dort scheint es angemessener zu sein, wieder zu den Tugenden klassischer Organisation zurückzukehren und auf Effizienz Wert zu legen!

Der Matrixbereich der „Geringen Wirksamkeit"

Was einst für die Entwicklung von Software galt, sollte heute mehr denn je auch für Organisationen gelten. Ersetzt man bei dem ursprünglichen **Manifest für agile Softwareentwicklung** (Beedle et al. 2001) einfach den Begriff „agile Softwareentwicklung" durch „wirksame Problemlösung", erscheinen die folgenden Zeilen wie das Mantra moderner Organisation und Führung.

Manifest für wirksame Problemlösung
„Wir erschließen bessere Wege, wirksam Probleme zu lösen, indem wir es selbst tun und anderen dabei helfen. Durch diese Tätigkeit haben wir diese Werte zu schätzen gelernt."

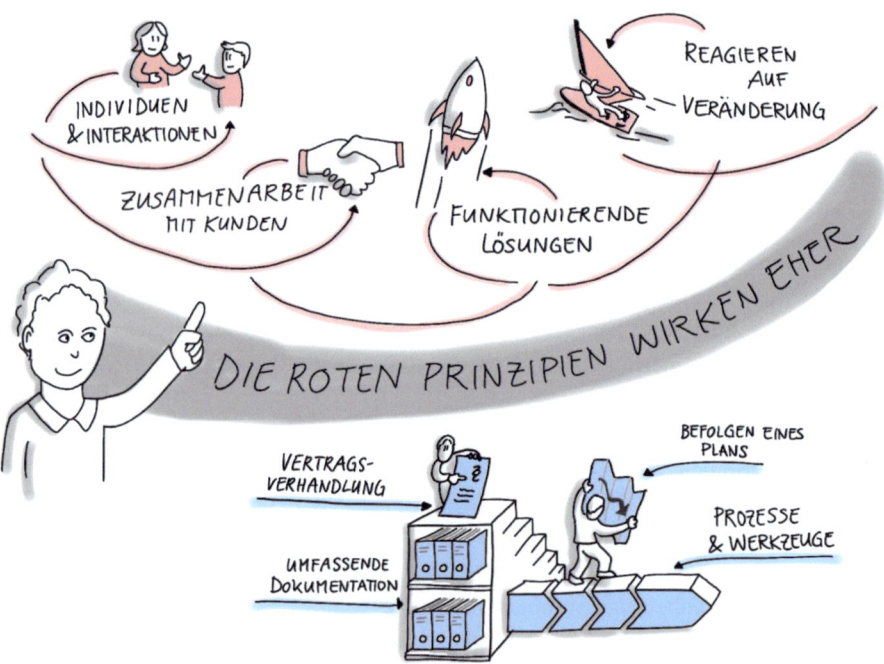

Das heißt, obwohl wir die Werte auf der rechten Seite wichtig finden, schätzen wir die Werte auf der linken Seite höher ein.

▶ **Impuls:** Um Wirksamkeit zu erzielen, bessere Wege zu finden und eine in den Erwartungen des Kunden liegende Lösung zu liefern, wirken die roten Prinzipien eher als die blauen Strukturen.

Übersetzen wir dieses in den Bereich „Komplex und Kompliziert", sind zur Lösung komplexer Aufgaben die Prinzipien des linken Bereiches eher geeignet als die Strukturen des rechten Bereiches.

▶ **Impuls:** Der Versuch, mit klassischen Strukturelementen komplexe Aufgaben zu lösen, führt zu geringer Wirksamkeit.

Der Bereich geringer Wirksamkeit spiegelt uns also zurück, dass wir es mit Aufgaben zu tun haben, die von ihrer Beschaffenheit her eher komplex sind, dazu aber Strukturkomponenten benutzt werden, die nur dazu geeignet sind, komplizierte Aufgaben zu bewerkstelligen. Dort scheint es angemessener zu sein, in Richtung agiler Organisations- und Arbeitsprinzipien der New-Work-Bewegung zu denken und zu handeln.

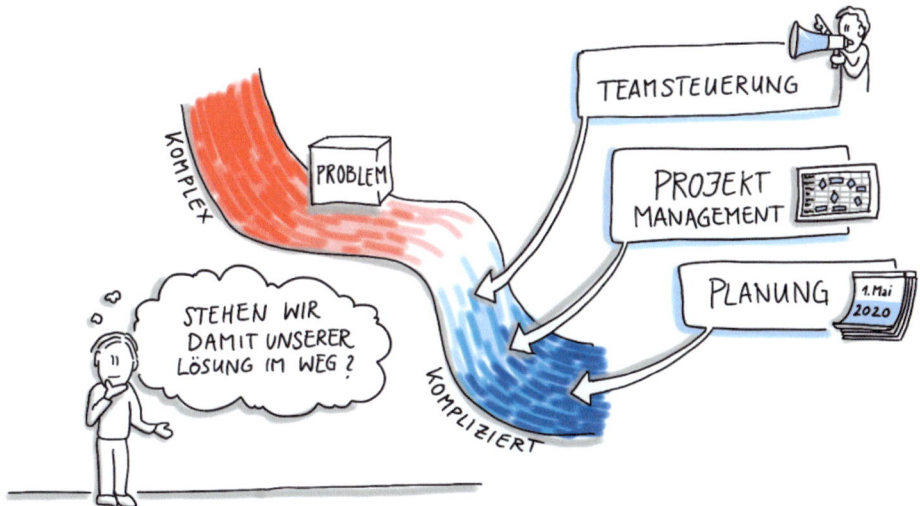

Wenn Sie Lust haben, bietet Ihnen das Buch im Folgenden die Möglichkeit, Ihre über einen Zeitraum verteilten Aufgaben derart zu strukturieren, dass Ihnen der Grad der Komplexität sofort ins Auge fällt.

Auf der Welle der Wirksamkeit

Sie haben jetzt den Blick auf den Markt, den Wettbewerb oder den Kunden gerichtet und festgestellt, aus welcher Richtung der Druck auf Ihr Unternehmen kommt. Sie haben das Problem erkannt. Jetzt ist es an der Zeit zu verstehen, wie hoch die Komplexität tatsächlich ist.

Leider gibt es kein Messgerät, welches Sie auf das Problem richten und dann den Wert der Komplexität ablesen könnten. Die Komplexität zu bestimmen, ist selbst ein komplexes Problem, Sie brauchen daher jemanden in Ihrer Organisation, der dies einordnen kann, einen Könner, der ein Gefühl dafür hat, wie komplex das Thema ist. Jedes Unternehmen hat einen reichen Schatz an Mitarbeitern, die genau dafür extrem wirksam sind.

Hinweise gibt es natürlich schon. Mussten Sie sich bei der Beschreibung des Problems mit folgenden Sätzen auseinandersetzen, könnte es sich um ein sehr komplexes Thema handeln:

- Wie wollen wir das denn angehen, da gibt es doch so viele Facetten?
- Wer könnte uns da bei der Lösung helfen?
- Das Thema hat vielschichtige Ausprägungen und unvorhersehbare Überraschungen.
- Wir wissen ja gar nicht, ob die Entscheidung positiv auf das Problem wirkt.
- Es gibt unzählige Möglichkeiten, wie wir das Problem angehen können.
- Es gibt nur wenige Optionen, die durch einen Standard abgedeckt werden können.
- Da spielen viel zu viele Köche mit.

Je vielschichtiger das Problem ist, je mehr Vernetzungen es gibt, je größer das Entscheidungsfeld ist und je unbestimmbarer die Folgen einer Entscheidung sind, desto größer ist die Komplexität des Problems.

Niels Pfläging spricht in seinem Buch *Komplexithoden* vom „Maß der Menge der Überraschungen":

> Komplexität ist das Maß für die Menge der Überraschungen, mit denen man rechnen muss. *Niels Pfläging, Berater, Autor und Redner, aus Komplexithoden, Seite 1*

Maria Pruckner spannt den Begriff in Ihrem Buch noch etwas weiter:

> Der Begriff Komplexität steht für die Gesamtheit aller erwünschten und unerwünschten Merkmale und Möglichkeiten eines Systems, wenn es eine unermesslich hohe Anzahl verschiedener Eigenschaften, Verhaltensweisen, Varianten, Wahl- bzw. Reaktionsmöglichkeiten hervorbringen kann. *Maria Pruckner, Beraterin und Autorin, aus Die Komplexitätsfalle, Seite 19*

Praxisbeispiel

Bau eines Bürogebäudes

Der Bau unseres Bürokomplexes verlief eher kompliziert und nach einem klar definierten Prozess. Jedes einzelne Gewerk musste genau zu dem Zeitpunkt angeliefert werden, als das vorhergehende fertiggestellt und abgenommen war. Die Arbeiten waren genau geplant und griffen Hand in Hand.

Natürlich gab es mitunter auch komplexere Bauabschnitte und einige Überraschungen, die unser Bauleiter aber mit Bravour meistern konnte. Egal, ob es einmal falsch gelieferte Bodenfliesen waren oder ob der Gas-Hausanschluss an einer anderen Stelle besser platziert wäre als in der Planung: Die Anzahl der Überraschungen blieb letztendlich eher gering und die Vernetzung niedrig. In der Summe verlief der Hausbau reibungslos und das Gebäude wurde zur Zufriedenheit des Kunden fertiggestellt.

Der Bau des Bürogebäudes: ein eher kompliziertes Problem

X

komplex ←————————————————————→ **kompliziert**

Probleme, die überwiegend kompliziert sind, kennen wir sehr gut. Sie waren über viele Jahre hinweg mehr oder minder Standard in den Unternehmen und existieren natürlich auch heute noch, nur bei Weitem nicht mehr so zahlreich. Auch die Mittel und Strukturkomponenten, um diese Art von Problemen wirtschaftlich und optimal zu lösen, kennen wir. Exemplarisch seien hier „Planung", „SMART-Ziele", „MBO-Systeme", „Prozesse", „Regeln und Bürokratie" sowie „formale Steuerung" genannt.

Wie sieht denn jetzt ein Problem komplexer Natur aus?

> **Praxisbeispiel**
>
> **Entwicklung einer Kundenlösung**
>
> Ich sitze mit unserem Geschäftsführer in einem Vertriebsgespräch. Es geht darum, unsere neueste Lösung vorzustellen und den Arbeitsplatz der Zukunft zu besprechen. Nach einigen einleitenden Worten bittet unser Gegenüber zwei weitere Personen zu dem Gespräch dazu. Ich klappe unsere vorbereitete Präsentation zu und es entwickelt sich ein ausgeprägter Dialog zu Anforderungen, Ausprägungen und Geschäftsmodellen. Das Gespräch geht bis spät in die Nacht. Ohne Verkauf, aber mit vielen neuen Erkenntnissen treten wir die Heimreise an.
>
> Ein Vertriebsgespräch ist ein komplexes Problem. Es kann viele Überraschungen, Kehrtwendungen oder neue Erkenntnisse geben. Die wichtigste Erkenntnis an diesem Abend aber war, dass bereits die Lösungsentwicklung ein komplexes Problem war und wir den Kunden mit all seinen Bedürfnissen und Anforderungen schon zu diesem frühen Zeitpunkt sträflich außen vor gelassen hatten.

Entwicklung einer Kundenlösung

X

komplex ←————————————————————→ **kompliziert**

Weitere Beispiele komplexer Probleme sind:

- Wir möchten die Champions League gewinnen.
- Wir wollen ein neues innovatives Produkt auf den Markt bringen.
- In Berlin Mitte kaufen die Kunden lieber beim Wettbewerber.
- Andere Unternehmen schnappen uns die Talente vom Markt weg.
- Die Qualität unseres Services kann mit der des Wettbewerbers nicht mithalten.

Wie können Sie sich Ihren Problemen nähern? Mit welchen Methoden, Tools oder Strukturelementen versuchen Sie heute das Problem zu lösen? Und wie können komplexe Probleme gelöst werden?

▶ **Impuls:** Bestimmen Sie die Komplexität der dringendsten Probleme.

Nehmen Sie sich ein leeres Blatt Papier und schreiben Sie eines Ihrer dringendsten Probleme auf. Bestimmen Sie die Komplexität und die Strukturelemente, die Sie derzeit nutzen. Fragen Sie sich, wie stark diese zur Lösung beitragen. Seien Sie dabei zu sich und Ihrer Organisation ehrlich.

Vermutlich haben Sie jetzt die Erkenntnis gewonnen, dass einige Ihrer Probleme durchaus von komplexer Natur sind. Dies ist ein erster wichtiger Schritt. Ein zweiter wichtiger Schritt ist die Feststellung, mit welchen vorhandenen Strukturelementen Sie sich diesen Problemen im Augenblick nähern bzw. mit welchen Elementen Sie derzeit beschäftigt sind – und damit vielleicht sogar nicht einmal die zuvor definierten Probleme bearbeiten.

▶ **Impuls:** Verwenden Sie die zu den Problemen passenden Strukturelemente.

Haben Sie es mit hochkomplexen Problemen zu tun, verlieren die klassischen Strukturelemente ihre Wirksamkeit. An deren Stelle empfiehlt es sich, Methoden und Vorgehensweisen zu nutzen, mit denen man Komplexität begegnen kann.

Die Welle der Wirksamkeit selbst stellt die Verbindung zwischen dem Problem und den Strukturelementen her, die sich bei derartigen Problemen als wirksam erwiesen haben.

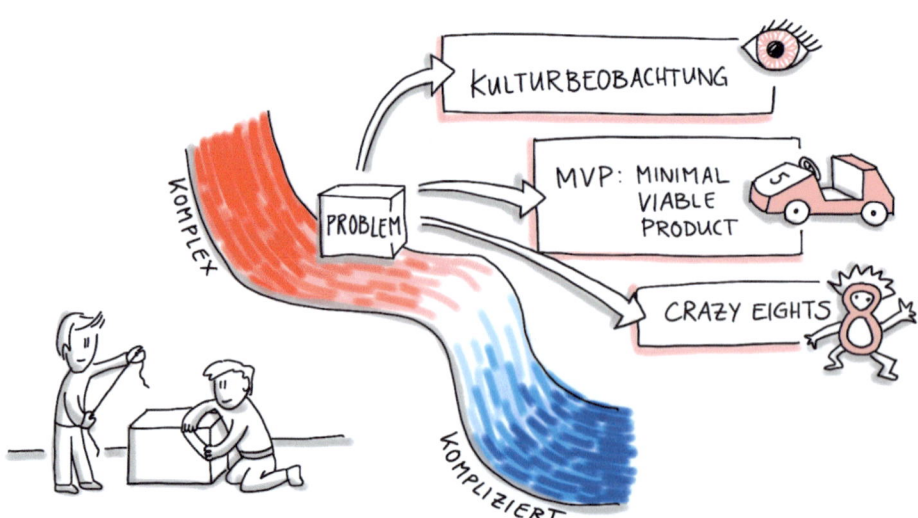

Fragen Sie sich auch, wozu die von Ihnen in Gebrauch befindlichen Elemente denn nützlich sind: Tragen sie zur Wertschöpfung bei oder dienen sie dem Erhalt bestimmter Strukturen oder Machtelemente. Verstehen Sie uns an dieser Stelle bitte nicht falsch: Macht ist ein durchaus valides Element, sofern es auf die Wertschöpfung positiv wirken kann. In der Regel funktioniert das aber eben nur im Kontext komplizierter Probleme.

Neben den Strukturelementen, die sich für eher komplexere Kundenprobleme eignen und denen, die wir nutzen, um komplizierte Probleme zu lösen, hat sich noch eine dritte Gruppe an Strukturelementen etabliert. Diese Gruppe löst weder Komplexes noch Kompliziertes. Es sind Praktiken, die die vorhandene Struktur eher festzurren und das Hinterfragen eher erschweren.

Praxisbeispiel

Mitarbeitergespräch

Nehmen wir mal das lieb gewonnene jährliche Mitarbeitergespräch: Welches Problem löst dieses Gespräch denn genau? Oder ist es eher eine lästige Pflicht, die weder förderlich für den Mitarbeiter noch für den Vorgesetzten, geschweige denn den Kunden ist. Dabei meinen wir nicht die immer und ständig stattfindenden Gespräche, in denen danach gefragt wird, was gut geklappt oder was uns einer Lösung nicht näher gebracht hat. Wir meinen das formale, „ritualisierte" Gespräch!

Wir wissen, dass sich die Erkenntnis nicht leicht liest: Doch dieses Gespräch ist eine der nutzlosen Verschwendungen, die es in Unternehmen leider zuhauf gibt.

Im nächsten Kapitel werden wir noch eindringlicher auf diese Praktiken eingehen.

Viele der hier genannten Strukturelemente können Sie ohne großen Aufwand einfach weglassen. Und es wird keinen negativen Einfluss auf Ihre Wertschöpfung haben. Im Gegenteil, es wird Beschäftigungszeit freisetzen. Das ist die vertane Zeit, die Sie damit verbringen, sich um Dinge zu kümmern, die keinerlei Einfluss auf die Wertschöpfung haben.

▶ **Impuls:** Führen Sie Veränderungen mit Click-Changes herbei.

Lassen Sie ein nicht wertschöpfendes Ritual einfach mal weg! Wir nennen das **Click-Change**: Mit einem Klick wird die Veränderung eingeführt und dann beobachten Sie, was passiert und welche Irritationen damit angestoßen werden.

Umgekehrt gilt das natürlich genauso: Haben Sie vorwiegend komplizierte Probleme zu lösen und fangen an, sich Strukturelemente aus dem New-Work-Methodenkasten zueigen zu machen, dann verschwenden Sie ebenfalls in hohem Ausmaß Zeit, Mittel und Ressourcen.

Wenn wir auf der Welle der Wirksamkeit unterwegs sind, gleitet die Diskussion unweigerlich in eine Kritik ab, die da lautet: „Ihr lasst ja den Menschen vollkommen außen vor!"

Mehr Menschlichkeit oder bessere Ergebnisse?

Wir befassen uns jetzt seit einiger Zeit mit den Themen „New Work", „Arbeiten 4.0", „Intrinsify.me" und „Management 3.0", sei es über zahlreiche Events, über Unternehmensbesuche oder Interviews, unterwegs und immer wieder treffen wir auf zwei zentrale Strömungen. Die Einen wollen den Menschen im Unternehmen verbessern: „Es müsse ihm doch gut gehen", „Man müsse mit ihm doch auf Augenhöhe umgehen", „Er muss doch Spaß bei der Arbeit haben" und so weiter.

Die Anderen nehmen sich der Organisation an und erwägen die Abkehr von klassischen Strukturkomponenten hin zu modernen Organisationsformen. Da wird sich in Kreisen aufgestellt, Vorgesetzte demokratisch gewählt, eine Entscheidung erst dann getroffen, wenn es kein Veto mehr gibt und vieles, vieles mehr.

Was stimmt denn jetzt eigentlich?

Auch heute noch erfüllt es uns ab und zu mit Unbehagen, auf explizite Fragen keine Antwort geben zu wollen. Erst recht, wenn es sich um eine allem Anschein nach sehr einfache Frage mit nur einer potenziellen Antwort A oder B handelt. Besonders wenn wir uns im Kontext „Organisation und Unternehmen" oder gar dem komplexen Spiel der Märkte befinden, rufen wir uns, bevor eine Antwort unsere Lippen verlässt, immer wieder ein Prinzip vor unser geistiges Auge, welches da lautet:

Moral ist wie ein Wellenbrecher!

▶ **Definition: Moral** Moral, bezieht sich auf all das, was die Sitten und Gebräuche eines Gemeinwesens ausmacht. Die Moral ist insofern nicht universell, sondern variiert je nach den Gemeinschaften, die sie berücksichtigen.

Einmal meint der Begriff so viel wie ein festes Muster an Verhalten, das von einer bestimmten Gruppe von Menschen geteilt wird; zum anderen bedeutet Moral soviel wie diejenige Einstellung und Haltung, die von einem Menschen erwartet wird. *Preussner 2003*

Eine moralische Bewertung ist also meist eine subjektive Einschätzung.

Ist Hierarchie gut oder schlecht? Sollten wir einen Kreativworkshop durchführen? Oder sollten wir uns in Kreisen organisieren?

Was am Stammtisch in einer amüsanten und oft hitzig geführten Diskussion enden kann, untergräbt im Unternehmen meist viel an Wirksamkeit. Ist es doch so schön, seine subjektive Meinung abzugeben und die Gegenstimmen mit an die Wand gemalten Horrorszenarien weiter aus der Reserve zu locken, um diese dann in den Abgrund des Hades zu stoßen und ein für alle Mal mundtot zu machen.

▶ **Impuls:** Mit drei elementaren Fragen entwaffnen Sie Moralapostel.

Stellen Sie dafür drei problemorientierte Fragen, die wie eine „Fliegenklatsche" auf derartige Moralapostel wirken:

- Welches Problem wollen wir lösen?
- Für wen wollen wir dieses Problem lösen?
- Ist es ein komplexes oder kompliziertes Problem?

Aus diesen Fragen abgeleitet ist der zentrale Bereich der Welle der Wirksamkeit entstanden, der hilft, die Moral erst einmal aus der Fragestellung herauszuhalten. Für die Organisation ist das ein unschätzbar vorteilhaftes Vorgehen, gibt man sich doch damit nicht der Verschwendung endloser Diskussionen hin, sondern stellt ausschließlich das Problem in den Mittelpunkt.

Wenn man sich dem Problem auf intelligente Art und Weise nähert, findet man auch den richtigen Spot, der das Zusammenspiel zwischen dem Grad der Komplexität und der dazu passenden Strukturkomponenten offenbart.

Natürlich sind Wahrnehmungen, Werte, Haltungen, Moral und Kommunikationsmuster wichtige Elemente auch in einem Unternehmenskontext. Doch der Dialog darüber wird zunächst kein Problem lösen. **Nur durch ein Ansetzen bei den formalen Strukturelementen, d. h. nur durch Arbeiten am System, können Sie Verhalten beeinflussen.** Werden spotrelevante Strukturelemente eingeführt, verändert oder weggelassen, wird das automatisch Veränderungen bei der Unternehmenskultur nach sich ziehen. Polemisierende Horrorszenarien werden sich durch derart wirksame Handlungen dann häufig in Luft auflösen.

Wellenbrecher-Praktiken

Wellenbrecher-Praktiken sind diejenigen Strukturelemente, die einerseits einem Umgang auf Augenhöhe im Unternehmen entgegenstehen, andererseits gleichzeitig dazu geeignet sind, wirksame Praktiken zu blockieren.

Stellt man zu den im Folgenden gelisteten Praktiken seinem Gegenüber die Frage, in wieweit diese zur Wertschöpfung beitragen, erhält man neben flüchtigem Blocken meist keine oder nur eine ausweichende Antwort. Ähnlich verhält es sich mit der sozialen Hygiene. Auch hier sind die Praktiken meist nicht dazu geeignet, das soziale Miteinander zu verbessern, eher das Gegenteil ist der Fall.

- Das formale Jahresgespräch
- Individuelle Ziele – MBOs
- Leadership Blueprint
- Klassische Meetings
- HR-Businesspartner
- Top-Down-Planung/Zielvorgaben
- Macht/Hierarchie
- Anwesenheitskontrolle
- Budgets als Machtinstrument und Machterhalt
- Assessment-Center
- Überstundenregelung/Kernarbeitszeiten
- Quoten
- Belohnung von Individualleistung
- Jobtitel als Machtinstrument
- X-Menschenbild
- Gehaltsverhandlung/Gehaltsbudgets
- Denken und Arbeiten getrennt
- Beschränkung der Information

Schritt 5: Das richtige Team finden

- Wir haben das Problem identifiziert.
- Wir haben unser professionelles Bauchgefühl befragt und es sagt uns, dass das eine ganz schön komplexe Aufgabe ist.
- Wir haben schmerzlich, unter dem Einfluss des Immunapparats unseres sozialen Systems, in der Organisation reflektiert, dass wir andere Praktiken zur Lösung des Problems brauchen.

Können ist jetzt ausschlaggebend, da es noch kein Wissen für die anstehenden Überraschungen und Probleme gibt.

Bleibt jetzt die Frage: Wer soll den Job übernehmen?

An dieser Stelle ist es leicht, sofort wieder in alte Muster zu verfallen, bevor irgendetwas Neuartiges passiert ist. Bis jetzt haben wir ja nur Erkenntnisse gewonnen. Etwas umgesetzt, geschweige denn ausprobiert, haben wir noch nicht.

Wer könnte also die Aufgabe übernehmen?

Bevor noch jemand zuckt, meldet sich der Chef und deutet auf Jan. Der ist ein Könner. Mein Favorit. Der wird den Karren aus dem Dreck holen und danach winkt ihm Anerkennung und eine Beförderung. Beim aufmerksamen Leser stellt sich beim Überfliegen dieser Zeilen irgendwie ein ungutes Gefühl ein und zwar zu Recht.

Zur Lösung eines komplexen Problems braucht es drei Zutaten:

- **Einen Könner:** Jemand mit Ideen, der mit Überraschungen umgehen kann, der keine Scheu vor dem Ungewissen hat, der ausprobieren möchte.
- **Ein Talent:** Der Könner sollte für die Aufgabe auch Talent haben, also die Fähigkeit, das Problem zu lösen und in Wertschöpfung umzuwandeln. Hier kommt die Passung ins Spiel. Es macht einen enormen Unterschied, wer die Praktiken, die bei komplexen Problemen infrage kommen, anwenden und nutzen kann.

- **Die Anziehung:** Ein Talent sollte sich von der Aufgabe angezogen fühlen. Wenn Jan Lust hat, das Problem zu lösen, ist die Wahrscheinlichkeit sehr hoch, dass er die Aufgabe auch erfolgreich bewältigen wird. Denn er wird viel ausprobieren, läßt sich durch Rückschläge nicht entmutigen und geht mit viel Leidenschaft an die Sache.

Das kann natürlich auch passieren, wenn der Chef auf Jan deutet. Meist lenkt Jan in diesem Fall seine Motivation dann eher darauf, dem Chef zu gefallen als darauf, das Problem zu lösen. Er denkt immer die Auswahl seiner Person durch den Chef mit.

Jan hat also Lust, das Problem anzupacken, doch in den meisten Fällen wird er alleine keine Chance haben, das Problem zu lösen. Jan braucht ein Team. Eine Einheit, die bereit ist, Außergewöhnliches zu leisten und den gemeinsamen Auftrag, nämlich das Problem zu lösen, angeht.

Jan beginnt also mit verschiedenen Menschen im Unternehmen zu sprechen, Kollegen hinzuzuziehen, für die Aufgabe zu werben, auf die sich intern beworben werden kann. Akribisch achtet er darauf, dass einige Voraussetzungen erfüllt sind, die die Wahrscheinlichkeit erhöhen, ein Höchstleistungsteam zusammenzubringen.

Sein besonderes Augenmerk richtet er auf die unterschiedlichen Erfahrungen der Kollegen, die sich um die Aufgabe bemühen. Neben individueller Intelligenz sowie dem Wissen und Können der Einzelnen ist ein großer Erfahrungsschatz von hohem Wert für das Team.

Jan achtet darauf, dass es keine Stars im Team gibt, denn er weiß ganz genau, dass trotz landläufiger Meinung Stars nicht in der Lage sind, andere mitzureißen, sondern eher blockierend wirken. In komplexen Situationen gibt es keine Einzelleistung. Alle im Team leisten und nur gemeinsam kommt es zum Gesamtergebnis. Jeder im Team ist in diesem Sinne ein Star.

Oft wird Jan während der Gespräche die Frage gestellt, wer denn jetzt der Teamleiter sei, worauf Jan antwortet, dass es im Team keine formale Hierarchie gibt. Bei der Bewältigung der Aufgaben wird mit Sicherheit informelle Führung entstehen. Diese ist aber nicht festgeschrieben. Es wird ein Kommen und Gehen von Führung geben.

Als Jan die Aufgabe übernommen hatte, gab es eine Voraussetzung, die ihm unbedingt zugesichert werden musste. Es war die Gestaltung des Teamfreiraums, gemeinsam Entscheidungen treffen zu können. Ein Hineinregieren in das Team von außen wollte Jan unter allen Umständen vermeiden. Er weiß, dass dies eine sehr wichtige, wenn auch meist für den Rest der Organisation sehr irritierende Bedingung und Grundvoraussetzung für Höchstleistung ist.

Die Arbeit des Teams transparent zu gestalten und vielfältige Kopplungen der Teammitglieder nach außen zu fördern und zu motivieren ist ein weiterer Aspekt. So kann das Team Impulse und Ideen für die eigene Arbeit integrieren und den Rest der Organisation auf eine andere Art der Teamkomposition und der damit verbundenen verschiedenen Vorgehensweisen vorbereiten.

Nun kann die Arbeit „im Team" losgehen, um gemeinsam das komplexe Problem zu lösen.

Schritt 6: Experimente aufsetzen – ins Handeln kommen

Ideen finden

Wir kennen nun die externen Probleme und die interne Zielstellung. Jetzt gilt es, Ideen zu generieren, wie diese Probleme gelöst werden können. Hierfür gibt es eine große Anzahl an möglichen Denkwerkzeugen, die genutzt werden könnten. Einige seien hier erwähnt, ohne dass wir einen Anspruch auf Vollständigkeit erheben.

Liste von Tools zur Generierung von Ideen

- Crazy Eights
- Brainstorming
- Moodboard
- Ideenpanorama
- Brief an die Großmutter
- Zeitungsschlagzeile in der Zukunft
- 30-Sekunden-Zeichnung
- Brainwriting
- Ideenturm
- Kollektives Notizbuch
- Inspirationskarten
- Jobs to be done
- Analogiemethode
- Osbourne-Methode/TRIZ
- Umkehrung/Kopfstandmethode
- Bionik-Methode
- ABC-Kreativmethode
- TILMAG-Methode
- Kill your company
- Bauchgefühl
- Value Proposition Design
- Business Canvas

Auch hier gilt es, die für das Problem und den Kontext passendste Methode zu nutzen. Haben Sie genügend Ideen generiert, beginnt die eigentliche Arbeit. Denn Ideen generieren können Viele. Sie umzusetzen ist das, was Macher von Träumern unterscheidet. Es gibt so viele Ideenweltmeister, die später sagen: „Wusste ich es doch. Weißt du noch, wie ich damals sagte, so müsste man das Kundenproblem lösen. Da ist die Lösung. Hätte ich es doch nur damals getan." Das spiegelt das klassische Hätte-ich-Depot wider: Hätte ich damals dieses oder jenes gekauft oder verkauft, wäre ich heute reich. Nein, die Arbeit und das wirklich Professionelle stecken in den Schritten, die nun folgen. Hier trennt sich die Spreu vom Weizen. Doch dazu im Folgekapitel mehr.

Schauen wir zunächst, wie Sie überhaupt vom Denken ins Handeln kommen, ohne die Organisation bzw. das bestehende System zu überfordern.

Schutzschirm aufspannen

Wir haben gelernt, dass der Immunapparat im Unternehmen mitunter Kräfte entwickelt, denen nur das oberste Entscheidungsgremium im Unternehmen Einhalt gebieten kann.

Ins Handeln kommen

Eliminieren Sie Blockaden der formalen Struktur. Eliminieren Sie soziales Theater, das Ihrer Wirksamkeit im Weg steht.

Mithilfe der ersten Schritte der 7-Schritte-Methode haben Sie nun ein Gespür dafür bekommen, wie Sie anfangen können, Veränderung zu gestalten. Sie wissen nun, dass Sie nur an der formalen Struktur ansetzen können, nicht an den Werten Ihrer Mitarbeiter. Sie haben Ihre Kultur beobachtet und sind nun der Meinung, einige Erkenntnisse daraus gewonnen zu haben. Jetzt geht es ans Handeln.

Doch wie sollen Sie das anstellen? Sie haben ja auch ganz aufmerksam den Abschnitt gelesen, in dem ein öffentliches Ansprechen der Umstände zu einer großen Provokation der Organisation ausartet und Sie wollen auf gar keinen Fall dem Immunsystem der Organisation zum Opfer fallen und – wie es dem oben zitierten Mitarbeiter erging – gekündigt werden. Und doch haben Sie einige Möglichkeiten, aktiv und sinnvoll zu handeln.

Macht nutzen

Da wäre zu allererst einmal der **Macht**aspekt. Das kennen viele Organisationen: Nur der Mächtige kann Gesetzte erlassen und Strukturen verändern.

Praxisbeispiel

Re-Taylorisierung

Lassen Sie mich an dieser Stelle in eigener Sache einen eher ernüchternden Einschub anbringen: Ich habe es selbst erlebt wie ein von Grunde auf agiles und sehr flexibles Unternehmen mit einer falschen Neubesetzung einer hohen und mit Macht ausgestatteten Position wieder Strukturen aus dem vorherigen Jahrhundert einführte. Ich nenne das auch gerne „Re-Taylorisierung" – also zurück zu Strukturen, die aus tayloristisch organisierten Unternehmen stammen.

Verstehen Sie mich nicht falsch, das waren herausragende Strukturen und Ideen, die uns Frederik Taylor damals bescherte, doch sie erzielen in einer VUKA-Welt nicht mehr die Wirkung, die wir heute erzielen müssen. Taylor stand für Effizienz in standardisierten und planbaren Abläufen. In der heutigen dynamischen und immer weniger planbaren Welt ist aber in erster Linie die Effektivität („das Richtige in diesem Moment tun") der entscheidende Wettbewerbsvorteil. Einschub Ende.

Click-Changes herbeiführen

Neben dieser Macht stehen Ihnen die bereits oben erwähnten „**Click-Changes** zur Verfügung. Sie haben vielleicht die Position eines Teamleiters inne und spüren, dass Ihre Teammeetings Zeitverschwendung sind. Verändern Sie es einfach. Mit einem Fingerschnippen – einem Click-Change. Gestalten Sie das nächste Teammeeting als Open Space, starten Sie mit einem World Cafe, rufen Sie ein No-Agenda-Meeting aus oder gehen Sie auf ein tägliches 15- oder 30-minütiges Meeting im Stehen über. Es gibt vielfältige Möglichkeiten, im „Kleinen" etwas zu verändern, probieren Sie es einfach aus und beobachten Sie, was passiert.

Ein Labor aufsetzen

Ausprobieren ist auch das Stichwort für den nächsten Aspekt. Starten Sie ein **Labor**, in dem Sie ein Problem, das Sie erkannt haben, lösen wollen. Bitte stellen Sie sich ein Labor nicht als einen Raum vor, in dem Männer in weißen Kitteln forschen. Vielleicht ist auch der Vergleich mit einem **Inhouse-Start-up** eine bessere Metapher. Es ist eine Umgebung, in der Sie zur Lösung des Problems neue Strukturen, neue Methoden und deren Wirksamkeit ausprobieren können und dürfen. Ein Labor ist immer zeitlich begrenzt und wird von einem Mächtigen der Organisation *geschützt*, dem sog. **Schutzraumstifter**. Der Schutz ist notwendig, damit das Labor nicht Gefahr läuft, vom Immunsystem der Organisation angegriffen zu werden.

Folgendes Beispiel soll die Herangehensweise des Labors verdeutlichen.

Maschinenbauer für Flugzeugzulieferer

Sie sind ein Unternehmen, das Maschinen für Flugzeugzulieferer herstellt. Im Fehlerfall einer Maschine fährt ein Servicetechniker zum Kunden, behebt den Fehler und schreibt einen ausführlichen Kundenbericht. Sie merken, dass die Kundenbindung nachlässt und sich einige Kunden im Servicebereich an Drittanbieter wenden. Das stellt für Sie ein Problem dar und Sie beschließen, ein Labor zu starten. Laborleiter wird ein Teamleiter aus dem Servicebereich. Der Laborleiter sucht sich seinen Schutzraumstifter und kann den Geschäftsführer Deutschland dafür gewinnen.

Der Laborleiter hat jetzt freie Hand und sucht sich seine Mannschaft, indem sich Mitarbeiter aus den verschiedensten Bereichen für das Labor bewerben können. Sehr schnell steht das Team und man kann mit der Arbeit beginnen. Es wird mit den Kunden gesprochen. Dadurch können viele Informationen gesammelt werden.

Sehr schnell kommt das Team darauf, dass der sehr ausführliche Fehlerbericht eigentlich gar nicht notwendig ist, sondern eher ein Informationsgespräch gewünscht wird. Des Weiteren dauert es viel zu lang – von der Fehlermeldung bis zur Reaktion –, bis ein Techniker vor Ort ist. Das Team beschließt also, dass alle Aufgaben, angefangen vom ersten Anruf bis zum finalen Informationsgespräch, gebündelt werden. Alle anstehenden Aufgaben werden an Kanban-Boards für alle sichtbar gemacht. Jeder zieht sich selbst eine zu erledigende Aufgabe. Berichte werden keine mehr geschrieben, vielmehr wird ein Einseiter mit den wichtigsten Infos entworfen und im finalen Gespräch durch Infos vom Kunden ergänzt.

Nun kann Folgendes passieren: Dem Bereichsleiter scheint dies aber nicht so wirklich zu schmecken. Er meint lautstark, dass „wir das noch nie so gemacht haben. Ich teile die Ressourcen ein und sonst niemand. Wo kommen wir denn da hin, wenn jetzt jeder machen kann, was er will." Der Bereichsleiter möchte daher umgehend seine zwei Mitarbeiter aus dem Labor abziehen.

Nun kommt die Geschäftsleitung als Schutzraumstifter zum Einsatz und verhindert diesen Übergriff, der das Labor zerstört hätte. Somit verhindert er einen Übergriff des Immunsystems der Organisation auf das Labor. Das Labor ist für alle sichtbar und es finden viele Gespräche zu der neuen Art, mit dem Kunden umzugehen, statt. Auch dass sich die Mitarbeiter die Aufgaben selber suchen, findet großen Zuspruch.

Nach 3 Monaten wird der erste Kassensturz durchgeführt. Die Kundenzufriedenheit ist um 7 Punkte gestiegen. Durch die Informationsgespräche konnten einige Fehler schon präventiv behoben werden. Die Reaktionszeit ging von 14 Stunden auf 2 Stunden zurück. Das Labor war ein voller Erfolg und auch andere Teams fangen jetzt an, die Erfolgsgeschichte zu übernehmen. Nebenbei hat sich die Kultur spürbar verbessert: Die Mitarbeiter sind viel kundenorientierter geworden, man vertraut sich gegenseitig mehr und auch der Umgang auf Augenhöhe hat im Servicebereich Einzug gehalten. Der Bereichsleiter ist übrigens nicht mehr an Bord. Er hat sich entschieden, das Unternehmen zu verlassen.

So oder so ähnlich könnte ein Labor ablaufen. Und das unabhängig davon, ob sich das Problem mit den Ideen der Labormitarbeiter lösen lässt oder nicht. Auch ein Scheitern eines Labors gehört zu einer lernenden Organisation.

„Ins Handeln zu kommen" hat sich auch manomama vorgenommen, als es 2010 von Sina Trinkwalder „mit aller Macht" gegründet wurde:

UNTERNEHMENSPORTRAIT
manomama GmbH

manomama wurde im April 2010 mit zehn Mitarbeitern am Standort Augsburg mit dem Unternehmenszweck gegründet, ein Arbeitgeber ausschließlich für diejenigen Menschen zu sein, die auf dem normalen Arbeitsmarkt kaum Chancen haben. Die **Gründerin Sina Trinkwalder** möchte ihnen die Chance geben, wieder ins eigene Verdienen zu kommen. Nachdem das Unternehmen erst 2013 die Produktion aufgenommen hat, zählt es 2016 bereits 150 Mitarbeiter, darunter 16 Männer. manomama hat sich auf die Produktion von chemiefreien, in einer ökologischen und radikal regionalen Wertschöpfungskette hergestellten Textilprodukten sowie auf faire und partnerschaftliche Beziehungen spezialisiert. Im April 2015 eröffnete manomama den ersten Laden. Sina Trinkwalder ist mehrfach ausgezeichnete Unternehmerin, die sich die Maximierung der Menschlichkeit und nicht des Profits zum Ziel gesetzt hat. Kunden sind unter anderem dm, real und Edeka.

Jeder darf entscheiden

Bei manomama ist jeder in der Lage, Entscheidungen zu treffen. „De facto haben ca. 80 % aber gar keine Lust auf Entscheidungen, 15 % haben Lust mitzudiskutieren und nur 5 % haben den Mut zu entscheiden", so Sina Trinkwalder. Selbst große Entscheidungen können von „ihren Ladies", wie sie ihre überwiegend weibliche Belegschaft liebevoll nennt, getroffen werden.

Vertrauen schenken und Verantwortung zurückerhalten

Das ist das unerschütterliche Credo der Gründerin. Und den Beweis dafür hat sie erbracht (siehe unten)! Natürlich könne das auch einmal schiefgehen. Aber welcher Chef habe nicht auch schon einmal schlechte Entscheidungen getroffen. **„Lieber machen, auf die Schnauze fallen und dann schnell wieder aufstehen als reden, reden, reden und nichts geschieht"**, ergänzt Trinkwalder.

Selbst juristische, steuerliche oder arbeitsrechtliche Entscheidungen können alle anderen aus ihrer „Familie" treffen. Es gibt keinerlei Vorgaben oder Entscheidungsverfahren. Das meiste sei Bauchgefühl. Wenn bei manomama mal etwas schiefläuft, dann wird das, wenn möglich, sofort wieder rückgängig gemacht und alle haben daraus gelernt. Das Positive daran ist für Trinkwalder, dass **durch das entgegengebrachte Vertrauen Sicherheit in die eigenen Fähigkeiten und damit eine hohe Verlässlichkeit** entsteht.

Keine Transparenz bei den Unternehmenszahlen für ein sorgenfreies Arbeiten

In die Unternehmenskultur von manomama passen für Trinkwalder keine laufenden Informationen über wirtschaftliche Zahlen. Sind die Zahlen einen Monat gut, ist auch in der Belegschaft alles gut. Aber wehe ein Monat verlaufe mal schlecht. Dann würden doch plötzlich alle in Schockstarre verfallen und sich um ihren Arbeitsplatz Sorgen machen. Nein, das sei hier nicht sinnvoll, begründet Trinkwalder dieses Vorgehen und sieht es als ihre Aufgabe an, neben den Textilien Sicherheit zu produzieren.

Natürlich bekommt die Belegschaft es mit, wenn ein Monat mal schlecht läuft. Jeder merkt, dass irgendwo der Fehler drinsteckt. Gemeinsam wird ergründet, was falsch gemacht wird. Das kann schon einmal ein sehr kreativer Prozess sein. Und häufig kommen die „Ladies" ganz von alleine, um Fehlersituationen auszuräumen. Denn alle Mitarbeiter sind aufgrund ihrer gemachten Erfahrungen sehr sparsam und aufmerksam.

Zwei „Abteilungsleiter" und 150 hierarchiefrei arbeitende Mitarbeiter

Es gibt keine Hierarchie. Nur die Gründerin sowie ihre „linke Gehirnhälfte und rechte Hand" Miri sind „Die Abteilung", wie ein T-Shirt-Aufdruck der beiden verrät. „Mein Unternehmen ist wie ein Indianerstamm", erläutert Trinkwalder sehr bildhaft, „Miri ist der Häuptling und ich bin der Medizinmann". Das bringe sie in die komfortable Situation, mal Visionen zu entwickeln, mal Kreativität zu entfalten und auch mal mit anzupacken, wenn Not am Mann ist. Schließlich hat sie vor Aufnahme des operativen Betriebs in 2013 sämtliche Tätigkeiten bis zur Perfektion studiert und erlernt. Sie müsse doch die Dinge doppelt so gut und doppelt so schnell können, um natürliches Vorbild für ihre Mitarbeiterinnen zu sein. Meistens sei sie jedoch 3 km in der Zukunft und ihr Team im Jetzt.

Ausschließlich unbefristete Arbeitsverhältnisse

Und die Mitarbeiter? Sie suchen sich ihre Arbeitsbereiche, in denen sie sehr gut sind, selbst aus. Jeder findet so seinen Platz im Unternehmen. **Das Team ist dabei das „kontrollierende Feld"**, erklärt Trinkwalder. Das Vertrauen in die Fähigkeiten der Mitarbeiter ist dabei so hoch, dass jeder Mitarbeiter ausschließlich unbefristete Arbeitsverhältnisse erhält und Arbeitszeiten, die mit der Familie vereinbar sind.

Top Ergebnisse ohne Planung – ohne Zielvorgaben

Bei manomama gibt es keine Unternehmensziele. Wenn sie vor 3 Jahren einen Plan mit exakt den Zahlen vorgelegt hätte, die sie inzwischen erreicht hat, hätte ihr jeder den Vogel gezeigt, gibt Trinkwalder zu verstehen. Innerhalb dieser Zeit hat sie ein mittelständisches Unternehmen geschaffen, das alles aus dem Cashflow finanziert hat, da sie schlicht und ergreifend keinen Bankkredit erhalten habe. Dieser Umstand habe sie bei Lieferanten immer wieder in die Situation gebracht, dass sie Waren in Vorkasse zahlen musste, da manomama ohne Kredit gar nicht bei Bürgel gelistet bzw. existent sei. Laut Trinkwalder ist das System für Lieferantenkredite leider nicht für Positivmeldungen vorgesehen.

Ziele erzeugen Druck und Angst

Dies betont die Mehrfachunternehmerin, die schon wieder an einem weiteren von insgesamt vier Start-ups bastelt – Colouride, das Gleiche, nur für Männer. „Ich bin begeisterte Läuferin", begründet Trinkwalder ihre Meinung. Gerade mit den Fitnessbändern aber verliere sie eher den Spaß am Laufen. Wenn es mal nicht so gut liefe, würde Druck erzeugt und man käme frustriert nach Hause. Trinkwalder läuft einfach los, was ihrer Meinung nach viel mehr Spaß macht. Und genauso führe sie ihr Unternehmen.

Einheitliches Gehalt mit Zuschlägen für besondere Dienste für die Gemeinschaft

Jeder verdient mit 10 Euro Gehalt pro Stunde grundsätzlich gleich viel Geld bei manomama. Einzige Ausnahme: Für besondere (Ver-)Dienste für die Unternehmensgemeinschaft gibt es darüber hinaus eine feste, planbare Prämie. Hierbei kann es sich um einen besonders wichtigen Job in der Wertschöpfungskette handeln, wie dem Zuschnitt, oder darum, einfach immer wieder ein offenes Ohr zu haben.

Hochgradiger Kundenbezug

Bei manomama wird nichts analysiert, geplant, geschweige denn controlled. Die Impulse für etwas Neues kommen von Kunden oder entstehen aus eigener Intuition heraus. So kommen die Abnehmer nicht nur zum Einkaufen in den Onlineshop oder zum Einzelhandelsladen oder zum Werksverkauf, der sich mitten in der Näherei befindet, sondern auch um Wünsche zu äußern. Die direkte Kommunikation mit den Abnehmern hilft manomama, immer wieder Neues zu entdecken, zu kreieren und zu produzieren. An Ideen mangelte es bis dato daher nie. Kommt die Idee nicht von den Kunden, so kann die Idee für etwas Neues von Sina Trinkwalder oder aus der Belegschaft kommen. Kürzlich reflektierte Trinkwalder, wie sich die Fähigkeiten des Teams entwickelt haben und verkündete schließlich: „Lasst uns mal eine Jeans nähen, das liegt doch immer im Trend". Gesagt, getan. Es wurde einfach gemacht – und war erfolgreich. Es funktioniert, weil manomama **das einzige Unternehmen** ist, **das regional und biologisch und zu attraktiven Preisen produziert**.

Keine Budgets, nur Investitionsgelder

Das Ziel von manomama ist es, eine schwarze Null zu produzieren. Die Einnahmenüberschüsse werden verwendet, um die Investitionsliste, ein Zettel am schwarzen Brett, der von den Mitarbeitern selbst geführt wird, durch die Mitarbeiter priorisiert abzuarbeiten. „Miri" und Sina Trinkwalder teilen dazu monatlich mit, was verfügbar ist.

Intrinsische Motivation und Teamorientierung vor Einzelinteressen

Jeder Mitarbeiter findet in der Regel seine Aufgabe. Die Passung erfolgt durch Ausprobieren und Reflektion in der Gruppe. Klappt es nicht, gibt es andere Themen, die taugen. „Man kann alles lernen", begründet die Unternehmerin. Wenn jemand mal unterperformt, dann liegen dem meistens private Probleme zugrunde. Das lässt sich in der Regel über Mitarbeitergespräche lösen. Nur in seltenen Fällen, **wenn die Freiheit der Allgemeinheit durch Einzelne nachhaltig eingeschränkt wird, ist der Spaß zu Ende**. Dann muss auch mal die Handbremse über eine Entlassung gezogen werden.

Schritt 7: Iteration und Adaption – Erfolgsmuster erkennen und adaptieren

Mit diesem alles entscheidenden Schritt treten Sie in eine Vielzahl an Lernzyklen ein, die jeweils aus folgenden Teilen bestehen:

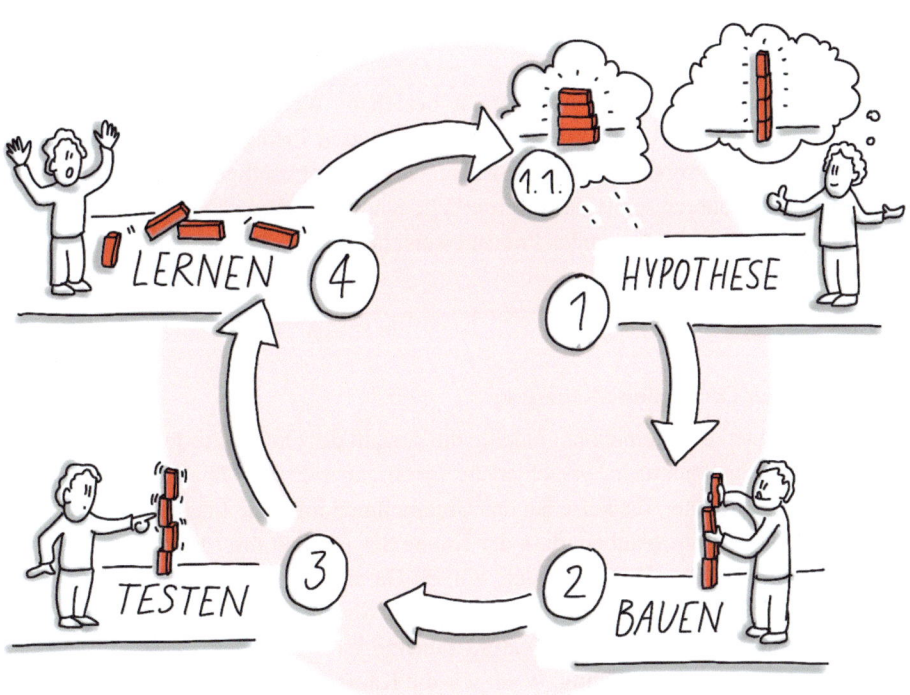

Das schnellere Lernen mit durchgeführter Reflexion (1.1) über kurze Wiederholungszyklen ist dabei detaillierter erstellten Testszenarien vorzuziehen. Durch schnelle Experimente und damit durch eine höhere Anzahl an Tests generieren Sie deutlich mehr Erkenntnisse als aus weniger, aber dafür detaillierteren Tests.

▶ **Impuls:** Fokussieren Sie in den ersten Zyklen mehr auf das Lernen als auf das Optimieren.

Um wirksam in Richtung Umsetzung und Livestellung zu kommen, empfehlen wir Ihnen konsequent für jede Idee Testkarten zu schreiben. Diese führen Sie einem sogenannten „Backlog" zu, aus dem Sie sich nach einer bestimmten Priorisierungslogik (Risiko, Kosten) für neue Testzyklen bedienen.

▶ **Impuls:** Die für den Erfolg am entscheidendsten Tests sowie die schnellsten und billigsten Tests sollten Sie sehr hoch priorisieren und sehr früh in die Erprobung überführen.

Bei der Hypothesenformulierung sollten Sie unbedingt auf eine klar formulierte Ursache-Wirkungs-Beziehung achten.

Sie können sich auf den Kunden beziehen: Welche Probleme werden gelöst, welchen Nutzen zieht er daraus?

Sie können sich auf das Unternehmen beziehen: Welche Produkte und Services möchte der Kunde wirklich, und tragen diese auch zum Erfolg des Unternehmens bei? Und haben wir zur Problemlösung den Zugang zu den notwendigen Partnern, Vertriebskanälen und Ressourcen sowie das erforderliche Know-how?

Schauen wir uns dazu folgendes Praxisbeispiel an:

Praxisbeispiel

Testkarte zur Conversion-Steigerung

Ein E-Commerce-Unternehmen möchte die Anzahl der Online-Produktkäufe erhöhen. Dafür hat das Projektteam verschiedene Ideen generiert und überführt diese nun in Testkarten. Auf einer Testkarte hat das Unternehmen folgende Inhalte formuliert:

Hypothese: „Wir glauben, dass der Kunde das Produkt öfter kauft, wenn wir dem Kunden kurz vor dem Kauf eine Geld-zurück-Garantie anzeigen."

Testen: „Um dieses zu verifizieren, werden wir einen A-B-Test durchführen und bei 20 % unserer Kunden dieses Feature anbieten."

Messen: „Wir liegen richtig, wenn wir die Käufe bezogen auf die Anzahl der Seiten-Besuche (Conversion) um mindestens 10 % erhöht haben und nur 5 % der Kunden nach 3 Monaten von ihrem Rückgaberecht Gebrauch gemacht haben."

Nach dem Test stellt sich heraus, dass die Geld-zurück-Garantie sogar zu einer Conversion-Steigerung von 22 % geführt hat und über ein auffälligeres Design sogar noch um weitere 5 % gesteigert werden konnte. Das Rückgaberecht wurde hingegen nur in weniger als 1 % der Fälle genutzt. Der Test war mehr als erfolgreich.

Es gibt eine Vielzahl an Testmöglichkeiten, um Ideen und Hypothesen zu erproben. Auch in diesem Fall möchten wir Ihnen eine Liste nicht vorenthalten.

Liste von Test-Tools bei einem niedrigeren Reifestadium

- Card Sorting/Merkmalkäufe
- Quantifizierung der Value Proposition
- Wizard of Oz
- Interviews
- Storyboards
- Papierprototypen
- Mock-ups
- Rollenspiele
- Click Dummies
- Wireframes
- Pre Mortem
- Expertengespräche
- Simulationsverkäufe
- Speedboat
- Produktverpackungen

Liste von Test-Tools bei einem höheren Reifestadium

- Beta-Version
- 3D-Prints
- CAD-Modell
- Prototypen
- Vorverkäufe („Prebooking")
- Crowdfunding
- Landingpage-Tests
- A-B- bzw. Split-Tests

Während der Tests und nach den Tests sollten Sie Ihre Beobachtungen, Ihre Erfahrungen und Erkenntnisse sowie Ihre Messergebnisse niederschreiben. Wir unterscheiden zwischen drei Ergebnistypen:

1. **Die Hypothese wurde bestätigt.**
   Sie können sich der Überprüfung der nächsten Hypothese und dem nächsten Test zuwenden.

2. **Sie müssen noch mehr herausfinden**, damit die Hypothese bestätigt oder falsifiziert werden kann.
   Sie müssen weitere Tests durchführen und auch ggf. qualitative Interviews führen. Muss etwas hinzugefügt werden? Sollte etwas weggelassen werden? Sind neue Probleme erkannt worden? Und fragen Sie immer „Warum?", damit Sie wieder neue Ideen generieren können, die Sie der Lösung näher bringen.

3. **Die Hypothese wurde nicht bestätigt bzw. entkräftet.**
   Sie müssen die Lösungshypothese, ggf. sogar die Problemhypothese verändern und im Extremfall sich sogar ganz neu orientieren bzw. „pivotieren".

Sie sehen, das Ganze ist in der Umsetzung nicht trivial bzw. hinreichend komplex, sodass es sich lohnt, strukturiert viele Tests durchzuführen, um durch möglichst viele Irrtümer viele hilfreiche Erkenntnisse über einen vorab noch unbekannten Lösungsraum sammeln zu können. Nichts ist schöner als später den Erfolg dafür einzufahren.

Nun sind wir fast am Ziel. Wir haben den vom Kunden empfundenen Produktwert ermittelt, das Produkt oder der Service wird vom Kunden verstanden und auch die Interaktion bzw. Usability funktioniert. Der Kunden akzeptiert und versteht die Problemlösung. Der Business Case scheint aufzugehen, das Angebot ist strategiekonform und technisch umsetzbar. Wir gehen mit dem neuen Feature, dem neuen Produkt oder Service oder sogar dem gesamten Start-up oder Spin-off live. Und doch sind wir nie am Ziel. Denn wie im Fußball ist nach dem Spiel vor dem Spiel. Auch nach dem Live-Gang ist permanentes Messen des Fortschritts, Lernen und Verbessern angesagt.

▶ **Impuls:** Erfinden Sie sich immer wieder selbst neu.

Wirksamkeitsturbo: Agieren auf Augenhöhe

Wirksame Unternehmen, die auf Augenhöhe agieren, erhalten zusätzlichen Rückenwind

Nun haben wir uns bisher sehr intensiv und gar ingenieurhaft mit der Wirksamkeit von Organisationen befasst. Haben Sie sich die ganze Zeit gefragt: Und wo bleibt der Mensch? Diese Reaktion ist völlig berechtigt, spiegelt sie doch den tief in uns liegenden Wunsch wider, dass wir mit all unseren Stärken und Schwächen, Leidenschaften, „Macken" und Talenten, kurz mit der uns ganz eigenen Persönlichkeit gewertschätzt werden.

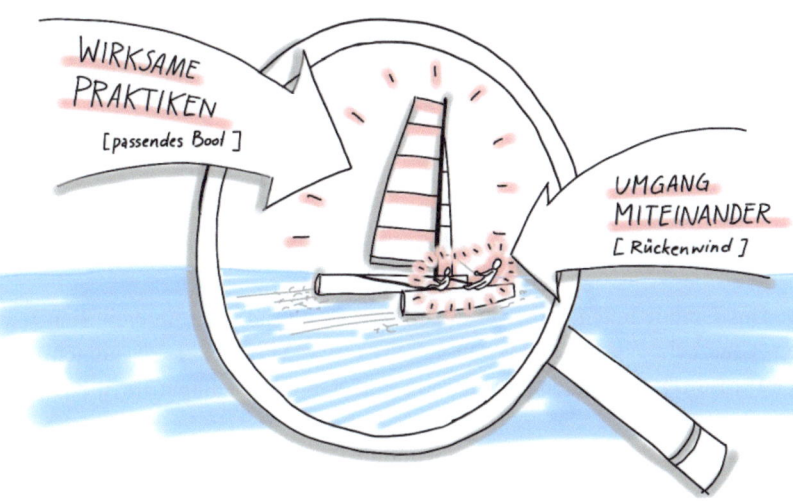

▶ **Impuls:** Agieren auf Augenhöhe ist nur die halbe Miete.

Viele uns Bekannte sind seit vielen Jahren auf dem Trip, dass das Einzige, was zählt, ist, mit Mitarbeitern und Kunden auf Augenhöhe zu agieren. Zahlreiche Bücher und Filme sind erschienen, die das genau so suggerieren.

In einer Vielzahl von Gesprächen erkannten wir, dass diese mitunter etwas einseitige, so romantische Sicht erweitert werden muss, da sie *alleine* den Fortbestand eines Unternehmens nicht sicherstellen kann. Das steht so deutlich in keinem uns bekannten Buch.

Voraussetzung für ein Agieren auf Augenhöhe ist das Arbeiten am System, um ein Unternehmen auf der Welle der Wirksamkeit zu positionieren. Nur, wenn ein ingenieurhaftes Wellenreiten zur optimalen Wirksamkeit erfolgt ist, kann sich Augenhöhe ohne allzu große Systemwiderstände entfalten. Erst dann kann sich ein zusätzlicher Rückenwind einstellen – der Unternehmensflow.

▶ **Impuls:** Kümmern Sie sich um das Betriebssystem UND den Menschen.

Wirksamkeit heißt: Sich kümmern um das Betriebssystem einer Organisation.
Augenhöhe heißt: Sich kümmern um den Menschen in der Organisation.
Aber was heißt nun eigentlich „auf Augenhöhe agieren"?

▶ **Definition: Augenhöhe** Auf Augenhöhe agieren heißt, die Machtstrukturen und -spielchen, die Oben-Unten-Beziehung zwischen Führungskraft und Mitarbeiter und unter Kollegen verschiedener Ressorts sowie zwischen Unternehmen und Kunden aufzulösen oder gar nicht erst entstehen zu lassen. Im täglichen Denken und Handeln heißt das, jederzeit fair, menschlich und wertschätzend mit seinen Mitarbeitern, Kunden und Dienstleistern umzugehen.

Findet in Ihrem Unternehmen oder Ihrem Bereich eine Augenhöhe-Kultur statt? Haken Sie gerne ab und zählen Sie anschließend die gesetzten Häkchen durch.

Die zwölf Treiber für Agieren auf Augenhöhe

▪ **Why:** Das Unternehmen achtet in allem, was es tut, auf den tieferen Sinn bzw. auf seinen Unternehmenszweck: Wozu arbeiten die Mitarbeiter zusammen? Welche wettbewerbsdifferenzierenden Mehrwerte will das Unternehmen für die Kunden generieren?
▪ **Selbstführung:** Das Unternehmen gibt Raum für das Finden der ganz persönlichen, begeisternden Elemente des Mitarbeiters, d. h. seines Leitbilds, für Selbstführung und für Persönlichkeitsentwicklung der Mitarbeiter.

- **Wertekongruenz:** Das Unternehmen hat das Ziel, eine möglichst hohe Deckungs-gleichheit zwischen den Menschen und dem, was dem Unternehmen wichtig ist, zu erreichen.

- **Angstfreie Fehlerkultur:** Mitarbeiter können ohne Angst vor Fehlern arbeiten und dürfen über Fehler lernen. Daraus folgt auch, dass sie Fehler, solange sie noch gerin-ge Auswirkungen für das Unternehmen haben und noch nicht zu großen, teils un-überwindbaren Problemen herangewachsen sind, offen und schnell adressieren.

- **Machtfreie Führung:** Führung findet nicht über Machthierarchien, Machtausübung oder Statussymbole statt, sondern über richtungsweisende und klare Visionen, über Mission und Prinzipien (siehe unten) sowie über Fachlichkeit und Coaching. Füh-rungskräfte lösen für die Mitarbeiter keine Probleme, sondern stellen Fragen. Die Führungskraft ist idealerweise Vorbild, wertschätzend, respektvoll, freundlich, ver-lässlich, achtsam, dienend und pflegt jederzeit ein offenes Wort, frei von Vorurteilen und Egoismen.

- **Transparenz:** Statt Wissenszurückhaltung und Intransparenz fördert das Unterneh-men Transparenz und Vertrauen durch eine umfangreiche Einsicht in Unternehmens-informationen.

- **Vertrauen:** Mitarbeiter können sich auf die Führungskräfte verlassen und ihnen ver-trauen – die Führungskräfte handeln vorbildhaft.

- **Erfolgsprinzipien:** Das Unternehmen formuliert nur Prinzipien und Leitlinien (statt Anweisungen), die zur Orientierung bei der Lösung von komplizierten und komple-xen Problemen dienen und zu jeder Zeit situationsabhängige Entscheidungsfreiräume belassen.

- **Mitgestaltung:** Mitarbeiter dürfen in einem hohen Grad mitgestalten und erhalten dafür das Vertrauen und die Unterstützung der Führungskraft. Durch Einbezug der Mitarbeiter entsteht ein Zugehörigkeitsgefühl.

- **Authentizität:** Mitarbeiter dürfen authentisch und souverän sein, sie dürfen auch Schwächen zugeben oder die Sinnhaftigkeit einer Aufgabe infrage stellen und sie dür-fen auch frank und frei „Nein" sagen, ohne negative Konsequenzen befürchten zu müssen. Ganz nach dem Motto der dm-Drogeriemärkte „Hier bin ich Mensch".

- **Selbstbestimmtheit:** Mitarbeiter dürfen selbstbestimmt im Rahmen ihrer Stärken und Leidenschaften (Spaß) und unter Einholung von Expertenmeinungen unternehmerisch und ganzheitlich denken, konzipieren, organisieren, entscheiden und handeln. So kann der Mitarbeiter auch selbst entscheiden, ob er hochpräzise, effiziente Aufgaben ausführen will oder ob er lieber kreativ-intuitiv arbeiten möchte. Er hat die Wahl. Das fördert persönliche Reife, Kompetenz und Selbstwirksamkeit.

- **Verantwortungsübernahme:** Das Unternehmen unterstützt die Mitarbeiter dabei, wieder mehr Bereitschaft für Verantwortung zu entwickeln und dann mehr und mehr Verantwortung zu übernehmen. Sie werden dazu ermutigt und ermächtigt.

„Für sich selbst Verantwortung übernehmen können heißt, anfangen zu leben."
Bodo Janssen, Geschäftsführender Gesellschafter von Upstalsboom

Auf wie viele Häkchen sind Sie gekommen?

- **9 bis 12:** Sie dürfen sich glücklich schätzen, für ein solches Unternehmen oder in einem solchen Unternehmensbereich zu arbeiten. Trotz aller Alltagsherausforderungen, die diese Erkenntnis überlagern könnten, sollten Sie sich immer wieder bewusst machen, wie gut Ihr Unternehmen aufgestellt ist und dass es sich lohnt, diesen Status zu erhalten oder noch auszubauen.
- **5 bis 8:** Entweder Sie sind mit Ihrem Unternehmen schon auf dem Weg zu mehr Augenhöhe oder es hat sich sozusagen eine „instabile Seitenlage" eingestellt. Diese macht das Unternehmen anfällig für Überraschungen. Setzen Sie sich dafür ein, den Weg in Richtung „Augenhöhe-Unternehmung" weiterzugehen. Sie und Ihre Kollegen werden immer öfter den Flow-Zustand erleben dürfen.
- **1 bis 4:** Unser Lebensmotto, welches dazu passt, ist „love it, change it or leave it". Lieber Leser, wenn Sie Mitarbeiter eines derartigen Unternehmens sind, haben Sie eigentlich nur zwei Optionen: Fügen Sie sich Ihrem Schicksal, machen Sie das Beste daraus und achten Sie vor allem darauf, keinen persönlichen Schaden zu nehmen. Vielleicht erkennen Sie ja schon Änderungen zum Positiven. Dann kann es sich lohnen durchzuhalten. Oder Sie verlassen das Unternehmen und suchen sich ein neues, in dem Sie sich persönlich entfalten und dabei auch immer mehr zum Erfolg des Unternehmens beitragen können. Wenn Sie versuchen, als Mitarbeiter oder Team das Unternehmen zu verändern, wird entweder das Immunsystem des Unternehmens anspringen und Sie „ausschwitzen" oder, wenn Sie das Unmögliche wirklich schaffen sollten (Einzelfälle gibt es immer), wird das Unternehmen in seinen Grundfesten derart erschüttert, dass es massiv instabil werden kann. Das kann – wie Lars Vollmer es in seinem Buch *Hört auf zu arbeiten* trefflich beschrieben hat – sogar den schleichenden Tod des Unternehmens einläuten, das seinen Halt über die Machtstrukturen auf der Vorderbühne und über die informellen Strukturen auf der Hinterbühne verliert.

Wenn Sie (Mit-)Eigentümer dieses Unternehmens sind, dann wird es höchste Zeit, einen evolutorischen Transformationsprozess einzuläuten. Es ist niemals zu spät dafür. Nicht nur Ihre Mitarbeiter werden es Ihnen danken. Als sehr wertvollen Nebeneffekt werden Sie auch erkennen, wie viele Kosten Sie durch Kontrolle und Verschwendung werden sparen können.

> „Kümmere dich um die Menschen, dann kümmern sich die Ergebnisse um sich selbst."
> *Götz Werner, Gründer und Aufsichtsratsvorsitzender der dm-Drogeriemärkte*

Wenn ein Unternehmen mit seinen Mitarbeitern auf Augenhöhe agiert, sie befähigt, ermächtigt und ermutigt, dann können Sie sich sicher sein, dass sich auch Begeisterung einstellt. Die Mitarbeiter werden begeistert und beseelt sein, für das Unternehmen zu arbeiten.

Sie glauben das nicht? Dann kehren wir das ganz schnell um: Wenn ein Unternehmen mit seinen Mitarbeitern nicht auf Augenhöhe agiert, sie über Anweisungen, Kontrollen und Strafen steuert, dann können Sie sich sicher sein, dass sich Ent-geisterung einstellt. Die Mitarbeiter werden ent-seelt und frustriert sein, für das Unternehmen zu arbeiten. Diese Mitarbeiter sind anfällig für einen Burn-out, für einen Herzinfarkt der Seele („ent-seelt"). Noch Fragen? Diese Zusammenhänge sind bewiesen. Warum nicht den anderen Weg gehen? Das macht allen Beteiligten viel mehr Spaß. Und übrigens: Auf der Kundenseite verhält es sich dann sehr ähnlich, wie nachfolgend aufgezeigt wird.

Schafft es ein Unternehmen, seine Mitarbeiter zu begeistern, dann wird es auch schaffen, seine Kunden zu begeistern.

Praxisbeispiel

Southwest Airlines

Auch wenn Southwest Airlines ein schon sehr oft zitiertes Unternehmensbeispiel ist, halten wir es dennoch einmal mehr an dieser Stelle für sehr passend. Das Unternehmen wurde 1967 gegründet, um die Fluglinie des kleinen Mannes und eine Alternative zu Auto und Bahn zu sein. Diesen Unternehmenszweck setzte Southwest Airlines um, indem es begann, als weltweit erste Fluggesellschaft günstige, unterhaltsame und einfache Flüge anzubieten. Die freie Platzwahl und das fehlende Klassensystem auf ihren Flügen dokumentieren den Glauben an Freiheit und Gleichheit. Der damalige CEO und Visionär Herb Kelleher wusste, dass Mitarbeiter ihr Bestes geben, wenn sie merken, dass ihre Arbeit Sinn ergibt und anerkannt wird. So kümmerte sich Southwest Airline zunächst um seine Mitarbeiter und erst im zweiten Schritt um seine Kunden. Werden die Angestellten gut behandelt, behandeln sie auch die Kunden gut. Ihm gelang es damit, eine der heute noch profitabelsten Fluggesellschaften der Welt aufzubauen.

Wie man an diesem Beispiel sehr schön sieht, ist der Mitarbeiter der Transmissionsriemen für Kundenbegeisterung. Darf der Mitarbeiter authentisch und souverän sein, hat er ausreichend Kompetenzen zur Gestaltung und Entscheidungsspielraum und darf er schließlich selbst im Rahmen der Unternehmensprinzipien entscheiden, so kann er gegenüber dem Kunden sehr authentisch und menschlich auftreten und ihn damit begeistern. Und eben das ist es, was Kunden heutzutage suchen: Menschlichkeit. Sie wollen ebenso auf Augenhöhe wahrgenommen werden wie die Mitarbeiter. Sie werden durch das begeistert, was die Mitarbeiter tun und wie sie es tun.

UNTERNEHMENSPORTRAIT
Upstalsboom Hotel & Freizeit GmbH & Co. KG

Upstalsboom wurde 1976 gegründet und betreibt mit inzwischen rund 650 Mitarbeitern, zehn Hotels und 600 Ferienwohnungen in den schönsten Lagen der Nord- und Ostsee sowie Berlin. Mit einer werteorientierten Unternehmenskultur, hohem sozialen Engagement und hoher Individualität hat das Unternehmen in den letzten Jahren zahlreiche Preise erhalten, unter anderem als Top-Arbeitgeber in der Kategorie „Top Job" des Mitarbeiterbewertungsportals kununu.".

Immer weniger Chefentscheidungen

Die Anzahl der Chefentscheidungen geht deutlich zurück, da Mitarbeiter immer mehr entscheiden können. Voraussetzung dafür ist die Bereitschaft von Mitarbeitern, Verantwortung zu übernehmen. Und das geht nur, wenn sie angstfrei sein, Selbstvertrauen aufbauen und darüber **Vertrauen** aufbauen können. „Das ist kein Prozess, der von heute auf morgen stattfindet. In diesem evolutionären Prozess befindet sich Upstalsboom seit einigen Jahren", so **Bodo Janssen, Gründer und Gesellschafter von Upstalsboom.**

Sehr spannend im Sinne dieses Buches ist die Tatsache, dass es bei Upstalsboom ein Nebeneinander von klassisch geführten Hotels und von sehr modern geführten Unternehmensteilen gibt:

- So z. B. im Bereich **Upstalsboom Kultur und Entwicklung**: Dort hat man es sich zum Ziel gesetzt, allen Mitarbeitern alle Informationen zugänglich zu machen, nach Prinzipien des Buches Reinventing organizations von Frederic Laloux. Mitarbeiter können dort mit Zustimmung ihrer Arbeitskollegen über ihre Gehälter selbst entscheiden, Führungskräfte sind „nur noch" Coach und Berater und Entscheidungen erfolgen konsultativ.
- Die Hotels, die nicht der Familie gehören und im Besitz von Shareholdern sind, sind eher noch klassisch geführt. In diesen Häusern herrscht durchaus noch die Denke vor, dass „neues Wissen altes Wissen gefährdet".

Aber auch in den klassisch geführten, eher schwerfälligen Hotels versucht man, einen evolutionären Prozess hin zu **integralen Strukturen** anzustoßen, der im Sinne von Gerald Hüther dazu führen soll, „Menschen zu ermächtigen und zu ermutigen". So finden nur noch wenige Bereichsleiter-Meetings statt, an ihre Stelle treten immer mehr Peer Group Meetings. Peer Group Meetings sind vor allen Dingen themenbezogen:

- Der **Culture Club:** Er besteht aus zwölf Mitarbeitern, die es sich zum Ziel gesetzt haben, durch geeignete Maßnahmen möglichst viele Mitarbeiter für den Upstalsboom-Weg zu begeistern.

- Der **Management Club:** Auch dieser Club besteht aus ca. zwölf Mitarbeitern. Vom Auszubildenden bis zu Führungskräften sind alle Mitarbeiterebenen enthalten. Dieser Club sucht nach Möglichkeiten, „wie wir es schaffen können, eine komplexitätskompatible Management Organisation aufzubauen". Sie nehmen über das Hören, Fühlen und Sehen Impulse auf und versuchen entsprechend sinnvoll zu reagieren.
- Die **Entwicklungswerkstatt** hat ca. 100 Teilnehmer, darunter auch Familienangehörige, die über „Wildcard-Kontingente" zugelost werden. Da sich diese Werkstatt mit der Entwicklung des Unternehmens beschäftigt, ist eine möglichst heterogene Zusammensetzung, bei der 50 % der Teilnehmer keine Wiederholer sein dürfen, sehr erwünscht.

Auf dem Weg zu voller Datentransparenz

Auch bei diesem Thema ist Upstalsboom, so Janssen, durch die unterschiedlichen Entwicklungsstände der Unternehmensbereiche noch nicht einheitlich aufgestellt." So wurde erst kürzlich die Kollaborations-Software Coyo – eine Art Intranet-Facebook – zum Test eingeführt, um sämtliche Infos für jeden zugänglich zu machen. Die Mitarbeiter können damit selbst wählen, welche Informationen sie einsehen wollen. In den eher klassischen Hotels, die Informationen noch immer zur Steuerung der Machtverhältnisse politisch nutzen, wird ebenfalls über integrale Strukturen und durch technische Innovationen wie Coyo versucht, die klassischen Strukturen auszuhöhlen.

Hierarchische Ausprägung (fast) nur noch auf dem Papier

In vielen Häusern sind noch klassische Organigramme abgebildet, was aber meist nur noch wenig mit dem zu tun hat, wie es gelebt wird. Die Hierarchien sind im selbstverantworteten Tagesgeschäft über die Peer Groups und über die Rekrutierung von branchenfremden Protagonisten schon sehr stark aufgeweicht. Selbstführende Teams sind das Ziel. Da die Hotelbranche aus dem Extrem der Gründerzeiten mit einem vorherrschenden Command & Control kommt, wird es aber noch einige Zeit brauchen, so Janssen, dieses Ziel zu erreichen.

Individualziele ohne monetäre Anreize

Bei Upstalsboom gibt es sowohl Individual- als auch Unternehmensziele. Das Entscheidende ist aber, dass es für alle Ziele keine monetären quantitativen Anreize gibt, um Altruismus, Egoismus und Limitierung zu vermeiden. Die Organisation investiert in die drei Ziele Emotion, Quantität und Qualität.

- Beispiel **quantitative und qualitative Individualziele:** Mitarbeiter definieren für sich selbst, was sie als Erfolg ansehen. Dieses Prinzip wurde im Rahmen der Hilfsprojekte in Ruanda von den Dorfbewohnern abgeschaut.
- Beispiel **emotionale Unternehmensziele:** Sinnorientierung mit dem Ziel „Anblick eines glücklichen Menschen".
- Beispiel **quantitative Unternehmensziele:** Werden definierte Kennzahlen erreicht oder übertroffen, dann werden variable Gehälter proportional zum Gehalt ausgeschüt-

tet. Ausnahme dazu war Usedom, ein eher klassisch, aber sehr gut geführtes und shareholdergeprägtes Hotel. Hier hatten die Shareholder jüngst von sich aus auf Ausschüttung verzichtet, um eine feste Vergütung von 500 Euro pro Mitarbeiter extra ausschütten zu können.

Fokus auf begeisternden Kundenbezug

„In allem was wir tun, geht die Entwicklung im Außen über die Entwicklung im Innen", so Bodo Janssen. Und weiter erläutert Janssen: „Wenn wir hier richtig aufgestellt sind, dann brauchen wir hierauf keinen Einfluss mehr nehmen. Dann sind wir so weit, dass wir selbst erleben können, was die Gäste erleben wollen. So schaffen wir es auch, durch das wofür wir wie und was tun Interesse bei den Menschen zu wecken und sie schließlich zu begeistern."

Er räumt auch ein, dass der Service vielleicht nicht so perfekt wie in anderen Hotels ist, aber dafür begegnen den Gästen Menschen. **„Menschen wollen Menschen begegnen und erleben, was woanders nicht mehr erlebt werden kann"**, so Janssen. Am Ende geht es darum, zusätzliche Sinnorientierung bei gleicher Produkt- und Dienstleistungsqualität zu schaffen. Dafür sind die Menschen offen.

Arbeiten am System (Strukturdominanz)

Bei Upstalsboom gibt es das Grundprinzip der Partizipation: Mitarbeiter gestalten zu lassen bedeutet, die Grundverbundenheit zu erhöhen. Dies ist eine extrem starke Voraussetzung für Vertrauen! Es dürfe nicht über die Köpfe der Mitarbeiter hinweg entschieden werden, sonst platzt das Vertrauen wie eine Seifenblase in der Sonne.

Grundsätzlich muss ein Mitarbeiter sich zu allererst über seine eigenen Werte bewusst werden. Hier hat Upstalsboom sehr viel Zeit und Energie investiert. Und es ist auch, nach Meinung von Janssen, **„die einzige Legitimation für Führung: Mitarbeiter sich selbst erkennen zu lassen"**.

Experimentieren in komplexen Zeiten

Upstalsboom ist sehr heterogen aufgestellt, um vieles ausprobieren zu können. Bewegen in Komplexität heißt viel Trial and Error, so Janssen. Das Unternehmen arbeite sehr stark im Fuzzy-Bereich. „Wir sehen ein Bild und arbeiten darauf hin. Experimentieren ist Teil der Unternehmenskultur. Sie müssen sich das so vorstellen", erläutert Janssen, **„wir gehen den Weg von der Symphonie hin zum Free Jazz"**.

Und er zählt auch gleich die Konsequenzen einer konkreten und detaillierten Planung auf: Mit ihr steige doch nur das Bedürfnis nach Kontrolle, sie grenze die Menschen ein und sie hätte aufgrund von Komplexität eine Halbwertszeit von Null. Janssen weiß, wovon er spricht. Früher hat er versucht Komplexität mit den rationalsten Methoden, die es am Markt gab, zu managen (nachzulesen auch in seinem bei Ariston erschienenen Buch *„Die stille Revolution"*). Es ist schlichtweg nicht möglich. In komplexen Marktumfeldern sind Intuition und persönliche Resilienz allein zielführend.

Keine Budgets, nur sinnvolle Investitionen

Investiert wird, wenn etwas sinnvoll erscheint – auf Basis von Intuition. Auch eine Größenordnung ist grundsätzlich nicht definiert, bis zu der Mitarbeiter über eine Investition entscheiden dürfen. Erst, wenn Banken im Investitionsplan eine Rolle spielen , geht die Investitionsentscheidung über den Tisch von Bodo Janssen. Wie das ohne ihn im Normalfall funktioniert? Indem der Fragende, die passiv Betroffenen (z. B. finanziell) und die aktiv Beteiligten (die damit arbeiten müssen) befragt bzw. konsultiert werden. Das ist Pflicht. Nebeneffekt: Es hat sich bisher noch keiner gegen die Ratschläge entschieden.

Steigende Frequenz an Mitarbeitergesprächen

Für die Durchführung von Mitarbeitergesprächen gibt es keinen klaren Standard. Das passiert nach Gefühl, so Janssen. Ziel sei es, die Anzahl deutlich zu erhöhen und das bestmöglich umzusetzen. Bei zwei bis drei Gesprächen pro Jahr baue sich doch zu viel auf. Mitarbeiter sollten jede Möglichkeit nutzen, miteinander zu reden.

> **„Was mich berührt, ist der Anblick glücklicher Menschen."**
> Bodo Janssen, Geschäftsführender Gesellschafter von Upstalsboom

---

Die neun Treiber für Kundenbegeisterung

Aus einer Befragung von 1.000 Internetnutzern, welche Unternehmen sie warum begeistern, zog ich 2015 sehr interessante Rückschlüsse auf die Einzelfaktoren für Begeisterung – ich hatte sie „**MEINE-FANS**-Treiber" getauft. Die Firmenangaben in den Klammern stehen natürlich stellvertretend für viele weitere begeisternde Unternehmen. Sind sind bzw. agieren:

- **M**ehrwertig: Empfinde ich das Produkt oder den Service als für mich in hohem Maße mehrwertig, ohne das Gefühl zu haben, übers Ohr gehauen worden zu sein (it-agile, WIBAS, Google)?
- **E**inzigartig: Bekomme ich das Produkt oder den Service so nur bei diesem Unternehmen, löst es meine Probleme wie kein anderes (Hidden champions wie Allsafe Jungfalk oder hhpberlin, Tesla Auto)?
- **I**ndividuell/mitgestaltend: Ist das Produkt oder der Service personalisiert (Spreadshirt) oder geht es auf meine Wünsche und Neigungen ein (MyMuesli, Dell)?
- **N**eu/überraschend: Gingen die Eigenschaften des Produkts oder Services weit über meine Erwartung hinaus – handelt es sich um eine Innovation (Dyson Staubsauger, Handtrockner oder Ventilator)?
- **E**motional: Weckt das Angebot oder die Nutzung positive Emotionen bei mir, die mir nachhaltige Eindrücke verschaffen (Jochen Schweizer)?
- **F**air/transparent/vertrauensvoll/verlässlich: Auch wenn das Produkt einzigartig ist, erhalte ich faire Preise, sind die Produktionsverfahren in jeder Hinsicht fair

und/oder sind die Produkte nachhaltig verlässlich, ohne sofort nach der Garantie kaputtzugehen (Primavera, Toyota, früher auch Miele Haushaltsgeräte)?

- **Arbeit liebend/von Herzen/wertschätzend**: Fühle ich mich wohl, gewertschätzt und ernst genommen, wenn ich den Mitarbeitern begegne (dm-Drogeriemärkte, Upstalsboom, Southwest Airlines)?
- **Natürlich/authentisch/wertekonform**: Kann ich mich mit dem identifizieren, was das Unternehmen mit seinen Produkten und Services verkörpert, wofür es steht (Vaude, Gore, Timberland)?
- **Schnell/erreichbar/intuitiv/verantwortungsvoll**: Wenn ich Probleme habe, reklamiere oder etwas zurückgeben will, wird mir dann schnell und unkompliziert geholfen – alles funktioniert intuitiv und einfach (Amazon)?

Haben Sie etwas bemerkt? Diese Faktoren haben einen sehr hohen Deckungsgrad mit den Augenhöhe-Faktoren. Wie im Innen so im Außen. Durch ein Agieren auf Augenhöhe im Inneren, also gegenüber den Mitarbeitern, hat das Unternehmen kaum noch Übersetzungsaufwände bzw. Reibungsverluste hinsichtlich der Wertschöpfung im Außen hin zum Kunden. Alles fließt – panta rhei.

Warum ist das so? Wenn sich niemand mehr verstellen muss und niemand mehr Theater spielen muss, dann wird wieder miteinander auf Augenhöhe kommuniziert, dann wird wieder authentisch und natürlich gehandelt. Und dieses natürliche Handeln führt zu verständlichen und nachvollziehbaren Produkten, Services und Prozessen. Nachhaltiges Vertrauen und nachhaltiger Erfolg sind möglich. Das ist die Grundlage für eine lang anhaltende, treue und weiterempfehlende Fan-Beziehung. Die Fans stehen auch in schlechten Zeiten zu dem Unternehmen und können auch mal verzeihen. Die Voraussetzungen für ein Unternehmen mit Zukunft sind gegeben.

Augenhöhe verhindernde Wellenbrecher-Praktiken

Wellenbrecher sind Augenhöhe-Verhinderer. Diese entstehen jedes Mal, wenn Macht ausgeübt wird. Erkennbar sind Wellenbrecher in all den Situationen, in denen Anweisungen, Belohnungen oder Strafen erfolgen.

Anweisungen kommen über unterschiedliche Wege beim Mitarbeiter an: Als Mitteilungen, Berichte, als Protokolle, Verordnungen, Zielvorgaben, rhetorisch geschickt formulierte Aufträge oder Richtlinien, um nur einige davon zu nennen. In jedem Fall kommt es anschließend zu direkter oder indirekter Kontrolle, die zu Belohnungen in Form von variablen Vergütungen, Beförderungen oder Auszeichnungen oder, im Falle der Nichterfüllung oder befürchteter Nichterfüllung, zu Druck, Nichtbeförderung, Abmahnung und im schlimmsten Fall zu einer außerordentlichen Kündigung führen.

Leider hat eine Mangelerfüllung häufig nicht viel mit Logik zu tun, sondern schlichtweg damit, dass die Zielvorgaben nicht erreichbar waren, die Mitarbeiter sich mit den Anweisungen oder Vorgaben nicht identifizieren konnten, sie mit der Aufgabe schlicht überfordert waren oder wider den gesunden Menschenverstand, gegen eigene Interessen oder die des Kunden hätten handeln müssen.

Hand aufs Herz, wie würden Sie reagieren, wenn Ihr Vorgesetzter morgen zu Ihnen käme und Ihnen unmissverständlich mitteilte: „Wir müssen noch die zwei Großaufträge bis zum Ende des Monats durch die Tür bringen, ich kann mich da doch wie immer auf Sie verlassen, oder?" Hierin sind mehrere bewusste oder routinemäßig einstudierte, unbewusste Fallen enthalten: Entweder sie sagen „Nein", dann können Sie sich sicher sein, dass Sie sofort Stress mit dem Vorgesetzten bekommen oder Sie sagen „Ja", dann bekommen Sie sehr wahrscheinlich Stress bei der Ausführung des Auftrags. Wenigstens haben Sie im letzten Fall etwas Zeit gewonnen. Der Scharfrichter kommt dann eben etwas später.

Wer kennt dieses Dilemma nicht? Sie können nur verlieren. Also, was machen Sie? Den Stress heute vermeiden, weil es ja sein könnte, dass Sie es wirklich schaffen? Aber gleichzeitig wissen Sie, dass Sie, wenn Sie es nicht schaffen, eben nach dem Monatsende Stress haben werden. Macht es einem Mitarbeiter Spaß, wenn er eigentlich immer sein Bestes gibt oder geben will, aber die Tatsache, ob er als gut wahrgenommen wird, nicht an seinem Können und von dem natürlichen Fluss der Dinge, sondern von einem einzigen künstlichen Datum oder zu hoch gesetzten Zielen abhängig gemacht wird? Um das Ziel dennoch zu erreichen, kann es sein, dass unternehmensschädliche Kompromisse wie „Auftrag heute und Lieferung deutlich später" oder vermeidbare Preisnachlässe eingegangen werden, nur damit der Auftrag noch diesen Monat in die Bücher kommt.

▶ **Impuls:** Unnatürliche Eingriffe in die Wertschöpfungskette schaden dem Unternehmen.

Zielvorgaben, Budgetierung, Kontrolle, potenzieller Druck von oben, Aussicht auf Belohnung oder Angst vor Bestrafung führen zu einem unnatürlichen Eingriff in die Wertschöpfungsprozesse und schaden dem Unternehmen!

▶ **Impuls:** Eignen Sie sich ein Gespür für Wellenbrecher-Praktiken an.

Wellenbrecher-Praktiken sind alle diejenigen Strukturelemente, die einem Umgang auf Augenhöhe im Unternehmen entgegenstehen und gleichzeitig dazu führen, dass Maßnahmen zur Erzielung höchster Wirksamkeit blockiert werden.

Stellt man zu den im Folgenden gelisteten Praktiken seinem Gegenüber die Frage, inwieweit diese zur Wertschöpfung beitragen, so erhält man neben flüchtigem Blocken meist keine oder nur eine ausweichende Antwort. Ähnlich verhält es sich mit der sozialen Hygiene. Auch hier sind die Praktiken meist nicht dazu geeignet, das soziale Miteinander zu verbessern, eher das Gegenteil ist der Fall. Schauen wir uns nachfolgend die gängigsten Wellenbrecher an.

Individualziele sind noch in den allermeisten Unternehmen gang und gäbe. Wie läuft das Verfahren in der Regel ab?

Praxisbeispiel

Individiualziele

Zunächst bittet die Führungskraft den Mitarbeiter, sich für das Gespräch in der kommenden Woche Gedanken darüber zu machen, welche Ziele er sich für das nächste Jahr vornehmen möchte. Bei der Zielformulierung möge sie oder er sich doch bitte an die SMART-Grundsätze halten (s. auch Kapitel 3). Das heißt, die Ziele sollten spezifisch, messbar, ambitioniert, realistisch und terminiert sein.

So weit, so gut. Doch nun starten diverse Routinen, die die neue Theatersaison der Organisation einläuten.

Business-Theater aufgrund von Zielvereinbarungen

Understatement

Der Mitarbeiter wird versuchen, bei der Zielformulierung unter seinen tatsächlichen Möglichkeiten zu bleiben, jedoch in höchster Schauspielkunst ambitioniert zu erscheinen, damit er noch Verhandlungsspielraum mit seinem Vorgesetzten behält. Wie bitte? Machen Sie sich das bitte bewusst: Die Organisation verliert wertvolle Zeit dadurch, dass zwei Mitarbeiter, die sich eigentlich hundertprozentig auf die Wertschöpfung für die Kunden konzentrieren sollten, miteinander in Verhandlung treten? Und wer zieht in der Regel den Kürzeren? Der Mitarbeiter. Weil er die Schauspielkunst nicht so gut beherrscht wie der routiniertere und in diesen Dingen trainierte Vorgesetzte und weil hier am Ende die Oben-Unten-Karte gespielt wird. Und damit kommen wir auch schon zum nächsten Akt des Theaterstücks.

Runterbrechen und Duplizierung der Ziele

Wenn wir auf die Hinterbühne schauen, dann sieht das Ganze am Ende so aus, dass die Führungskräfte der ersten Ebene unter der Geschäftsleitung darauf achten, dass ihre Ziele sich auf der darunterliegenden Ebene verteilt wiederfinden. Die Führungskräfte der zweiten Ebene achten selbstverständlich ebenfalls darauf, dass auch ihre Ziele nach unten durchgereicht werden und so weiter und so fort. Im besten Fall erreichen alle ihre Ziele und das Unternehmen zahlt allen Mitarbeitern der Linie einen bestimmten Prozentsatz des Einkommens für die Erreichung dieses Ziels. Keine weitere Diskussion. Wenn aber das Ziel nicht erreicht wird oder werden kann, dann gibt es statt Verhandlungen Diskussionen bis hin zu Schuldzuweisungen von oben nach unten, warum es nicht erreicht werden konnte, und was zur Erreichung der Ziele noch getan werden kann. Meist wird dann auch leichter bis massiver Druck ausgeübt, der mit Führung auf Augenhöhe trotz aller guten Vorsätze nichts mehr zu tun hat.

Kosmetik

Natürlich soll der Mitarbeiter von der Manipulation möglichst wenig merken, sodass auch noch bei den Zielen 4 und 5 genügend Raum für wirkliche individuelle Ziele gegeben wird. Damit geht der Mitarbeiter vermeintlich zufrieden aus dem Gespräch heraus, in der Annahme, dass es ein Geben und Nehmen war – wie immer. In Wirklichkeit fand hier eher das Prinzip „Brot und Spiele" statt – wie im alten Rom.

Persönliche Gewinnmaximierung

Wenn es dann an die Umsetzung der Ziele geht, dann passiert leider Folgendes: Die Mitarbeiter sind ein Jahr lang auf die Erfüllung der Ziele fokussiert. Das ist durchaus sehr gut, wenn die Ziele stabil und planbar sind. Doch was passiert, wenn es sich im Laufe des Jahres herausstellt, dass die Ziele für das Unternehmen nicht mehr vorteilhaft, da immer weniger planbar sind? Da gibt es die einen Mitarbeiter, die das ignorieren oder Nachverhandlungen aus welchen Gründen auch immer scheuen und unbeirrt an der Erreichung ihrer eigenen Ziele weiterarbeiten. Das ist das größte Desaster, das einer Organisation widerfahren kann. Wider besseren Wissens wird dann die Unternehmenszielkongruenz aufgegeben und gegen die Interessen des Unternehmens gearbeitet.

Nachverhandlungen

Falls die Linie sich tatsächlich eingesteht, dass das Festhalten an den für das Unternehmen nicht mehr vorteilhaften Zielen für einen mittel- und langfristigen Fortbestand der Organisation nicht sinnvoll ist, dann sollte es zu einer Zielanpassung kommen. Somit kommt es zu Nachverhandlungen, die erneut Zeit und Energie binden und aufgrund des dann kürzeren, aber planbareren verbleibenden Zeitraums umso heftiger im Interesse des Unternehmens oder umso leidenschaftsloser zu Ungunsten des Unternehmens geführt werden.

Zielerreichungsgeschacher

Und wenn dann der Tag x gekommen ist, geht das ganze Theater in den finalen Akt. Der Mitarbeiter versucht selbstverständlich das Meiste herauszuholen, indem er seine Leistungen in bestem Lichte darstellt. Und die Führungskraft hat unter Umständen finanzielle Grenzen, innerhalb derer sie variable Vergütungen in der Summe auszahlen kann. Unabhängig davon muss sie mit einer gegenüber dem Unternehmen verantwortungsvollen Strenge die Zielerreichung kritisch hinterfragen, um nicht zu spendabel zu erscheinen. Das ganze durchsichtige Dilemma nimmt weiter seinen Lauf. Und wenn sie nicht gestorben sind, so gehen alle für das kommende Jahr wieder einvernehmlich „zurück auf Los" und starten mit der Understatement-Phase.

Liebe Leser, haben Sie das nicht auch schon so oder so ähnlich x-mal erlebt? Welch eine Zeit- und Energieverschwendung, dieses jährliche Ritual ablaufen zu sehen, und das, obwohl sich viele Unternehmen eingestehen sollten, dass man heutzutage gerade einmal noch 6 Monate im Voraus planen kann. Alles andere ist „Glaskugelschauen" und beschränkt die so dringend benötigte Reaktionsfähigkeit und -geschwindigkeit des Unternehmens. Und das Schlimme ist, dass jeder der Beteiligten im Unterbewusstsein die unangenehme Situation zwar irgendwie wahrnimmt, nur keiner sie bewusst zum Ausdruck bringen kann, weil sie als unumstößlich gesetzt gilt oder es – etwas harmloser formuliert – unter dem Deckmäntelchen der Gewohnheit verborgen bleibt und nur die Wenigsten wissen, dass es auch anders geht.

▶ **Impuls:** Achten Sie auf Zielkongruenz zwischen Organisation und Mitarbeitern.

Operative Planbarkeit ist heutzutage in den meisten Organisationen nur noch auf Sicht von ca. 6 Monaten gegeben. Vermeiden Sie die Vergabe individueller Ziele und setzen Sie auf Zielkongruenz über eindeutig quantifizierbare Unternehmensziele. Damit können Sie jederzeit ein ganzheitliches Denken und Handeln im Sinne des Unternehmens auf Augenhöhe erreichen und zeitaufwändiges Positionsgeschacher vermeiden.

UNTERNEHMENSPORTRAIT
wibas GmbH

wibas ist eine Organisationsberatung, die seit vielen Jahren Business-Transformations-projekte durch die Anwendung von Frameworks wie Agile/Scrum, Scaled Agile und Lean Management vereinfacht und beschleunigt.

Keine Privilegien für Geschäftsführer

Das Auffälligste bei wibas ist laut **Frank Eberhard, Senior Executive Consultant bei wibas**, eigentlich das Unauffälligste. Wenn man bei wibas ins Büro kommt, erkennt man nicht, wer Geschäftsführer ist und wer nicht. Nicht einmal die drei Geschäftsführer haben feste Arbeitsplätze und alle Arbeitsplätze sind gleich ausgestattet. Daher wird auch eine Clean-Desk-Policy gepflegt.

Geschäftsführerentscheidungen auf das Wesentliche beschränkt

Die einzigen Entscheidungen, die die Geschäftsführung selbst trifft, sind Personalent-scheidungen, die sogar erst nach erfolgter Meinungsbildung zusammen mit anderen Beratern getroffen werden, sowie Priorisierungsentscheidungen für den Produkt-Backlog in der Rolle des Product Owners.

Vollumfassende dezentrale Datentransparenz

Bei wibas hat jeder Berater vollumfassenden Einblick in alle geschäftsbezogenen und alle projektbezogenen Daten. Jeder sieht z. B. bei Geschäftskunden die vereinbarten Preise, offene und bezahlte Rechnungen sowie den Projektstatus. Weil jeder Berater auch die

Geschäftszahlen inklusive Kassenstand sehen kann, konnten in schwierigen Zeiten außerordentlich gute Erfahrungen gemacht werden: Alle Mitarbeiter akzeptierten die im Arbeitsvertrag integrierten Kurzarbeitsregeln. Um die maximale Wirkung aus dem Gehaltsverzicht zu erreichen, verzichteten die Berater mit niedriger Projektauslastung auf mehr Arbeitszeit und Gehalt als Kollegen mit hoher Projektauslastung – deren Projektauslastung und auch Arbeitszeit/Gehalt blieb „im Plan". Es war konsequenterweise sogar so, dass jeder von jedem die prozentuale Kürzung der Arbeitszeit bzw. den Anteil der faktischen Freistellung einsehen konnte. Abgesehen von der nicht zu vernachlässigenden Arbeit, die damit verbunden war, hat das bei wibas hervorragend und nachhaltig funktioniert.

Einheitliche Unternehmensziele für alle

Es gibt bei wibas keine Individual- oder Teamziele. Nach Ende eines jeden Geschäftsjahres wird die Hälfte des Gewinns an alle Mitarbeiter ausgeschüttet, und zwar proportional zu dem jeweiligen Fixgehalt. Das initiale Fixgehalt orientiert sich an der Seniorität des Beraters, die Gehaltsentwicklung an der fachlichen und persönlichen Entwicklung des Beraters. Die Individualziele sind vor ca. 2,5 Jahren ad acta gelegt worden, um die Zwickmühle „optimiere ich meine Kundeneinsatztage und damit meinen Bonus oder investiere ich in meine berufliche und persönliche Weiterentwicklung auf Kosten des Bonus?" zu vermeiden. Da neben den Kundeneinsatztagen und dem Umsatz auch Tätigkeiten wie Netzwerkarbeit, Marketing, Vertrieb und Produktentwicklung für die weitere Entwicklung des Unternehmens wichtig sind, hat sich die ganzheitliche und nachhaltige Ausrichtung über einheitliche Unternehmensziele bewährt. Zusätzlicher Effekt ist, dass sich Mitarbeiter in den Mitarbeitergesprächen ausschließlich auf die persönlichen und fachlichen Themen konzentrieren können.

Agile Arbeitsmethoden in Kombination mit mitgestalteten Werten

Die Unternehmenskultur ist auch bei wibas „nur" Konsequenz der systemformenden Rahmenbedingungen. Bei wibas erfolgt die Definition dieses Betriebssystems über die konsequente Anwendung agiler Arbeitsmethoden, intern genauso wie bei ihren Klienten. Agilen Arbeitsmethoden liegen vor allem akzeptierte und miteinander definierte Werte wie Fokus, Mut, Offenheit, Selbstverpflichtung und Respekt zugrunde. Die Kombination aus agilen Arbeitsmethoden und den damit zusammenhängenden Werten prägen wibas stärker als es irgendwelche Werte-Vorgaben oder -Appelle je tun könnten. In der Interaktion kann damit sowohl soziales Theater (aufgrund von Werte-Vorgaben) als auch Methoden-Theater (aufgrund der Anwendung einer nicht akzeptierten Methode) vermieden werden. Der Weg für eine authentische Entwicklung der Unternehmenskultur ist damit frei.

Agile Planung ohne Zwänge

Durch die Anwendung agiler Managementmethoden, nicht nur in der Softwareentwicklung, gibt es keine Mehrjahresplanung im klassischen Sinne, lediglich vier bis fünf strategisch relevante Themen („Epics") für das neue Geschäftsjahr. Diese werden bis auf vierwöchige Sprints heruntergebrochen, die quartalsweise auf Basis aller aktuellen Erkenntnisse und auf Basis der priorisierten „Stories" des Produkt-Backlogs immer wieder hinterfragt und ggf. neu geplant werden.

Wellenbrecher „Mitarbeitermotivationsprogramme"

„Mitarbeiter können nicht motiviert werden. Sie sind von Grund auf selbst motiviert!"
Gerald Hüther (1951), Neurobiologe und Autor

Wenn Mitarbeiter von Grund auf selbst motiviert sind, was führt denn dann zu Demotivation? Blättert man sich dazu durch die einschlägige Fachliteratur, so kommen wir einmal mehr zu einem Großteil der Regeln, die Augenhöhe ausmachen. Sind diese verletzt, d. h. agiert der Vorgesetzte nicht als Vorbild, erwartet er von anderen Null Fehler und gibt er selbst keine zu, ermöglicht er keine persönliche Weiterentwicklung oder verhält er sich anderweitig unfair, dann führt das zu ausgeprägter Demotivation.

Das Problem ist ja nicht nur ein berufliches. Demotivation entsteht bei vielen Menschen schon durch die verschiedenartigsten Erfahrungen, die sie während ihrer Schulzeit, der Ausbildung und im Beruf machen „durften" und die sich somit aufgestaut haben. Das Vertrauen in den Lehrer, die Führungskraft und das System ist häufig verloren gegangen, sodass sich die Menschen im Laufe der Jahre immer mehr anpassen, immer stromlinienförmiger werden, Dienst nach Vorschrift machen und ihre Ecken und Kanten ablegen, um ja nicht unangenehm aufzufallen. Die menschlichen Schätze wie Individualität, Intuition, Kreativität oder Mut, Verantwortung zu übernehmen, die jedem von uns innewohnen, können dann nur mühsam und über geduldsame Vertrauensbildung wieder gehoben werden. Die Geduld wird sich immer bezahlt machen – und das Schöne dabei ist: nicht nur einseitig.

▶ **Impuls:** Vermeiden Sie Demotivation durch Machtausübung.

Demotivation entsteht durch Machtspiele, Intransparenz, Enttäuschungen, Entmündigung und Entmachtung – durch das Gegenteil von Zusammenarbeiten auf Augenhöhe.

Was ist denn dann falsch an Motivationsprogrammen?

Wenn Motivationsprogramme auf das System abzielen, um Arbeiten auf Augenhöhe zu ermöglichen, dann ist das absolut sinnvoll. Doch wenn diese, wie so häufig, dazu verwendet werden, die Mitarbeiter zu beeinflussen, dieses oder jenes zu tun, dann ist das zielgerichtet manipulativ. Das Ergebnis sind dressierte bzw. konditionierte Mitarbeiter, die nicht sie selbst sein dürfen, sondern genau die Rolle spielen sollen, die sich die Führungskräfte vorstellen und die sie unter natürlichen Umständen so oder so ähnlich nicht spielen würden. Das klingt für viele vielleicht etwas radikal oder provokant, doch wie sollen wir Veränderung bewirken, wenn wir nicht mal ab und zu etwas irritieren?

▶ **Impuls:** Schaffen Sie stattdessen Rahmenbedingungen für persönliche Entfaltung.

Motivation entsteht nicht durch Motivationsprogramme, die auf den Menschen ausgerichtet sind, sondern durch Motivationsprogramme, die am System arbeiten und den Menschen wieder Freiräume zur persönlichen Entfaltung geben, der oder die zu sein, die sie sind.

Wellenbrecher „Mehrjahresbudgetierung"

Praxisbeispiel

Starre Mehrjahresbudgetierung

In meinem beruflichen Umfeld habe ich folgende Entwicklung erlebt: Der neue CEO einer prosperierenden Konzerntochter hatte dort zum ersten Mal das Ritual einer 5-Jahres-Planung zu absolvieren, wie es im Konzern so üblich war. Er hatte die Budgetplanung nach bestem Wissen und Gewissen vorgenommen und diese präsentiert. Doch die konsolidierten Planungen sämtlicher Töchter ergaben in der Summe nicht den ganz oben erwünschten – oder sollen wir sagen erträumten – Zielwert. So kam es, dass jede Konzerntochter wie auf einem orientalischen Basar so viele zusätzliche Zielvorgaben einkassieren durfte, bis das Gesamtergebnis passte. Wie ging die Geschichte weiter?

Es kam, wie es kommen musste: Im ersten Jahr ging es noch gut. Planungsreserven, die sich die Gesellschaften im Vorfeld zur Planung gesichert hatten, konnten noch genutzt werden, um die Ziele des ersten Jahres zu erreichen. Puh, da war der Kelch an den Betroffenen noch einmal vorübergegangen. Aber nun kam Jahr zwei. Die ersten Töchter rissen die Vorgaben – darunter war auch der „neue" CEO –, zumal die Konkurrenz, die ihre Gewinne nicht an die Shareholder auskehren musste, sondern in ihr Geschäft reinvestieren durfte, auch immer stärker wurde und zugleich die Märkte immer dynamischer wurden. Erste Enttäuschungen über reduzierte bzw. nicht erreichte Boni machten sich breit. Und so ging es in die Budgetplanung der nächsten 5 Jahre. Doch was passierte bei den Gesellschaften, die die Hürde schon im zweiten Jahr gerissen hatten? Sie durften die Uhr nicht wieder auf Null stellen und die Ziele den neuen Realitäten anpassen, nein, sie mussten nach wie vor gegen die ehemals vereinbarten Ziele der Folgejahre ankämpfen. Sie können sich vorstellen, was das bedeutete. Nicht nur, dass Geldeinbußen im zweiten Jahr in Kauf genommen werden mussten. Nein, nun musste auch noch überproportional und ohne Aussicht auf Erfolg den Zielen von vor 2 Jahren hinterhergelaufen werden. Demotivation pur. In ihrer

Verzweiflung ließen der CEO und sein Management nichts unversucht, die Umsätze künstlich aufzublähen, obwohl das auf der Ertragsseite zu keinerlei Effekten führte.

Mehrere negative Effekte waren somit festzustellen: Die Manager begannen Dinge zu tun, die nicht wertschöpfend waren, sie verloren den Glauben an die Erreichbarkeit der Ziele, sie brannten innerlich buchstäblich aus – so auch der CEO, der sogar einen multiplen Bandscheibenvorfall erlitt –, sie verloren ihre Loyalität zur Konzernmutter und kündigten schließlich, verglichen sich oder wurden gekündigt. Heißt das, dass sie schlechtere Führungskräfte waren? Nein, sie wurden in eine Rolle gedrängt, die das System von ihnen abverlangte. Das Einzige, was man ihnen vorwerfen könnte, ist, dass sie das Unternehmen nicht früher verlassen hatten.

„Wer sich machtlos und abgängig fühlt, ist nicht auf Augenhöhe." *Detlef Lohmann, Autor, Gesellschafter und Geschäftsführer von allsafe Group*

Kommt Ihnen das Praxisbeispiel irgendwie bekannt vor? Das ist noch heute gängige Praxis.

Liebe Entscheider, natürlich sind Visionen, Strategien und Planungen sinnvoll, aber akzeptieren Sie, dass Pläne heutzutage gerade noch 6 bis 12 Monate Bestand haben können, nicht länger. Die harte und starre Durchsetzung von kurz-, mittel- und langfristigen Plänen befriedigt vielleicht die Kapitalmarktakteure, aber sie führt auch zu irrationalen und energiefressenden Maßnahmen mit sehr starkem und kostenträchtigem internen Bezug, die den Unternehmen und der Volkswirtschaft – und davon sind wir überzeugt – deutlich mehr schaden als nützen. Lassen Sie den Mitarbeitern die Möglichkeit, sich sinnvoll einzubringen, sich zu entfalten, ganzheitlich vom Kunden her zu denken und zu handeln und Sie werden sehen, dass in den Unternehmen mehr Potenziale stecken als Sie sich jemals erträumen konnten. Und das ganz ohne Druck, sondern durch Arbeiten auf Augenhöhe.

So ließen sich viele weitere Wellenbrecher-Praktiken ausführlich erläutern. Da es uns aber nicht um das „Bashing" (deutsch: auf etwas einprügeln) dieser Praktiken geht, sondern um die Sensibilisierung für ihre negativen Konsequenzen für die Unternehmen und ihre Mitarbeiter, hoffen wir, dass wir Sie damit schon hinreichend sensibilisieren konnten.

Sieben zu vermeidende Wellenbrecher-Praktiken

Die Kultivierung von Machtelementen im Unternehmen verschwendet wertvolle Unternehmensressourcen. Das kann sich heutzutage eigentlich kein Unternehmen mehr leisten. Daher haben wir Ihnen unsere wichtigsten Impulse zur Vermeidung von Wellenbrecher-Praktiken zusammengestellt.

1. **Vermeiden Sie Vorschriften oder Richtlinien** aus Misstrauen und Angst vor Fehl-verhalten von Mitarbeitern, wenn sie – außer aufgrund von gesetzlichen oder steuer-rechtlichen Gründen – nicht notwendig sind. Sie bevormunden, gängeln und entmün-digen die Mitarbeiter und nehmen ihnen obendrein noch Verantwortung. Das Gegen-teil davon ist Wertschätzung, Vertrauen und Kompetenzausstattung, um im Sinne der Kunden oder zur Schadensvermeidung schnell handeln zu können.

2. **Vermeiden Sie Statussymbole** wie separate Kantinen oder eigene Parkplätze. Geben Sie jedem gleiche Rechte und begrenzen Sie Unvernünftiges durch Prinzipien und Leitlinien.

3. **Vermeiden Sie es, als Führungskraft selbst zu entscheiden.** Sie entmündigen und entmutigen die Mitarbeiter, denn Sie nehmen ihnen die Identifikation bzw. die psy-chologische Eigentümerschaft für das Thema. Am Ende müssen die Mitarbeiter „ein fremdes Baby austragen" und später dafür auch noch den Kopf hinhalten – Original-ton des Mitarbeiters eines Klienten. „Empowern" Sie ihre Mitarbeiter, indem Sie ih-nen die dazu notwenigen Informationen zukommen lassen und ihnen vertrauen. Ta-lente sind in jedem Unternehmen vorhanden. Der eigentliche Grund, warum Füh-rungskräfte so ungern Entscheidungen abgeben, ist die Angst vor Kontrollverlust und die Angst davor, sich überflüssig zu machen. Wichtig ist es daher, den Führungskräf-ten in der Transformation hin zu „Unternehmen auf Augenhöhe" bzw. „Unternehmen mit Zukunft" Brücken der Fairness zu bauen. Nimmt er diese Angebote nicht an, sind Konsequenzen unvermeidbar.

4. **Vermeiden Sie wöchentliche Jour fixes**, um operative Themen zu besprechen, denn sie sind in den meisten Fällen ein Showlaufen der Akteure. Jeder Mitarbeiter ver-sucht, sich bei diesen Schlaglichtmeetings so gut wie möglich zu präsentieren. Häufig können die zu lösenden operativen Probleme auch gar nicht bis zu diesem Termin warten. Können Sie sich einen täglichen Call oder ein tägliches „Standup-Meeting" einrichten, so sind Sie täglich am Ball und können damit helfen, Hindernisse zu besei-tigen. Es entsteht ein transparentes, kontinuierliches und permanent produktives Mit-einander ohne Schaulaufen.

5. **Vermeiden Sie Reklamationsabwehr** aus Angst und Unsicherheit vor negativen Konsequenzen für das Unternehmen, sondern sehen Sie Reklamationen als Chance, gehen Sie mit Ihren Kunden auf Augenhöhe und versuchen Sie sein Problem zu lö-sen. Das sorgt für eigene Lerneffekte und loyale Kunden.

6. **Vermeiden Sie Projektcontrolling durch unbeteiligte Dritte.** Meist ist das ein eigens dazu bestimmter Projektcontroller. Am Ende gibt es zu viele Beteiligte, die von dem Projekt keine Ahnung haben: Die Führungskräfte des Entscheidungsgremi-ums, welche von einem projektübergreifenden Controller informiert werden sowie ein Schriftführer, der versucht, den Kontext so gut es geht schriftlich festzuhalten. Es ent-

steht eine Stille-Post-Kette, die an Ineffizienz kaum mehr zu überbieten ist – leider eine häufig praktizierte Realität. Der erste Schritt in die richtige Richtung geht über eine authentische Berichterstattung.

7. **Vermeiden Sie Überwachung durch Zeiterfassung.** Auch diese Praktik dokumentiert Misstrauen und Angst vor Betrug. Wagen Sie den Schritt in die Vertrauensarbeitszeit.

Weitere Wellenbrecher-Praktiken sind Leadership Blueprint, Machthierarchien, Jobtitel als Machtinstrument, Budgets als Machtinstrument und Machterhalt, Beschränkung der Information, HR-Businesspartner, Assessment-Center, Quoten, X-Menschenbild, Überstundenregelung/Kernarbeitszeiten, klassische Meetings, Protokolle, das formale Jahresgespräch, direktes Kommunikationsverbot mit anderen Abteilungen, Gehaltsverhandlungen und Gehaltsbudgets sowie Trennung von Denken, Konzipieren, Organisieren und Umsetzen.

Lesen Sie gerne auch im Glossar die Beschreibungen dazu und Sie werden schnell die gegenteiligen Muster von Augenhöhe erkennen.

Unternehmen, die auf Augenhöhe agieren, sind nicht zwangsläufig wirksam

Wie bitte? Bis gerade eben dachten Sie noch, dass alle Unternehmen auf Augenhöhe besonders erfolgreich sind. Und genau an dieser Stelle wird es spannend.

Praxisbeispiel

Führung auf Augenhöhe ist erfolgreicher! Wirklich?

Vor einem größeren Kreis von überwiegend befreundeten Zuhörern hielt ich vor einigen Jahren einen Vortrag über „begeisternde Unternehmen". Hierbei startete ich mit diversen Beispielen für Disharmonien in Unternehmen, die bis zum Burn-out des einzelnen Mitarbeitenden führen können. Der Schwerpunkt der Begründung lag hier auf der Führung, die häufig ego- und giergetrieben – die Lehmann-Pleite ließ grüßen – eine starke Erfolgsbremse für das Unternehmen und seine Mitarbeiter sein kann. Dagegen seien Unternehmen mit einer wertschätzenden Führungskultur erfolgreich, so mein unumstößliches Credo. Diese These untermauerte ich schließlich mit dem Vorzeigeunternehmen dm-Drogeriemärkte. Meine Zuhörer klebten mir an den Lippen. Nicht nur sie waren begeistert, sondern auch ich selbst. Während des Vortrags hatte ich einen wunderbaren Lauf, während dem ich jede Minute, auch nach dem Vortrag, auskostete.

Warum also nicht denselben Vortrag gleich noch einmal halten? Gedacht, getan. Dieses Mal geschah dies vor einem fremden Publikum, das mich kaum kannte. Aber was passierte dort? Noch während des Vortrags spürte ich, dass kein Flow zustande kam, weil schlichtweg die Resonanz aus den Augen und Gesten der Zuhörer fehlte, und ich das Gefühl hatte, gegen Mauern zu sprechen. Was war passiert? Die Zuhörer kannten mich nicht und gingen mit einer ganz anderen, eher neutral-kritischen Einstellung in die Reflektion meiner Worte. Das ganze Dilemma gipfelte in einer Frage am Ende des Vortrags, an die ich mich noch lange erinnern sollte: „Ja, sagen Sie mal, das ist ja alles ganz nett und schön. Aber Unternehmen sind doch nicht deshalb erfolgreicher, weil man intern harmonisch und wertschätzend miteinander umgeht. Man muss sich doch auch reiben können und einen direktiven (also klassischen) Führungsstil haben können? Solche Unternehmen sind doch auch erfolgreich!" Meine Antworten dazu waren eher etwas schmallippig. Das Ende der Veranstaltung wirkte wie eine Erlösung auf mich.

Rückblickend muss ich leider feststellen, dass ich mir die Welt damals so zurechtrückte, wie sie mir passte. Ich erklärte mir, dass das Publikum es eben nicht verstanden hätte bzw. – wie die Politiker es formulieren würden – ich es nicht geschafft hätte, den Zuhörern meine Botschaften klar zu vermitteln. Diese Zuhörer waren doch „Ewiggestrige". Natürlich seien die wertschätzenden, bewussten und harmonischen Unternehmen viel erfolgreicher, keine Frage. Der Erfolg von dm lässt sich ja nicht wegdiskutieren, oder?

Was nun? Wer hat Recht? Beide Seiten! Nur war das erst durch die sich im Laufe der Jahre ergebenden vielen neuen Erkenntnisse, die wir in diesem Buch zusammengeschrieben haben, begreifbar. Und hier schließt sich der Kreis. Erst mit den Erkenntnissen der Welle der Wirksamkeit lässt sich plötzlich alles sinnvoll erklären:

Wie oben geschrieben, kommt es in erster Linie auf die Wirksamkeit des Unternehmens an. Das heißt, es müssen die richtigen Fragen gestellt werden: In welchem Bereich der Welle der Wirksamkeit befindet sich das Unternehmen? Ist es eher im klassischen Segment verortet oder in einem Segment mit einem hochdynamischen Umfeld? Und befindet es sich dann wirksam auf der Welle oder verschwendet es Ressourcen, da es außerhalb der Welle liegt? Denn, wie wir gezeigt haben, der Grad der Wirksamkeit ist die Voraussetzung für jeden Erfolg eines Unternehmens. Somit gibt es auch keine ewiggestrigen Zuhörer oder sogar ewiggestrige Referenten, sondern allein die Tatsache, ob das Unternehmen wirksam ist oder nicht wirksam ist, Punkt.

Schauen wir uns das im Einzelnen über folgendes Diagramm an.

Die Kür: Einsatz von Wirksamkeits- und Augenhöhe-Praktiken

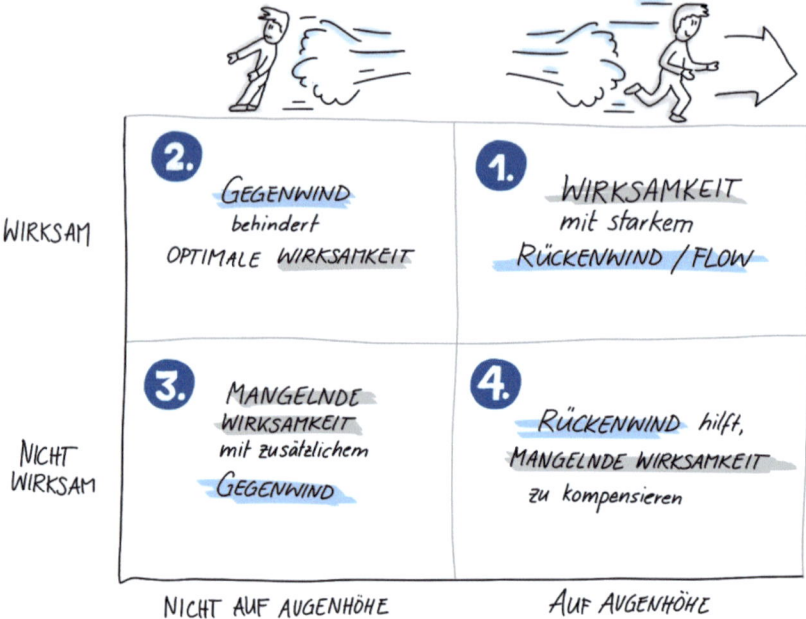

Die einzelnen Quadranten lassen sich wie folgt beschreiben:

1. **Wirksamkeit:** Ein Unternehmen, welches sowohl wirksam ist als auch auf Augenhöhe mit seinen Mitarbeitern und Kunden arbeitet, hat kaum mit selbst verursachten Widerständen zu kämpfen und die Chance, sich sehr dynamisch zu entwickeln und in einen kollektiven Flowzustand zu kommen.

Praxisbeispiel

dm-Drogeriemärkte

Bei dm-Drogeriemärkte heißt es, dass das Unternehmen mit seinen Mitarbeitern und Kunden auf Augenhöhe agiert. Aber würde das alleine reichen? Nein. dm ist eben auch sehr wirksam unterwegs. Als Götz Werner damals erkannte, dass er die in der Fläche entstehenden Filialen von der Zentrale aus nicht mehr effizient und zielführend kontrollieren konnte, führte er die „dialogische Führung", das miteinander Sprechen ein, das die Selbstbestimmung und -entfaltung jedes Einzelnen fördert. Die Grundlage für eine „Meisterschaft der eigenen Gefühle", für „Lehrlinge werden Chefs auf Probe", für Respekt gegenüber der Individualität des Mitmenschen, für kollegiale Zusammenarbeit, für den Vierklang aus ökonomisch, ökologisch, sozial und kulturell nachhaltigem Handeln sowie für ein menschenfreundliches Wertesystem mit dem unübertroffenen Slogan „Wertschöpfung durch Wertschätzung" war geboren.

2. **Gegenwind:** Auch eine noch so wirksam aufgestellte Organisation beeinträchtigt seine Entwicklungs- und Erfolgspotenziale, wenn es nicht auf Augenhöhe agiert. Wenn die Führungskräfte ihre Mitarbeiter von oben herab behandeln und in alle Richtungen Machtspiele spielen, dann kann vermeidbarer massiver Gegenwind entstehen, der die Potenziale dieser Unternehmung stark begrenzt. Das System lässt dann die handelnden Akteure wie Sand im Getriebe werden. Zahlreiche vermeidbare Reibungsverluste entstehen. Derartiges findet man insbesondere in direktiv geführten, hierarchisch aufgestellten Unternehmen in einem wenig dynamischen Marktumfeld. Schaut man auf die jahrzehntelang so aufgestellte Energiebranche, so kann sich der Zustand als recht labil erweisen, wenn die Märkte „VUKA" werden.

3. **Mangelnde Wirksamkeit:** Umgekehrt hilft es auch nicht, nur wertschätzend mit den Mitarbeitern umzugehen, wenn die äußeren Rahmenbedingungen und Strukturelemente einfach nicht passen. Auch Unternehmen auf Augenhöhe können total unwirksam sein und leider, bei allem idealistischen Streben, vor die Hunde gehen.

   Und leider gibt es dann natürlich auch wieder die Machtmenschen, die sagen: „Seht ihr, das kann doch so nicht funktionieren, das habe ich schon immer gewusst." Wir alle wissen, spätestens seit der Lehman-Pleite: Hochmut kommt vor dem Fall (siehe 4.). Augenhöhe gehört dazu!

   Bei Unwirksamkeit kommt ein Arbeiten auf Augenhöhe einem Anrennen gegen Windmühlen gleich. Ein Musterbeispiel hierfür sind auch die vielen Start-ups, die in der Regel genau so arbeiten, aber gegenüber dem Markt zu 90 % mit den falschen Produkten oder Services oder mit den falschen Strukturelementen wirkungslos bleiben und wieder vom Markt verschwinden.

4. **Rückenwind:** Ein Selbstläufer ist der Fall, wenn Unternehmen weder wirksam sind noch mit ihren Mitarbeitern und Kunden auf Augenhöhe arbeiten. Eigentlich ist das eher ein Ergebnis von 2., denn irgendwann musste das Unternehmen ja wirksam gewesen sein und Erfolg im Außen gehabt haben. Jedoch hat das Unternehmen seine Wirksamkeit im Laufe der Zeit verloren. Wenn dann vor lauter innerer Referenzierung, d. h. vor lauter Arroganz und Selbstverliebtheit, Mitarbeiter und Kunden nicht mehr oder nicht mehr rechtzeitig gehört und wahrgenommen werden, ist die Gefahr des Untergangs für das Unternehmen sehr groß, wie man bei Lehman Brothers, Schlecker und obi erleben musste.

Natürlich – und da schließt sich der unternehmensromantische Kreis dann doch (fast) wieder – ist es sehr viel wahrscheinlicher, dass ein Unternehmen auf Augenhöhe auch eher wirksam wird und ein wirksames Unternehmen in einem komplexen Kontext eher auf Augenhöhe operiert. **Bei Unternehmen auf Augenhöhe und bei wirksam geführten Unternehmen im komplexen Marktkontext besteht die Möglichkeit eines Sogs in Richtung des ersten Quadranten.**

Leider gibt es aber auch genügend wirksame Unternehmen im klassischen Kontext, die sehr direktiv und nicht auf Augenhöhe geführt werden. **Für wirksam klassisch geführte Unternehmen besteht die Gefahr eines Abdriftens in den 4. Quadranten.**

Insbesondere in agil geführten Unternehmen im komplexen Marktumfeld gibt es Raum für ehrliche und authentische Kommunikation. Der Gedankenaustausch ist viel durchlässiger und fließender. Das System wird schlauer – verdummt also nicht – und findet eher den Pfad zur Wirksamkeit und zur Augenhöhe.

▶ **Impuls:** Nutzen Sie den Rückenwind einer echten Augenhöhe-Kultur.

Wie bereits oben beschrieben, ist eine Organisation nicht deshalb erfolgreich, weil es auf Augenhöhe agiert. Diese Kausalität ist unzulässig. Aber eine Organisation kann ihre Wirksamkeit verstärken, je mehr sie auf Augenhöhe agiert. Je näher sich eine Organisation in Richtung der Welle der Wirksamkeit bewegt, desto mehr geht der Rückenwind-Effekt einer Augenhöhe-Kultur in einen Flowzustand für die gesamte Organisation über. Und je weiter sich eine Organisation von der Welle der Wirksamkeit entfernt, desto mehr geht der Rückenwind-Effekt einer Augenhöhe-Kultur verloren.

Fazit

Sie haben das Ende des Buches erreicht. Unseren aufrichtigen Glückwunsch dazu! Welches Fazit haben Sie denn für sich gewinnen können?

Das allgemeine Fazit zu dem Buch lautet, dass es kein Fazit gibt, keinen goldenen Weg, keine Best Practice.

Wie jede einzelne Welle da draußen, ist jedes einzelne Problem anders. Es bedarf einer eigenen Vorbereitung, einer eigenen Mannschaft und einer flexiblen Organisation, die sich anpassen und auf Überraschungen reagieren kann. Die Ausrüstung dazu liefert dieses Buch, inklusive einer Karte mit dem Weg zum Wasser und den Hinweisen auf Untiefen.

Aufs Brett dürfen Sie selbst. Üben dürfen Sie selbst. Experimentieren und Fehler machen dürfen Sie selbst.

Das ein oder andere Mal werden Sie Schiffbruch erleiden. Doch auch hier beweist sich der Unterschied. Stehen Sie wieder auf und versuchen Sie es erneut oder bleiben Sie müde am Strand liegen, nass und sandig, mürrisch und motzend über den Sand, das Meer und alles andere da draußen in der launischen Natur.

Praxisbeispiel

Ein Beatle zum Finale

Abschließend das Beispiel der Mitarbeiterin, die als Dienstwagen unbedingt einen VW Beatle haben wollte. Sie und der Geschäftsführer besprachen die Konditionen der Übernahme des Wagens im Falle einer Beendigung des Arbeitsverhältnisses, da ein Beatle doch sehr speziell war und eher nicht in den Wagenpark der Firma passte. Doch die freie Wahl des Dienstwagens ließ es zu und so bekam sie ihren Beatle.

Schon vor der Probezeit war jedoch Schluss mit dem Job. Den Beatle durfte sie nicht übernehmen und auch die Firma blieb darauf sitzen. Der erste Reflex wäre jetzt die Einführung einer „Car Policy" und die Verschärfung der Regeln. Doch der Geschäftsführer hatte eine geniale Lösung parat.

Wie würden Sie jetzt als Entscheider vorgehen? Das Buch liefert Ihnen drei wesentliche Orientierungshilfen zur Lösung des Problems:

1. Nutzen Sie bei Ihrer Standortbestimmung das Denkwerkzeug der Welle der Wirksamkeit.
2. Nutzen Sie bei Ihrer Umsetzung das Handlungswerkzeug der 7-Schritte-Methode.
3. Unterscheiden Sie zwischen Struktur und Kultur des Unternehmens. Verändern Sie die Struktur und beobachten Sie die Kultur.

Nachtrag: Hierarchie und formale Steuerung sind kompliziert

- Wir haben eine Bitte an Sie: Verteufeln Sie Hierarchie nicht!
- Wir haben eine zweite Bitte an Sie: Heben Sie die Hierarchie nicht in den Himmel!

„Wie soll das denn gehen?", werden Sie jetzt vielleicht denken. Ich kann doch nicht gleichzeitig weder das eine noch das andere tun. Und doch. Uns würde der Gedanke gefallen, Sie nähmen Hierarchie als das an, was sie einmal war: ein geniales Konstrukt formaler Steuerung in einer komplizierten Umwelt.

Der Umgang mit dem Menschen sollte unter allen Umständen auf Augenhöhe vonstattengehen. Jeder Mensch ist gleich, es gibt kein oben und kein unten. Die Bewertung des einzelnen Mitarbeiterbeitrages zum Unternehmensergebnis sollte nach Maßgabe der Wirksamkeit erfolgen. Manche Aktivitäten sind wirksamer, manche weniger wirksam. Das ist kein Widerspruch.

Augenhöhe folgt.

Schlicht auf Menschlichkeit in Unternehmen zu setzen ist der falsche Ansatz."

Praxisbeispiel

Film AugenhöheWege

Vorgestern haben wir den Film AugenhöheWege bei einer Veranstaltung in München genießen dürfen. Der erste Satz des Abspanns formuliert explizit: „Das Gesehene ... ist kein Aufruf für mehr Menschlichkeit im Unternehmen", was prompt einen der Zuschauer im anschließenden Dialog dazu veranlasste, sein Unverständnis über diese Aussage zu äußern. Das Ziel sei es doch, gerade eben mit Augenhöhe mehr Menschlichkeit im Unternehmen Einzug halten zu lassen, dann wird alles gut – oder nicht? Mehr Menschlichkeit, mehr Demokratie, mehr Miteinander, mehr Freude an der Arbeit – oder doch lieber mehr Hierarchie, mehr Anweisungen und Kontrolle, mehr und deutlichere Ansagen?

Was denn nun? Wir wollen Sie dazu einladen, mal einen ganz anderen Blickwinkel einzunehmen und sich dem Geschehen in einem Unternehmen von einer vollkommenen moralfreien Perspektive zu nähern. Wir wissen, dass das manchen von Ihnen nicht gefallen wird, denn es ist doch so schön leicht, entweder das Management oder aber die Mitarbeiter dafür verantwortlich zu machen, was auch immer im Unternehmen funktioniert oder eben nicht.

Gestern waren wir besonders von einer Aussage geschockt, die da lautete: „Also, nach meiner Erfahrung wollen circa ein Drittel der Mitarbeiter gar keine Augenhöhe, die übernehmen gar keine Verantwortung, was soll ich denn bloß mit denen dann machen?"

In Unternehmen geht es um „intelligentes Wirtschaften". Es geht darum, für einen Kunden etwas zu schaffen, das genau für diesen Kunden einen speziellen Wert darstellt. Die betriebswirtschaftliche Lehre nennt das die Wertschöpfung. Für diesen Wert ist der Kunde bereit zu bezahlen. Schreibt das Unternehmen mehr Rechnungen als es deren eigene bezahlen muss, überlebt es am Markt. Es ist der einzige und reale Zweck eines Unternehmens, Überlebensfähigkeit zu schaffen. Den dafür notwendigen Blick auf den Kunden und den Fokus auf das, was für den Kunden einen Wert schafft, nennen wir „externe Referenz". Das kann ein Nutzen stiftendes Produkt, eine Dienstleistung, Qualität, Geschwindigkeit, Problemlösung, Individualität und vieles weitere mehr sein.

Vor wenigen Jahrzehnten war es extrem einfach, diese externen Referenzen ohne viel Mühe in interne Ziele (interne Referenzen) zu wandeln, denn schließlich konnte jeder sein Auto in einer beliebigen Farbe lackiert bekommen, solange die Farbe, die er will, schwarz war. Also musste Henry Ford, dem diese Worte als Zitat zugeschrieben werden, nur „schwarze Autos" bauen und schon schaffte er einen Wert, der gut bezahlt wurde. Heutzutage ist das anders, wirklich ganz anders. Wir haben dynamische Märkte und vernetzte Kunden. Jeder kann von überall das einkaufen, was er möchte, und in der Ausprägung, in der er es möchte. Und wenn mir kaufen zuwider ist, leihe ich mir den Gegenstand einfach oder ziehe im Urlaub in eine Privatwohnung oder reimportiere ein Auto über das Web, ohne es vorher gesehen zu haben und es wird mir fahrbereit vor die Tür gestellt.

Unternehmen existieren also unter dem Druck ganz neuer und vielfältiger Probleme, die es vorher so noch nicht gab. Die Anforderungen sind Schnelligkeit, Agilität, Individualität, Innovation etc. Mit einem schwarzen Auto allein kommt man heute nicht mehr weit. Soweit ist das auch allen irgendwie klar, sicherlich auch Ihnen. Besinnen sich Unternehmen jetzt deshalb auf die externen Referenzen? Leider nein, der Großteil scheint noch immer in der augenblicklichen Scheinwelt zurechtzukommen, denn zum Glück gibt es ja noch – „die hatten wir schon immer" – intern definierte Ziele, an die man sich noch halten kann, die Abläufe, Strukturen, Organigramme, die Prozesse und Methoden, das „Die da oben entscheiden" und „Alles läuft wie immer".

Das Credo von der internen Referenz hilft aber nicht weiter. Die neuen komplexen Probleme sind mit einer für damalige Verhältnisse ausgelegten Struktur nicht kompatibel. Die klassische Form der Organisation der Arbeit passt nicht mehr zum externen

Problem, und hervorragend erfüllte interne Ziele schaffen meist keine Wertschöpfung. Das reflexhafte Bedürfnis nach mehr vom Alten ist nur bedingt zielführend, eher toxisch.

Was ist also jetzt zu tun?

Der Ruf nach neuen Rezepten wird laut, nach Best Practices für die moderne Arbeitswelt: „Wie haben es denn die anderen gemacht, so mach ich das auch."

Wir müssen Sie enttäuschen. Best Practices für New Work gibt es nicht und auch die Beispiele der AugenhöheWege-Unternehmen sind keine Vorbilder um Nachahmer zu finden, sondern existierende Beispiele, anders an die komplexen Probleme und die externen Referenzen heranzugehen. Und die sind für jedes Unternehmen individuell. So gibt es also keine Regeln, Gesetzmäßigkeiten oder gar Kausalitäten. Doch was gibt es dann?

Was wir Ihnen anbieten, sind ein paar Prinzipien. Prinzipien anders als klare Regeln schweigen, sie geben Ihnen Anhaltspunkte, Impulse, aber keine definierten und strukturierten Handlungsanweisungen. Prinzipien denken nicht vor, sondern verlangen eigenes Denken. Sie bilden maximal einen Rahmen, den Sie selbst ausfüllen müssen und dessen Inhalt mit großer Wahrscheinlichkeit anders aussehen wird als der des Wettbewerbers, des Vormachers oder des Augenhöhe-Protagonisten.

Richten Sie sich am Markt aus, an Ihren Kunden, an externen Referenzen. Hören Sie zu, beobachten Sie und dann erst handeln Sie. Nehmen Sie Abstand von geliebten internen Zielen wie Umsatz, Auslastung, Bonus usw.

Die Aufgaben und Probleme, die der Markt an Sie heranträgt, können komplexer oder komplizierter Natur sein, meist beinhalten sie beides. Für Probleme komplexer Natur brauchen Sie „Könner". Jemanden, der Ideen dafür hat, das Problem zu lösen. Trennen Sie also Ihre Probleme in den dynamischen komplexen Teil und den strukturierten komplizierten Teil auf. Finden Sie für den komplexen Teil einen Namen und entwerfen Sie für den komplizierten Teil einen Prozess.

Experimentieren Sie mit der Organisationsform, die am besten zu Ihren Aufgaben passt. Wer muss an welcher Stelle Entscheidungen treffen, damit schnell reagiert werden kann? Welche Menschen können zusammen ein komplexes Problem am besten lösen? Wer kann das Problem am besten lösen? Welche Daten braucht das Team um Wirkung zu messen? Hat unser Experiment geklappt? Was müssen wir weiter verändern?

Lassen Sie alles, was Sie und Ihre Mitarbeiter von der Arbeit abhält, einfach weg. Eben die meisten Meetings, Mitarbeitergespräche, Zielverhandlungen, Forecast-Besprechungen etc. Das klingt vielleicht erst einmal ganz plausibel und einfach – ist aber alles andere als trivial.

Wenn die Arbeit organisiert ist und sie sich endlich wieder an externen Referenzen ausgerichtet hat, geht damit eine Organisation der Zusammenarbeit einher. Der Kontext wird neu erschaffen und damit auch das Verhalten aller Beteiligten im Unternehmen. Solche fluiden Entwicklungen zu erleben, verändert auch den Menschen, der dabei sein darf, nachhaltig.

Bleibt uns zum Ende hin noch der Wunsch, ein paar Gedanken zur Menschlichkeit aufzuschreiben. Für uns gehört ein Umgang mit Menschen auf Augenhöhe zur Kinderstube und das erleben wir im privaten Gespräch bei fast allen Menschen verschiedenster Karrierestufen, Ausbildungen oder akademischer Grade.

Daher geben wir Ihnen abschließend eine unserer wichtigsten Thesen mit auf den Weg:

> **Wenn Sie die Arbeit neu und wirksam organisieren,**
> **den Blick konsequent nach außen auf den Kunden richten,**
> **dann bildet sich automatisch der Raum für Augenhöhe im Unternehmen.**

Literatur

Arnold, H. (2016). Wir sind Chef: Wie eine unsichtbare Revolution Unternehmen verändert. Freiburg: Haufe-Lexware.

Appelo, J. (2014). #Workout: Games, Tools & Practices to Engage People, Improve Work, and Delight Clients. ORT: Rotterdam: Happy Melly Express.

Becker, R., Daschmann, G. (2015). Das Fan-Prinzip: Mit emotionaler Kundenbindung Unternehmen erfolgreich steuern. Wiesbaden: Springer Gabler.

Beedle, M., Van Bennekum, A., Cockburn, A., Cunningham, W., Fowler, M., Highsmith, J., Hunt, A., Jeffries, R., Kern, J., Marick, B., Martin, R.C., Schwaber, K., Sutherland, J., & Thomas, D. (2001). Manifest für Agile Softwareentwicklung. In Homepage Agile Manifesto. http://agilemanifesto.org/iso/de/manifesto.html. Zugegriffen: 15.08.2017.

Beuth, P. (31.10.2016). Künstliche Intelligenz erfindet eigene Verschlüsselung. In Homepage Zeit Online. http://www.zeit.de/digital/datenschutz/2016-10/google-kuenstliche-intelligenz-erfindet-eigene-verschluesselung. Zugegriffen: 15.08.2017.

Borgert, S. (2015). Die Irrtümer der Komplexität: Warum wir ein neues Management brauchen. Offenbach: Gabal.

Brandes, U., Gemmer, P., Koschek, H., Schültken, L. (2014). Management Y: Agile, Scrum, Design Thinking & Co.: So gelingt der Wandel zur attraktiven und zukunftsfähigen Organisation. Frankfurt/New York: Campus.

Faschingbauer, M. (2013). Effectuation Wie erfolgreiche Unternehmer denken, entscheiden und handeln, Graz: Schäffer Poeschel.

Foegen, M., Kacmarek, C. (2015). Organisation in einer digitalen Zeit: Ein Buch für die Gestaltung von reaktionsfähigen und schlanken Organisationen mit Hilfe von skalierten Agile & Lean Mustern. Darmstadt, Wibas.

Förster, P., Kreuz, A. (2015). Hört auf zu arbeiten: Eine Anstiftung, das zu tun, was wirklich zählt. München: Pantheon.

Gascoigne, J., & Widrich, L. (01.06.2016). Introducing the New Buffer Salary Formula, Calculate-Your-Salary App and The Whole Team's New Salaries. In Homepage Buffer. https://open.buffer.com/transparent-salaries. Zugegriffen: 15.08.2017.

Gothelf, J. (2013). Lean UX: Applying Lean Principles to Improve User Experience. Gravenstein CA: O'Reilly.

Hackl, B., Wagner, M., Attmer, L., & Baumann, D. (2017). New Work: Auf dem Weg zur neuen Arbeitswelt. Management-Impulse, Praxisbeispiele, Studien. Wiesbaden: Springer Gabler.

James, J. (28.06.2016). Data never sleeps 4.0. In Homepage Domo.
https://www.domo.com/blog/data-never-sleeps-4-0. Zugegriffen: 15.08.2017.

Janssen, B. (2016). Die stille Revolution: Führen mit Sinn und Menschlichkeit. München: Ariston.

Kotter, J., Rathgeber, H. (2011). Das Pinguin-Prinzip: Wie Veränderung zum Erfolg führt. New York Droemer.

Kühl, S. (2011). Organisation: Eine sehr kurze Einführung. Wiesbaden: VS Verlag für Sozialwissenschaften, Springer Fachmedien.

Laloux, F. (2015). Reinventing Organizations: Ein Leitfaden zur Gestaltung sinnstiftender Formen der Zusammenarbeit. München: Vahlen.

Lexikon der Nachhaltigkeit (18.08.2015). Holokratie. In Homepage Lexikon der Nachhaltigkeit.
https://www.nachhaltigkeit.info/artikel/holokratie_2025.htm. Zugegriffen: 15.08.2017.

Lohmann, D. (2012). Und mittags geh ich heim: Die völlig andere Art, ein Unternehmen zum Erfolg zu führen. Wien: Linde international.

Lohmann, D., Lohmann, U. (2016). … und heute leg ich los!: Die völlig andere Art, im Job zu leben. Wien: Linde international.

Mercer, C. (11.07.2017). 10 tech giants investing in artificial intelligence: What is their plan and who are other key players? In Homepage Techworld. http://www.techworld.com/picture-gallery/data/tech-giants-investing-in-artificial-intelligence-3629737. Zugegriffen: 15.08.2017.

Oestereich, B., Schröder, C. (2017). Das kollegial geführte Unternehmen: Ideen und Praktiken für die agile Organisation von morgen. München: Vahlen.

Osterwalder, A., Pigneur, Y., Bernarda, G., Smith, A. (2015). Value Proposition Design: Entwickeln Sie Produkte und Services, die Ihre Kunden wirklich wollen. Frankfurt: Campus.

Pfläging, N., Hermann, S. (2015). Komplexithoden: Clevere Wege zur (Wieder)Belebung von Unternehmen und Arbeit in Komplexität. München: Redline.

Pousttchi, K. (14.02.2017). Digitale Transformation. In Online-Lexikon Enzyklopädie der Wirtschaftsinformatik.
http://www.enzyklopaedie-der-wirtschaftsinformatik.de/lexikon/technologien-methoden/
Informatik--Grundlagen/digitalisierung/digitale-transformation. Zugegriffen: 15.08.2017

Preussner, A. (2003). Moral. In Online-Wörterbuch Philosophie.
http://www.philosophie-woerterbuch.de. Zugegriffen: 15.08.2017.

Ries, E. (2013). Lean Startup: Schnell, risikolos und erfolgreich Unternehmen gründen. München: Redline.

Robertson, B. (2015). Holacracy – The New Management System for a Rapidly Changing World. New York: Henry Holt.

Rother, M. (2013). Die Kata des Weltmarktführers: Toyotas Erfolgsmethoden, Frankfurt/New York: Campus.

Simon, F. (2013). Gemeinsam sind wir blöd!?: Die Intelligenz von Unternehmen, Managern und Märkten. Heidelberg: Carl-Auer.

Sinek, S. (2016): Frag immer erst: warum: Wie Top-Firmen und Führungskräfte zum Erfolg inspirieren. München: Redline.

Sprenger, R. (2015). Das anständige Unternehmen: Was richtige Führung ausmacht – und was sie weglässt. München: DVA.

Sutherland, J. (2015). Die Scrum-Revolution: Management mit der bahnbrechenden Methode der erfolgreichsten Unternehmen. Frankfurt: Campus.

Urban, T. (27.01.2015). The AI Revolution: Our Immortality or Extinction. In Homepage Wait But Why. https://waitbutwhy.com/2015/01/artificial-intelligence-revolution-2.html. Zugegriffen: 15.08.2017.

Vollmer, L. (2014). Wrong Turn: Warum Führungskräfte in komplexen Situationen versagen. Zürich: orell füssli.

Vollmer, L. (2016): Zurück an die Arbeit: Wie aus Business-Theatern wieder echte Unternehmen werden. Wien: Linde international.

Waibel, R. (2015). Die 7 Prinzipien zum Unternehmenserfolg: Einfach, zukunftsweisend, praxisorientiert. München: Hanser.

Wikipedia (2017). Fehler. In Homepage Wikipedia. https://de.wikipedia.org/wiki/Fehler. Zugegriffen: 15.08.2017.

Wohland, G., Wiemeyer, M. (2012): Denkwerkzeuge der Höchstleister: Warum dynamikrobuste Unternehmen Marktdruck erzeugen. Lüneburg: Unibuch.